鲸歌

我们拥有同样的音频和心跳

不忘初心，
方得始终

李良旭 ／著

四川人民出版社

图书在版编目（CIP）数据

不忘初心，方得始终 / 李良旭著. —成都：四川人民出版社，2017.6
（2018.6 重印）
　（中考热点作家美文系列）
　ISBN 978－7－220－10231－8

　Ⅰ.①不…　Ⅱ.①李…　Ⅲ.①阅读课－初中－升学参考资料
Ⅳ.①G634.333

中国版本图书馆 CIP 数据核字（2017）第 129045 号

BUWANGCHUXINFANGDESHIZHONG

不忘初心，方得始终

李良旭　著

统　　筹	张春晓　唐　婧
责任编辑	李淑云
责任校对	韩　华　林　泉
装帧设计	张　妮
责任印制	祝　健
出版发行	四川人民出版社（成都槐树街 2 号）
网　　址	http://www.scpph.com
E-mail	scrmcbs@sina.com
新浪微博	@四川人民出版社
微信公众号	四川人民出版社
发行部业务电话	（028）86259624　86259453
防盗版举报电话	（028）86259624
照　　排	四川胜翔数码印务设计有限公司
印　　刷	成都国图广告印务有限公司
成品尺寸	145mm×210mm
印　　张	11.5
字　　数	300 千
版　　次	2017 年 8 月第 1 版
印　　次	2018 年 6 月第 5 次印刷
书　　号	ISBN 978－7－220－10231－8
定　　价	30.00 元

第一辑
民工父亲的"幸福"

幸福也是一个人的隐私。在你眼中看到的是一种苦难，在别人的心里也许正是一种幸福。这种幸福，无关荣华富贵、无关名誉地位，有关的，只是一种心灵感应和默契。这种幸福，像花儿开放一样，悄无声息，但却馨香，在彼此心田里缠绵、涟漪，化了生命中的一种永恒和天长。

第二辑
镂空一段流年

没有人是不可代替，没有东西是必须拥有。看透了这一点，将来你身边的人不再要你，或许失去了世间上最爱的一切时，也应该明白，这样不是什么大不了的事。

第三辑
赏心只有三两枝

触目横斜千万朵，赏心只有三两枝。那姹紫嫣红的开满山坡的花朵，真正能沁人心脾、赏心悦目的花儿，往往只是那几束、几朵、几片。一旦入眼，就能让自己陶醉、流连，就能在心里注满了整个春天。

第四辑
最美的图画

孩子们是聪明的，有时一个形象、恰当的比喻，就给他们带来一种醍醐灌顶的顿悟，从而找到开启心灵智慧的钥匙。教育，有时仅仅一幅画，就能轻轻开启孩子尘封的心灵，甚至能改变人的一生。

第五辑
出声的"弦索"

教育，就是要善于发现孩子们身上的闪光点，然后伸出一只手轻轻托起那只伸向彩虹的小手。总有一天，孩子们就会荡起彩虹桥，飞向遥远的天际。孩子是聪明的，它让孩子们在无声语言的感召和教育下，渐渐明白了事理，懂得了本与末的辩证关系。

第六辑
我们都是带枪的猎人

宇宙就像是一座黑暗的森林，里面的每个人都是带枪的猎人。他们像幽灵般潜行于林间，如果他发现了别的生命，能做的只有一件事，开枪。在这片森林里，你随时可以被别人消灭，你也在随时消灭别人。这就是所谓的宇宙文明图景。

第七辑
人间最美妙的声音

人间最美妙的声音，不是枪炮声，而是琅琅读书声！每个孩子都有可塑性，有时教育很简单，只需一场春雨，孩子们就能软成一道绚丽的彩虹，闪烁着柔美的光芒。

第八辑
两条相交的平行线

这是两条相交的平行线。无论分开有多远，都会与你遥遥相望，一直在关注你，祝福你！梦想的脸面，不分高低贵贱，永远散发着圣洁的光芒，照耀着我们一路向前！

第九辑
长夏开在枝头上

柳枝上，知了在欢快地叫着，长夏开在枝头上，开在了我的心坎上。
我看到，又有一批山里的孩子走进学校。我知道，我的心已留在了这
开在枝头上的长夏里……

第十辑
你看你看月亮的脸

谢谢你！是你让我明白了一个浅显而深刻的道理，生活中，永远没有一个标准答案。那些丰富多彩的答案，就蕴藏在你们细致的观察和丰富的想象中。

第十一辑
脱了蟹壳才有肉

永远不要轻易地去评论一个人，哪怕那个人对你很不友好。当脱下他的蟹壳，也许你会看到另一种灿烂。只有放下心中那一个个无厘头的记恨，人才会活得干净、活得洒脱。

第十二辑
腾飞的切线

在圆上任意一个地方，都有一条切线，对于我们人来说，就好比一个圆，在这圆上任意一个地方，也有一条切线，找到这条切线，就是腾飞的切线。我们之所以一直在原地踏步走，就是总以为自己很好，把精力和时间，花在了取笑别人的不足上，其实，真正有残疾的不是别人，而是我们自己。

第一辑
民工父亲的"幸福"

幸福也是一个人的隐私。在你眼中看到的是一种
苦难,在别人的心里也许正是一种幸福。这种幸
福,无关荣华富贵、无关名誉地位,有关的,只
是一种心灵感应和默契。这种幸福,像花儿开放
一样,悄无声息,但却馨香,在彼此心田里缠绵、
涟漪,化作了生命中的一种永恒和天长。

一定要幸福

电影《那些年，我们一起追的女孩》最后有这样一个镜头：柯景腾和一大帮老同学，去参加他们共同的"女神"沈佳宜的婚礼。婚礼现场，大家都起哄说要亲吻新娘。新郎说，可以，但怎么亲新娘，就得先怎么亲我。

大家都退缩了，只有柯景腾冲上去，按住新郎狂吻起来……之后，他含笑走向新娘。没吻她，只说了一句话："一定要幸福！"

一句简单的"一定要幸福！"的祝愿，瞬间，让新娘感动得热泪盈眶，也让现场来宾眼睛变得一片湿润，有的还掏出手绢，低下头，轻轻啜泣起来。

新郎走了过来，紧紧地拥抱着柯景腾，只轻轻地说了句："我的好兄弟，我一定会让她幸福的！"说完，不禁潸然泪下，无语凝咽。

"一定要幸福！"成为这部影片最精美的台词。人们记住的是柯景腾的祝福，虽然这是柯景腾对沈佳宜说的，但仿佛就是对我们每一个人说的。

影片的导演、编剧柯景腾（九把刀）谈及这部影片的创作体会时说道，这部影片全部采用真实姓名，就是为了纪念当年他们那些青涩男孩一起追过的一个叫沈佳宜的女孩子。他一个完全不懂电影的人，为了当年追过的一个女孩子去拍了一部电影，就是为了告诉沈佳宜一句话：一定要幸福！

柯景腾说，爱人结婚了，新郎不是我们，虽然这种结果有些悲伤和残忍，但把最美好的祝愿送给她，希望她生活幸福，也是埋藏在我们心里最好的表达和倾诉。

"一定要幸福！"这句话，也是人世间我们亲人最真挚的祝愿。可以峰回路转、可以迢迢渺渺、可以山高水长，但永远不能失去幸福，幸福才是人世间最宝贵的财富。

18岁那年，天空洒满阳光。我背起一个简单的行囊，就要走出家门，一个人出去闯荡了，心中弥漫着一丝兴奋和焦虑。

母亲有些慌乱地从屋里出来，又塞给我两副手套，说道："干活时，一定要戴着手套，不然会把手磨破了。"

我看到母亲的眼睛有些红肿，心里不禁一阵酸涩。母亲为我整了整衣襟，一字一句地说道："孩子，在外一定要幸福啊，如果感到不幸福就回家，不管怎么说，家，虽然穷一些，但总会使你有一种幸福感啊！"

那一刻，我愣愣地望着母亲，仿佛有些不认识她似的。瞬间，眼睛里噙满了泪水……

我一直在想，母亲没有什么文化，可是，在我离开她时，她竟然说出这么一句高雅的话，这让我对母亲有了一个重新的认识。后来我明白了，天下的母亲，都有这样一腔高雅的情怀和诗意。

带着母亲"一定要幸福"的叮咛，我开始了独自外出打工。虽然经历了很多事情，也遭遇到了许多挫折和痛苦，但我似乎总能在我的生活中，找到一种幸福感，这种幸福感虽然很卑微、很渺小，甚至在常人眼里有些可笑，不足挂齿，但在我心里却像一片大海，给了我一种巨大的力量和勇气。常常看到自己拥有的那些点点滴滴的小幸福，从而使自己变得坚强、豁达起来。

母亲打电话，开头第一句话，常常就是"在外感到幸福吗？如果感到不幸福，那就回来吧！"这句朴实、温暖的话语，一直像清甜的甘露，在我心里荡起层层涟漪和缠绵，仿佛母亲就在我身边，我感受到了母亲那浓浓的怜爱和温暖。

　　几年后，我带着一个女孩子回家。母亲见到那女孩子，脸上盛满了喜悦的笑。她拉起女孩子的手，只是一个劲地笑，好像不会说话似的。母亲忽然说道："闺女，和我家娃在一起，你一定要幸福啊！"

　　女孩子听了，脸上飞起两片红霞，羞涩地说道："阿姨，他是很好的一个人呢，和他在一起，我感到很幸福。"

　　母亲听了，仿佛一颗心重重地放了下来，连声说道："那就好、那就好！"

　　在母亲心里，幸福比什么都重要，只有拥有了幸福，路，才会走得舒坦、走得平稳、走得铿锵。

　　许多年过去了，我一直带着母亲那句"一定要幸福！"的祝福和企盼，行走在人生道路上。我知道，在母亲的心里，没有什么能比儿子生活得幸福更重要了。随着岁月的增长，我知道，幸福是建立在自己是否努力、奋斗过的基础之上。在努力、奋斗中，我享受到生活赋予我的那些丝丝缕缕的幸福，感受到了人间的妖娆和婆娑。

◇ 广东省汕头市 2015 年八年级中考模拟题

被剽窃了的幸福

老王和妻子在家里畅谈着自己的小日子，两人越谈越感到很幸福，脸上荡漾出一种明媚的喜悦。是啊，房子买了，女儿也考上大学了，想想，这一切，自己是多么的幸福啊。老王哼着小曲喜滋滋地出去买菜了。

在菜市场，老王碰到了好几年没见的老邻居。两人高兴地谈起了各自的情况，老邻居告诉老王，自己买了两套新房，一辆小车，女儿在美国留学，下个月他就要和妻子到美国旅游去了。

老王心里突然感到堵得慌，脸上的笑容也渐渐黯淡下来。他心不在焉地和老邻居告别，菜也没有兴趣买了。原来，自己一直以为很幸福的那些东西，和老邻居比起来简直是天壤之别。老王再也快乐不起来了，眼前仿佛再也看不到锦绣和明媚。

他俩大学毕业后，先后找到了一份不错的工作。结婚后，两人省吃俭用，终于按揭买了一套二手房。他将她轻轻地揽入怀中，在她耳边喃喃地说道，我们终于有了自己的小家了！她轻轻地拍打着他的后背，柔柔地说道，选择你，是我一生中最大的幸福！

一天，昔日一个大学同学热情地邀请他俩去参观她刚搬进的新居。只见新房里处处流光溢彩，新潮的家具、迷人的灯光、宽敞的厨卫，这一切，让人如坠云雾中。老同学脸上荡漾着迷人的喜悦，介绍说，这新房有两百多平方米，花了三百多万呢。

她弱弱地问了句："你怎么有这么多钱?"老同学妩媚地一笑道："我嫁了个有钱的老公，使我少奋斗了几十年。"老同学语气里透露出一种陶醉和自豪。

她突然一口气没有喘过来，连连咳嗽起来。他拍了拍她的后背，关切地问道："你怎么啦?"她扭过身子，狠狠地看了他一眼，目光中满是怨怼。

在回家的路上，她嘴里忽然冒出一句："嫁给你算我瞎了眼!"

我们曾经感到自己很幸福、很快乐。哪怕这种幸福和快乐很细微、很渺小，也会使自己如沐春风，心花怒放。可是，当我们打开窗户，忽然看到别人的另一种景致，于是，就感到自己不幸福、不快乐了。幸福和快乐是自己的，别人永远剽窃不了，除非你自己被剽窃了。

♡　广东省梅州市 2014 年八年级中考模拟题

"引月在手"的幸福

　　回到乡下，已是暮合时分。上弦月高悬在天空中，天空如洗过般的澄净、明朗。我身后拖着长长的身影，时隐时现移动在麦田、菜畦地里。银色的月光如水银泻般地洒向大地，整个村庄像被披了一层纱，若隐若现，薄雾袅袅。从农家的宅院里不时传来阵阵犬吠声，打破了乡村的静谧；秋虫在草丛中发出叽叽啁啁声，好像弹奏起悦耳的琴声；空气中有一种湿漉漉的感觉，打湿了头发和脸颊，咂咂嘴唇，有一种甜丝丝的泥土气息。乡村的夜色来得早，像一个即将酣睡的婴儿，已发出均匀的鼾声。

　　水塘边，老母亲还在清洗着农具，溅出的水花发出清脆的哗哗声。母亲已有70多岁了，可她还是闲不住，菜园、庄稼地，仿佛就像是母亲的天堂，那里有她的幸福和快乐。

　　我看见，月光下，母亲银白色的头发显得分外晶亮。我的心里顿时溢满了柔软。

　　听到我的喊声，母亲抬起了头，见是我回来了，很是惊喜。她直起腰，赶紧将农具，还有从地里收上来的萝卜、白菜收拾好，上到了岸边。水塘边的石板湿漉漉的，母亲走在上面却很稳健、踏实。

　　母亲走到我跟前，递给我一只刚洗净的萝卜。我迫不及待地咬上一口，一股清香、甜蜜的感觉溢满口腔。母亲有些嗔怪我好长时间没回乡下了，让她好生牵挂，就是刚才还在想我。

听了母亲的话，我有些郁闷地说道，我没时间啊，我要拼命挣钱，为了房子、为了车子、为了出人头地，我不敢停留啊。

月光下，我看到母亲欣喜的面孔变得黯淡下来，仿佛有了满满的心事。母亲望着我，目光中流露出深深地疑虑。少顷，她抬起了头，望着天幕中那轮明月，又看了看我，说道，孩子，你想要天上那轮明月吗？

我看了看母亲，又望了望夜幕中的那轮明月，有些哭腔道，妈，您这是怎么啦？连几岁的孩子也懂得，这天上的月亮哪能要到？

母亲又看了看天空中的那轮明月，坚定地说道，不，孩子，要想得到这月亮很简单，你看。

只见母亲伸出一只手，将手掌伸展开来。在明晃晃水面反射下，母亲手心里顿时仿佛真的将天上的一轮明月托在自己的手中。这月亮在母亲的手心里，若隐若现，冰清玉洁，散发出迷人的光晕。

我惊喜道，妈，您真的抓到了月亮呢！

母亲望着我，目光中溢满了深情，她和蔼地说道，孩子，幸福是很简单的事情，要想得到月亮，无须嫦娥帮忙，伸开手掌，就可以引月在手，而不用一钱买。你的心里装着月亮，手心里就有一轮明月。

我一下子愣住了，好像不认识母亲似的，两眼紧紧地盯着母亲。没想到，已有70多岁，没有什么文化的乡下老母亲，竟说出这番富有哲理的话来。

生活中，我一直在苦苦追寻，有了房子，想别墅；有了车子，想宝马……在这种无止境地追求和欲望中，我变得心浮气躁，牢骚满腹，心灵变得一刻也不得安宁和平静，不再感到幸福和快乐。

感谢母亲教会我找到幸福的密码。原来，幸福并不是在远方，此时此刻，引月在手，就是一种幸福和快乐。

◇ 浙江省杭州市 2014 年八年级中考模拟题

幸福真的很便宜

斯图尔德是英国伦敦的一名亿万富豪，他拥有很大的产业。虽然斯图尔德很有钱，不知为什么，他一点也感觉不到幸福，他感到自己活得很压抑。

他认识很多有钱人，和那些有钱人比起来，自己简直是不值得一提。那些人，有的有几架私人飞机、几艘私人游艇，豪华跑车更不在话下。他到现在只有一架私人飞机、两辆豪华跑车。他想，为了那个远大的目标，他想挣更多的钱，买更多的私人飞机、游艇和跑车。到那时，他才会真正享受到生活的幸福。

一次，他的办公大楼的下水管道被堵塞了，公司后勤部门请来了专业疏通公司的施工人员来进行修理。

斯图尔德从这些施工人员身边经过时，被一个满脸污垢，身上沾满泥浆的人的说笑声所吸引。只见那人边干活边向工友们说着笑话。他诙谐、幽默的语言，逗得工友们很开心。他听了，也感到很有趣，也情不自禁地笑出声来。

他笑着问那人："您叫什么名字？"

那人见是大老板斯图尔德在问他，便直起身来，笑着回答道："斯图尔德先生，我叫保罗。"

斯图尔德看到保罗满是污垢的脸上，露出两排洁白的牙齿。不知怎的，那张笑脸，在他脑海里，久久地浮现着，难以磨灭。

　　就这样，斯图尔德和管道工保罗相识了。自从保罗来了后，每天在办公室的时候，斯图尔德好像显得有些心神不定。没事的时候，总是不由自主地走出办公室，来到保罗安装管道地方。他一边看大卫干活、一边听保罗讲话。有时还弯下腰，为保罗递上一把扳手。

　　保罗看到大富翁斯图尔德亲自为他递扳手，感到很不自在。斯图尔德说："不要拘谨，看到您干活的样子真幸福。我从心里羡慕你，如果我也是一名管道工该多好，没有了那么多的烦恼。"

　　保罗笑着说道："生活对我来说，就是一种幸福，这管道工的活，虽然又苦又累又脏，但它为我提供了生存的必备条件，这就足够了。"

　　斯图尔德眼睛睁得大大的，保罗的一番话，字字句句敲打着他的心扉，使他仿佛有种豁然开朗的美好。

　　工程结束了，保罗来向斯图尔德告别。望着保罗就要远离的背影，斯图尔德好像有了重重的心事，目光里流露出一种依恋和不舍。突然，他喊住了保罗，仿佛下了很大决心似的，对保罗说道："我，我能和你在一起生活几天吗？"

　　保罗感到很可笑，一个亿万大富翁竟然想和自己生活几天，简直太有趣了。于是，他说道："非常欢迎您到我家去做客。"

　　斯图尔德听了，高兴地说道："太谢谢您啦！"

　　保罗带着斯图尔德来到乡下。保罗的家，是几间简陋的房舍，院子里养了几只家禽。看到保罗回家了，家禽张开翅膀，发出欢快叫声，好像是在欢迎保罗回家呢。看到和保罗一起来的斯图尔德，几只家禽也在斯图尔德腿边走来走去，表示一种亲昵状。家禽憨态可掬的样子，逗得斯图尔德忍俊不禁笑出声来。

　　保罗的妻子是一个纯朴、热情的乡下女人。她刚从地里回来，看到有客人来了，就到厨房忙去了。

不一会儿，一桌清香扑鼻的饭菜就做好了。斯图尔德品尝着保罗妻子做的饭菜，连连赞不绝口，他说："这是我吃到的世上最美味的饭菜。"

一天，斯图尔德拿着渔竿，在保罗家门口的小池塘里钓到一条小鱼，一条只有寸儿长的小鱼。斯图尔德对着保罗大声地喊道："兄弟，快过来看呀，我钓到一条大鱼了！"

保罗跑过来，看到斯图尔德只钓到这么一条小鱼，竟然兴奋得像个孩子，心里顿时溢满了柔软。

中午吃饭时，保罗用这条小鱼专门烧了一碗汤。斯图尔德吃着自己亲手钓到的这条鱼，吃得格外香甜。脸上荡漾着幸福陶醉，好像连眉毛都在笑哩。

告别的时候，斯图尔德紧紧地拥抱着保罗，对保罗说道："兄弟，感谢您让我找到了幸福的真谛。幸福不在于自己拥有几架私人飞机、几艘私人游艇和几辆豪华跑车。幸福真的很便宜，一条寸儿长的小鱼，就是我人生一种最大的幸福。"

○ 广西梧州市 2014 年八年级中考模拟题

幸福经不起问

巴斯是英格兰埃文郡东部一座只有几十万人口的小城。小城电视台老板卡尔为了提高电视台的收视率，进行了一次电视采访策划，他让记者走上街头，随机采访小城居民对幸福的感受。他想，生活在这里的居民，一定感到十分幸福。

电视台资深记者杜乔接受了采访任务后，就和他的搭档摄影师哈里一起兴致勃勃地去街头采访了。

杜乔看到一户人家的门口坐着个老太太，就走了过去问道："老太太，我是巴斯电视台的记者，我想问一下，您生活得幸福吗?"

老太太听了，两眼紧紧地盯着杜乔，突然，老太太号啕大哭起来。老太太边哭边泣诉道："年轻人，你是什么意思? 你是认为我还不够悲惨吗? 我老伴去世早，我守寡了几十年，我儿子出了车祸瘫痪在床上十几年了，媳妇也跟人私奔了。我刚从屋里出来喘口气，你竟然过来问我生活得幸福吗，你说，我这样子能幸福吗?"

老太太越说越气愤，她"蹭——"地一下子站了起来，伸出手就要去夺杜乔伸过来的话筒。

杜乔吓得赶紧将话筒收了起来，随即，他向老太太深深地鞠了一躬，说道："对不起，老人家，我打扰您啦!"

离开了老太太，杜乔看到一个小伙子迎面走来，于是马上迎了上去，说道："年轻人，我是巴斯电视台的记者，我想问一下，您幸福吗？"

　　小伙子听了，脸一下子阴沉了下来，他愤怒地问道："你是什么意思？你是认为我还不够悲惨吗？我大学毕业两年了，到现在还没找到工作，我连女朋友也没有，我今晚的晚餐到现在还没有着落，你这个白痴，竟然问我这么伤人的问题，看我不揍扁了你。"说罢，那年轻人挥起拳头，冲上来就要揍杜乔。

　　杜乔吓得脸色大变，他弯下腰，赶紧向年轻人连连赔着不是。在旁人的劝阻下，那年轻人才怏怏不快地走开了。走了好远，杜乔还听到那年轻人嘴里发出的责骂声。

　　受此惊吓，杜乔的心好长时间还在"咚咚"地乱跳，摄影师哈里也心有余悸，心也是"咚咚"地乱跳。

　　杜乔看到从公交车上下来了个小姑娘，就大着胆子走上前去问道："小姑娘，我是巴斯电视台的记者，我想问一下，您幸福吗？"

　　小姑娘听了，怔怔地看了杜乔好一会儿，突然柳眉一竖，杏眼一瞪，大声地说道："你这是什么意思？你是认为我还不够悲伤吗？我爸和我妈昨天离婚了，他俩都不要我了，我成了一个无家可归的孤儿了，我的男朋友也把我给甩了。你这个呆头呆脑的家伙，竟然问我这么伤人的问题，我恨不得一脚踩扁了你这家伙。"

　　小姑娘说罢，伸出一只脚，向杜乔踩去。杜乔一个躲闪，躲过了小姑娘的脚，连忙向小姑娘赔着不是。

　　……

　　杜乔这次街头随机采访很不顺利，要不是他反应机敏，躲闪得快，早就被人家给揍扁了。杜乔和哈里哭丧着脸，向老板卡尔汇报采访的经过。

　　卡尔听了，大为惊讶，他仔细看了采访的一个个片段，越看脸越红，越看心跳得越快。他感到非常内疚，这次策划，真的是一次非常失败的策划，当初根本没有考虑被采访人的心理感受。一个人是否幸福，真的是一个人最纯粹的心理感受和体验，只可意会，不可言传。

没想到，事情还远远没有结束，不久，电视台就被一个叫史密斯的残疾人给告上了法庭。史密斯在起诉书中说，那天，他坐在轮椅上，轮椅的车胎爆了，他正艰难地用手抓住车轮，一点一点地向前滑行。突然，电视台记者杜乔将话筒伸了过来，问他："你幸福吗?"上帝啊，那个时候他明明很痛苦，杜乔却问他幸福吗? 杜乔的问话明显带着一种讥讽和嘲笑，简直就是个疯子，杜乔严重侵犯了他的人格尊严，他要电视台老板和记者杜乔向他赔礼道歉。

在法庭上，听完了控辩双方的起诉和答辩，法官义正词严地指出，一个人是否幸福，也是一个人的隐私，必须受到保护，这也是一个社会文明的重要标志。冒冒失失地去询问别人是否幸福，不仅存在着一种偷窥别人隐私的心理，也是对别人内心情感的严重亵渎和践踏。幸福不经问。询问别人是否幸福，是种严重侵犯别人内心隐私的丑恶行径。

法官当庭宣判，为了挽回影响，电视台老板卡尔和记者杜乔必须在电视台晚间黄金时段里，向包括史密斯先生在内的所有受访人表示道歉，并罚款一万英镑。

听了法官的宣判，卡尔站起了身，他向史密斯深深地鞠了一躬。然后愧疚地说道，他诚恳地接受法官的宣判，对于这次采访过失，他表示深深地忏悔。他深情地说道，一个人是否幸福，永远是一个人的最高隐私，它就是高压线，永远不能碰，这也是新闻记者职业的道德底线和行为准则，必须要牢牢记住，永远不可冒犯。

上海市 2013 年八年级中考模拟题

民工父亲的"幸福"

　　刚刚搬入新居不久。这天,我面朝着宽大的落地玻璃窗,端坐在电脑前,凝神定气地专心地打着字。光线很好,明媚的阳光像瀑布一样成桶地泼洒进来,周遭氤氲着暖暖的气氛:温暖、清亮、宁静。心情,也沐浴在一片暖融融的气氛中。

　　突然,大门响起一阵"叮叮、咚咚",很不规则、很杂乱的敲门声。像宁静的湖面扔进了一块石子,打破了这份宁静和惬意。我心里好生纳闷,嘀咕道:门上不是有门铃吗?为什么还要这样乱敲门?

　　我轻声轻脚地走到门边,屏住呼吸,从猫眼里往外看去:只见是一个陌生人。他,头发蓬乱,脸上的灰尘和着汗水,渍渍点点,眼睛里露出一种焦灼和茫然的神色。他是谁?想干什么?一连串的疑问在我脑海里闪现。我警惕地将门打开一条缝隙,并做好随时关上门的准备。问道:"你找谁?"

　　只见那人脸一下子涨得通红。他从口袋里抖抖擞擞地摸出一包皱巴巴的香烟,从里面抽出一支递过来,脸上堆满了虔诚的笑意,嘴里嗫嗫嚅嚅地说道:"同志,我就是在您住的这片小区干活的民工。我想请您帮个忙,不知您能不能同意?"

　　"什么事?你说吧?"我推开他递过来的那支香烟,一脸狐疑地回答道。

见我态度缓和、平静，没有那种拒人千里之外的冷漠，他的脸上流露出一种激动，脸涨得更红了，语速急促地说道："是这样的，我儿子马上就要放暑假了，他就要从老家到城里来看我了。孩子说，他想亲眼看看自己的父亲在城里盖了多少漂亮的房子，城里人住得舒服吗？我想，孩子来了后，我能带孩子到您家看看吗？如果他看到城里人住上他爸爸盖的这么好的房子，心里一定感到非常自豪和幸福的，不知您能不能同意？房子盖了许多，可我从来不知城里人住在里面的情况，我很难对孩子描述清楚，否则，我只能带孩子在外面看看了，那样，我担心他会有一种遗憾的。"这位民工一口气把话说完后，两眼露出渴望的眼神望着我，一脸焦灼和企盼。

　　我恍然大悟。原来这位民工父亲，是为了让乡下的孩子亲眼目睹到自己在城里的"杰作"，真是一个心细的父亲啊！我也是一个父亲，自己在工作中取得了一点成绩，或者在报刊上发表了一篇小文章，不是也喜欢在儿子面前表现一番吗？那是一个做父亲的自豪和骄傲啊。想到这，为了不辜负这位民工父亲这份小小的愿望，我毫不犹豫地点头答应了。

　　这位民工见我爽快地答应了，激动地连连称谢，一副唯唯诺诺的样子，嘴里连声说道："谢谢！谢谢！您可真是个大好人啊，我问了好几家，人家一听说我要带孩子来看看他们家，有的一句话也不说，随手就将门'咣——'地关上了，吓了我一大跳；有的说我脑子有问题，简直莫名其妙；还有的跟踪我，怀疑我是坏人，一直跟踪我到民工工棚，才放心。今天，我可遇到大好人了啊。"这位民工的脸上一片喜悦，荡漾出一种明媚。

　　几天后，这位民工父亲果然带着一个小男孩来到我家。小男孩约有十三四岁的样子，黝黑的皮肤，结结实实的身体，一双眸子很亮。见到我，小男孩有一种怯怯的样子，但看到我热情和蔼地抚摸着他的头，才显得放松起来。他父亲在旁堆着一脸的歉意，不停地说道："乡下孩子，不懂事，请多包涵。"

父子俩换上我递上来的鞋套，小心翼翼地迈着步子。也许是第一次踩上木地板，他们好像生怕将木地板踩塌了似的，步子迈得格外地轻、缓、慢。我看到，此时，一只大手和一只小手紧紧地握在一起，两人的目光中有一种扭捏和拘谨。做父亲的好像在努力地显示出一种老练和成熟，只见他边弯下腰，边对儿子讲道："叔叔家住的这套房子就是爸爸所在的建筑公司盖的。当时在盖这栋楼房时，我负责砌墙，你别小看了这砌墙的活，必须要做到心细、手细、眼细，不能有丝毫的偏差。你看，当时在砌这面墙的时候，这面墙上还留有一个洞口，和邻居之间是相通的，为的就是运送砖块、水泥、黄沙等材料施工方便，待房屋建好后，再将这洞口堵上，从此，两家再也不相通了。现在，我要是不说，你可一点也看不出啊！哦，对了，我的中级工考试也通过了，现在，我也是有文凭的建筑工人了。"

孩子的父亲，边向儿子努力地介绍着，边仿佛又回到了当初建房时的种种细节中。看得出，他在竭力地想绘出自己在城里打拼时的一些细节，让儿子感受到自己在城里工作的情景。儿子听了，不停地望着他的父亲，眼睛里流露着一种自豪和骄傲的神色，只见他，又用另一只手握了握父亲的手。父亲的腰板似乎又直了许多。面对此情此景，在一旁的我，心里也有一种温暖和甜蜜的感觉。

一会儿，这对父子就看完了我的新居，两人几乎是一步一弯腰地退向门边向我告别。突然，这位民工父亲伸出两只手，一下子紧紧地攥住了我的手，感动地说道："今天，是我进城打工以来过得最幸福的一天，我能进入到城里人家，感受到了一种城里人家的温暖，这种幸福我一辈子也忘不了。"我看到这位民工父亲的眼睛里洇上一片晶莹。

没想到，在我看来一件极简单、普通的事，只不过让这对父子进了我的新房看了看，竟让这位民工父亲这么激动。就这一下子，我感到，我和这位民工父亲心的距离拉近了许多。周遭氤氲着一种温暖。

父子俩互相搀扶着下楼，只听到孩子对他父亲说道："爸爸，您真了不起，盖出这么好的房子，城里人住得真舒服，如果我们在城里也能住上您盖的这么好的房子就好了。"儿子的语气里有种羡慕和向往。父亲爱怜地摸了摸孩子的头，说道："傻孩子，这怎么可能呢？不要乱想了。我想，你只要在家里把书念好了，帮爷爷、奶奶多干点活就行了。"

孩子仰起稚气的脸，掷地有声地说道："怎么不可能？我一定好好读书，将来有出息了，我一定要让您和妈妈住上您在城里盖的房子，和城里人一样地生活。"

听了孩子的一番话，这位民工父亲情不自禁地将孩子往怀里搂了搂。我看到，这位民工父亲的腰杆努力地挺了挺。顿时，他在我眼里一下子感到高大了许多：一个父亲的伟岸和坚强。

○　福建省三明市 2011 年中考真题

幸福来自"虚惊一场"

那年，自己才上小学三年级。一次，学校组织到外地春游。到了傍晚，学校组织出去的 5 辆旅游车，只回来 4 辆，还有 1 辆车过了 3 个多小时还没有回来。

在学校等待的家长早已是焦虑不安，个个愁眉苦脸，怨声载道，有的还闭着眼，双手合十，默默祈祷着。

家里人看到母亲去学校接我还没有回来，急得爸爸、哥哥、姐姐全跑了过来。大家都在互相打听，这车在路上不会遇到什么事吧。

这时，传来一个消息，说在路上，有人看到 1 辆旅游车翻到河里去了。听到这个消息，许多家长哭了起来，有的还情绪失控，马上要租车到现场去。校长、老师在竭力安慰着大家。

母亲边流泪边哽咽道："今天早上孩子早饭都没吃就走了，都怪我，没有早一点给他烧早饭。"爸爸红着眼，喃喃道："前几天孩子放学回来，我看到他衣服弄破了，还打了他，都怪我，真不该打他，他还是个孩子，在学校里把衣服弄破了很正常的嘛。"哥哥蹲在地上，使劲揪着自己的头发，自言自语地说道："前几天，为了一颗糖果，我还和弟弟争抢，把那颗糖果抢吃掉了，都怪我，我这当哥哥的，一点也不懂得谦让弟弟，我真后悔啊。"姐姐伏在妈妈的肩头，抹着眼泪说道："那天，爸爸买了一支铅笔，弟弟想要，我硬把笔抢了过来，我真后悔啊，我当姐姐的怎么能和弟弟抢呢?"

一家人，边着急地等待着消息，边抹着眼泪，边自责曾经对我的不是，每个人心中都充满着痛苦和内疚……

突然，1辆旅游车徐徐开进学校。家长们蜂拥而至冲了上去。只见车上坐满了小学生，在不停地向外招手。车门一打开，家长们都纷纷拥在门口，大声地喊着自己孩子的名字。

孩子们下了车，看到家长们一个个哭红了眼，不知怎么回事。

母亲看到我，一下子把我紧紧搂在怀里，好像一松手，我就不见了。爸爸、哥哥、姐姐紧紧抓住我的手，上上下下看着，好像看我少了什么东西没有。

我疑惑地问道，你们这是怎么啦?

司机走下车，一个劲地向大家道歉。原来是司机对路况不熟悉，走岔了道，路上耽搁了许多时间，以至于让大家虚惊一场。

大家听了，没有一个责怪司机，还纷纷安慰司机说，幸亏是虚惊一场，他们现在感到很幸福。

那件虚惊一场事件后，我感到家人比以往变得和蔼可亲了，有什么事，大家不再争争吵吵了，大家多了一份谦让和礼貌。我常常一个人偷偷地乐着，心想，原来虚惊一场真幸福!

人到中年，突感身体不适。到医院检查后，看到医生脸上严肃的面孔，我的心一下子提到嗓子眼了，看来是凶多吉少。

果然，医生神情凝重地说道，赶紧到大医院检查去吧，看来情况很不好。

妻子边为我准备到上海医院去检查的东西，边哽咽地说道，我们的生活才刚刚有了好转，你怎么就出了这个事，你要有个三长两短的，我可怎么办啊?

平时总是大大咧咧、无忧无虑的妻子,听到这个不幸的消息,一下子感到六神无主,束手无策;才 7 岁的儿子,好像一下子变懂事了。他紧紧依偎着我,说道,爸爸,我平时不该不听你的话,总是惹你生气,以后我一定听话,做个好孩子。

我感到空气变得格外沉重,让人觉得喘不过气来……

经过一番波折,检查结果终于出来了,原来是良性的。医生笑道,是因为疲劳过度,精神压力大造成的,只要多休息,多调养就行了。

看到这个检查结果,妻子一下子紧紧拥抱着我,她边轻轻捶打我的胸脯,边哭泣道,幸亏是虚惊一场,不然,我真不知该怎么办了,现在,我感到我是天下最幸福的人!

我惊讶地发现,这场虚惊一场后,妻子仿佛变了一个人似的,对我温柔又体贴,有时间总是陪着我,和我说说笑笑,遇到不顺心的事,再也不和我生气、争吵了,过去从不下厨房的她,现在能烧出一桌味美可口的饭菜了;儿子也懂事了,学习变得认真、自觉。

我常常一个人偷偷地乐着,心想,原来虚惊一场真幸福!

人生中有一种幸福是虚惊一场,它比兴高采烈,五彩缤纷,一帆风顺那些词都要美好百倍。当悲伤恐惧过后,一切平复如初,我们才切身感受到,过往那些平常的生活,真的是人生中最大的幸福。

〇 安徽省芜湖市 2011 年八年级中考模拟题

幸福就是没我的

儿子放学回来，一进家门，就喜不自禁地高声嚷道："今天班上许多同学因为课文不会背诵，都留下来了，老师说，没点到名的就可以回家了，点到名的要留下了。老师没点到我的名，所以我就先回来了。"

儿子说到没有他的名，一脸的兴奋，眼睛里放出幸福的光芒。

妻子下班回家，一进家门，就高兴地说道："今天厂里公布没有完成任务要扣除奖金人员的名单中，上面没我的，我太幸福了！瞧，下班后，我还顺便到菜市场买了一条鱼，晚上奢侈下。"

妻子说到没有她的名，脸上荡漾着一缕春风，好像眉毛都在舞蹈。

老母亲从商场回来，一进家门，就喜悦地说道："今天到商场想买件衣服，可是没有适合我穿的，看来，还是我自己做的衣服最好！"

老母亲边说边展示着自己做的衣服，脸上满是喜庆的神色。

看到家里人，一个一个报着"没我的"时的那种幸福和快乐，我也被深深地感染了。生活中，我不也有着许多"没我的"吗？

考驾照，公布需要补考的名单中，"没我的"；职称考试，需要补考的人员名单中，"没我的"；迟到、早退人员名单中，"没我的"；婚外情、包二奶等"时尚"，没我的……

这一个个"没我的"，构成了平凡生活一串串幸福的珍珠，散发着醉人的芬芳。在我们心底荡起层层涟漪，缠缠绵绵，挥之不去。

有时，"有我的"，并不是人生的一种幸福和快乐。

闯红灯，不遵守交通规则，被交警拦下罚款、聚众赌博，扰乱社会治安、夫妻争吵，邻里关系不和……

生活中，这一个一个"有我的"，不是快乐和幸福，反而是一种不幸和痛苦。

认识一位老同事，工作几十年了，工作岗位上，一直任劳任怨，勤勤恳恳，深得领导的赏识和同事们的尊重。可是，每当到了年终评选先进，他总是将指标让给别人。

人们不解，问他为什么每次都谦让？

他笑着说，工作是靠大家干的，把先进让给年轻的同志，可以调动他们的积极性啊！

老同志虽然没有得过一次先进，但是，他却散发着迷人的人格魅力，深受同志们敬佩。

那一个个"没我的"，拾起了幸福一串串、快乐一片片。串串片片，洒满了生活的幸福和甜蜜。

没我的，真的很幸福。

安徽省蚌埠市 2014 年八年级中考模拟题

幸福的模样

似乎总有一种能直抵人内心的柔软，一种端坐云端的飘逸和温暖，那就是幸福的模样。

其实，幸福的标准是很难整齐划一的。各种职业、各种人群、各种年龄、各种教育的人们，对幸福的理解也是各不相同：有的人将追求奢华生活作为自己的幸福标准；有的人将嫁给一个有钱人作为自己的幸福标准；有的人将找个好工作作为自己的幸福标准……

说到底，幸福只是一种感觉，一种自我的心里反映和变化，因为，它只是一种感觉，与他人无关。

那一幕常常在我眼前浮现，挥之不去。那次，因大雨，一处正在建设的施工工地发生了险情，工人们在现场紧张地抢险。我们给这些工人们送去盒饭和矿泉水，工人们就在施工现场，或蹲、或站、或靠、或倚，抓紧时间吃饭。有一对民工夫妻，两人身上、脸上，沾满了泥浆，两人靠在一根水泥涵管旁，吃着手中的盒饭。丈夫看到盒饭中有几块薄薄的肉片，就用筷子揀到妻子的盒饭里，妻子又揀到丈夫的盒饭里，就这样，几块薄薄的肉片，夫妻俩互相谦让着，你揀给我，我揀给你，一脉浓浓的幸福暖流萦绕在周遭。

这一幕，我在一边看得清清楚楚，心，在那一刻被濡湿了，自己被这对民工夫妻的恩爱所感染，沉浸在他们这种真挚、平和的幸福之中。此时此刻，我仿佛看见了幸福的模样……

幸福与不幸福，有时，就像一对并蒂莲，从一面看是不幸的，但从另一个方面来看却是幸福的。"春风桃李花开日"，是一种心情，"秋风梧桐叶落时"，其实也是一种心境。著名作家史铁生曾将生病比喻是上帝对自己的偏爱。他说，生病，其实也是人生的一种体验。它教会我如何面对苦难，学会坚强。这种把生病也作为一种人生的幸福感觉，使幸福派生出新的意义，让人充满着一种对生命的敬畏和感动。

印度诗人泰戈尔在《飞鸟集》中有这样一句话：如果你因为失去了太阳而流泪，那么，你也将失去群星了。幸福，其实就在自己的身边，如影随形，暗香浮动，这就是幸福的模样。

◇　江苏省无锡市 2013 年中考模拟题

第二辑
镂空一段流年

没有人是不可代替，没有东西是必须拥有。看透了这一点，将来你身边的人不再要你，或许失去了世间上最爱的一切时，也应该明白，这样不是什么大不了的事。

一念灭，一念起

    他来到人流涌动的人才交流市场，怀揣着精心设计的几十份简历，想找份工作。看得出，他的心情很激动，脸上闪烁着急迫和兴奋的光芒。

    人太多了，大厅里，人声嘈杂，空气污浊，他感到心口堵得慌。他极力地伸长脖颈，眼睛瞪得大大的，看着那一个个招聘启事，生怕遗漏了一点。渐渐地，他的眉毛紧锁起来，目光变得黯淡下来，眼睛里流露出茫然和无助的神色。他感到自己这个三流大学的毕业生，要想在这找份满意的工作很难。

    他挤进人群，将简历胡乱散发了几份出去，脸上露出一丝苦笑。

    忽然，他的脑海里闪出一个念头：不找了！

    这个念头一闪现，他立刻毫不犹豫地挤出人群，走了出来。他深深地呼吸了一下外面的新鲜空气，心里感到一阵舒坦。他望了望湛蓝的天空，天空上，几朵白云在悠悠飘浮着。不知为什么，他的心里有种清澈的感觉。

    那个像升腾起烈火一样找工作的念头，就这样熄灭了。他又想，不找工作，那干什么去？他摸了摸口袋里仅剩下的几张钞票，心里不禁一片茫然，眼睛里闪烁着一丝晶亮。

    他漫无目的地在路边走着。他的思绪很乱，像电影蒙太奇一样。

不经意地，路边有一个卖水果的老大娘引起了他的注意。老人七十多岁的样子，佝偻着背，花白的头发，脸上布满了皱纹。老人面前摆放的两篮子苹果，清香扑鼻，散发着诱人的色彩。看到有人从眼前走过，老人的脸上立刻露出温暖的笑容，她热情地吆喝着，声音洪亮、清脆。老人脸上的笑容，像盛开的菊花。

看着老大娘卖水果的样子，忽然，一个念头在他脑海里升起：我也卖水果！

这个念头一闪现，他仿佛像吃了蜜似的，心里溢满了甜蜜。他想，老大娘这么大岁数了，可还在自食其力，让人敬佩和感动，我就学老大娘——卖水果。

说干就干，他来到水果批发市场，批来两箱苹果，然后来到菜市场。他把苹果摆放开来，看着眼前一个一个从他面前走过的人，他的脸上溢满了笑容。他想起了那卖水果的老大娘，他感到自己脸上的笑容有点像那老大娘。

很快，一个带孩子的女人在他的苹果摊前停了下来，她问了价格，然后蹲了下来，挑挑拣拣，买了几个苹果。他激动地称好苹果，收下女人递来的钱。

手里捏着那几张钞票，他的心里甭提多兴奋啦！他想，这做生意并不难啊，只要肯干，就一定能干出名堂来。

一天忙下来，他算了算，发现竟然赚了 22 块钱。他笑了，笑得很甜、很明媚……

人们很快地发现，菜市场一角，有一个戴眼镜的年轻人，每天固定在那卖水果。年轻人的笑容很灿烂，那笑容，有点像老大娘。看到那笑容，总让人忍俊不禁。

他的水果品种渐渐地多了起来：苹果、香蕉、橘子、哈密瓜……从一开始是一辆破旧的自行车运货，渐渐地，他换了三轮车、电动三轮车。

终于有一天，人们发现小伙子开着一辆面包车来了，身边还有一个穿粉红色衣服的姑娘，也在他身边帮忙。小伙子的脸上，多了一份自信和沉稳。

小伙子不再在露天里卖水果了，他租了一个门面房，门面房里，不仅卖水果，还卖各种炒货兼批发。他的生意越做越大，还开了几个分店，手下有了十几个员工，人们开始称他为"老板"了。

有一天，来了一位记者来采访他。记者问他是怎么想到自主创业的？

小伙子听了，眸子里闪烁着一丝晶亮，仿佛陷入一种过往的回忆中，然后，缓缓地说道，一念灭，一念起。

看到记者疑惑不解的神色，他解释道，我在求职中，感到很困厄、很茫然，突然间，那找工作的那个念头熄灭了。看到路边一个老大娘在卖水果，又一个念头升起——就学那老大娘卖水果。就这样，一路走来，我将生意渐渐做大了。

他深情地说道，一念灭，一念起，人生的转折点就在这瞬间发生了改变，它让我看到了天堂的模样。

安徽省马鞍山市 2012 年八年级中考模拟题

榉木、橡木、樱桃木

父亲是一名木匠，在十里八乡的很有点名气，找父亲打家具的人有很多。童年时，每当父亲要出去给人家打家具的时候，总是带着我。我的童年就是在刨木花的馨香中长大的，简单而快乐。

我喜欢拿起父亲锯下的各种小木头，当积木搭着玩。有时找到像小手枪、小动物这样的小木块，更是喜不自禁。

看到父亲打出一件件精美的家具，我就想跟父亲学木匠。可父亲总是说，你现在还小，要好好上学，等你长大了，我会教你木匠手艺的。

17岁中学毕业的时候，我又一次对父亲说起我想跟他学木匠手艺，父亲这时候终于答应我跟他学木匠。我高兴极了，心想，这下我终于可以学木匠手艺了，学会了锯、刨、削、量，用不了多久，我也会像父亲一样帮人家打家具了，那是多么光荣和自豪的事。

我拿起一把刨子，对父亲说道："您先教我刨木头吧。"

没想到，父亲轻轻推开我的手，拿出3块木头，对我说道："先不忙刨木头，我先教你认识下这3样东西。"

我扑哧一下笑出声来，说道："爸，您这是怎么啦？这是3块木头啊，我早就认识了。"

父亲说道："你仔细看看，这3块木头有没有什么区别？"

我拿起木头，将3块木头看了看，说道："这3块木头没有区别，都是一样的。"

父亲收敛了笑容，说道："这3块木头根本不一样，你看，这块木头上有着淡雅的木纹和色泽，厚实且坚固，这块木头叫榉木，在我国明清时代被广泛应用于家具；这块木头树心呈黄褐色，生长轮明显，质重且硬，这块木头叫橡木，适用于装潢用材；这块木头含有棕色的斑点，纹理细腻、清晰，干燥后尺寸稳定，性能好，这块木头叫樱桃木，适用于做乐器、木雕、地板和家具。"

听父亲这么一说，我不禁大吃一惊，在我眼里，这几块木头都是一样的，没想到，这几块木头却各不相同，各有各的取材价值，如果混淆了，就有可能大材小用，或者是缘木求鱼了。

我开始学习如何辨认这3种木材。整天辨认这几种木材，我感到很枯燥、很乏味，有时也想偷偷地学着刨下木头，父亲看见了，严肃地问道："那3种木材已经认识了吗？"我听了，赶紧去到一边默认这3块木材去了。

3个月后，父亲考核了我，感到很满意，终于允许我跟他学木匠手艺了。

几年后，我出师了，我也像父亲一样，走街串巷给人家打家具了。时光好像又回到了从前，我又闻到了童年的刨花香，心里甜丝丝的。

干了一段时间后，我感到那十里八乡的地方好像太小了，已容不下我跃跃欲试的心，我很想到外面去闯一闯，看一看。父亲得知我这一想法后，拍着我的肩膀说："你这个想法很好，不要总是重复父辈的老路，年轻人就应该到外面去见风雨、见世面，这样才能更好地磨炼自己。"

得到父亲的肯定，我心里一下子感到踏实了。离开父亲时，父亲送给我3块木头，他意味深长地说道："这3块木头，1块是榉木，1块是橡木，1块是樱桃木，你是一块什么样的木材，一定要清楚，这样才会更好地打磨自己。"

我带着父亲送给我的 3 块木头，背着包袱，外出闯荡去了。在城里，我吃过许多苦，干过许多事。每当我感到心灰意冷的时候，我就会拿出那 3 块木头，一边仔细地看着这 3 块木头，一边对自己说："你应该脚踏实地，干好自己力所能及的事，不要好高骛远，这山望着那山高，这样才会认清自己，活得清楚。"

许多年过去了，身上一直揣着这 3 块木头，常常看看这 3 块木头，使我多了一份清醒、一份警示，并给了我一种信心和力量。我想，有时我们之所以感到痛苦和沮丧，就是因为分不清自己是榉木、橡木，还是樱桃木。

河南省许昌市 2012 年八年级中考模拟题

张开你的大螯

那年暑期，我到乡下舅舅家去玩。舅舅是一个渔民，早就听母亲说过，舅舅是一名捕鱼能手，你到他那里去玩，他一定能给你捕到新鲜的鱼吃。

到乡下去玩，还能看到舅舅捕鱼，我感到很新鲜，有一种迫不及待的感觉。

果然，看到我来了，舅舅立刻拿起渔网，对我说道："走，我带你捕几条新鲜的鱼吃。"

我兴奋地拿起一只鱼篓，喜颠颠地跟着舅舅去捕鱼了。

到了河边，舅舅挽起裤脚，说道："我先摸几只海虾给你吃，白天海虾都钻在草丛里，很好摸，晚上它们才出来觅食。"

说罢，舅舅弯下腰，两只手在河边的草丛里摸索起来。一会儿，舅舅就摸到了一只海虾。我高兴地将鱼篓递过去，舅舅就将海虾放了进去。

我按捺不住，也学着舅舅的样子，卷起了裤脚，慢慢地下到水里，两只手也在河边的草丛里摸索起来。

河水泛起泡沫，散发着清香湿润的气味。忽然，我惊叫一声，举起手来，只见一只海虾用它的一只大螯紧紧地夹住了我的一根手指，疼得我大叫起来，我高声地叫道："舅舅，我该怎么办？"

舅舅见了，并不急着来帮忙，反而哈哈大笑起来，说道："别怕，张开你的大螯，把它的大螯咬下来，不就行啦？"

我带着哭腔道："舅舅，我哪来的大螯？"

舅舅说道："你看你，你有那么有力的大螯却不知道，太遗憾了，你看我是怎么张开我的大螯咬下它的大螯的。"说罢，舅舅将手伸进鱼篓，一会儿，舅舅将手从鱼篓里拽了出来，只见舅舅的一根手指上夹着一只大海虾。

舅舅说道："外甥你看，我用我的大螯咬下它的大螯来。"说罢，舅舅用一只手的食指和拇指，用力将那只海虾的大螯掰下。海虾又掉进鱼篓里了，舅舅说道："你看，我的大螯多厉害，海虾的大螯哪是我的对手。"

原来是这么回事。舅舅所说的大螯，是指我的手。我似乎才明白过来，于是，学着舅舅的样子，将那只海虾从我手指上掰了下来。我看到，那只海虾的大螯将我的手指夹出一道深深的齿印。

我再也不敢在草丛中用手摸海虾了，我怕又被海虾夹住了手指，那海虾的大螯劲可真大啊，夹的人真疼。

不一会儿，舅舅就摸了小半篓海虾，还网了几条鱼。看着自己收获的战利品，舅舅爬上了岸，乐呵呵地说道："走，回家去，我烧新鲜的海虾和鱼给你吃。"

走到村口，舅舅对我说道："那边有个修鞋铺，我去把脚上的鞋补一下。"

我跟着舅舅来到修鞋铺。舅舅坐在小凳子上，将脚上的鞋脱了下来，然后将鞋递给修鞋人。

就在这一刹那，眼前一幕，让我愣住了：只见那个修鞋人用脚接过舅舅递过来的鞋，然后用脚熟练地修补起来，再一看，那修鞋人的两只衣袖空荡荡的。我这才明白，这修鞋人是个残疾人。我不禁暗暗赞叹，他没有手，用脚也能修鞋，真了不起。

不一会儿，那修鞋人就将鞋修好了。舅舅穿上鞋，走了几步，说道，补得很好，很合脚。

离开修鞋铺，我不禁好奇地问道，那个人真厉害，他没有手，用脚也能修鞋。

舅舅说道，他本来有两只手，一次出海捕鱼，他的两只手不幸被渔船上的马达的皮带绞断了，从此，他成了一个残疾人。看到失去了两只手，他没有悲天悯人，而是乐观地说，我失去了这两只大螯，还有另外两只大螯，我一定会张开那两只大螯，活出另一个人生来。

原来，他所说的另外两只大螯，是指他的两只脚。就这样，他用两只脚慢慢学会了用手所能做的一切，更让人惊讶的是，他还用两只脚学会了修鞋，自食其力，他成了我们全村人的骄傲。

舅舅又说道，在渔民中有这样一句口头禅，无论你遇到多大困难和不幸，人们总会说：别怕，张开你的大螯！是的，在我们每一个人的身上，总有一种神奇的力量，这种力量，会使我们产生无穷的力量和勇气，将困难和不幸紧紧地夹住，使它无法张牙舞爪，并最终败下阵来。

许多年过去了，我一直记住了舅舅的那句话：别怕，张开你的大螯！是的，困难和不幸永远不可能将你打倒，因为只要张开你的大螯，就会紧紧扼住命运的咽喉，唱出生命的最强音。

新学期新打算

    我有一个习惯，每当到了中小学开学的日子，我都会在笔记本上写上《新学期新打算》。将自己新的半年所要做到的事、所要达到的目标，一一列举出来；也将自己身上存在的不足指出来，并努力加以克服。无论生活发生何种改变，人生发生何种变故，这一习惯，从没有停止过。

    这一习惯，还是从学生时代养成的。那时，每当到了新学期开学的日子，老师都会布置一道题：新学期新打算。这道题，是每个同学必做题，从小学一年级，一直到高二（那时高中二年制），写了 22 次的新学期新打算，成为我学生时代唯一没有变化的一道题。

    虽然题目没有变化，但内容却在悄悄发生着变化，里面的词语也在悄悄发生着变化。记得小学一二年级的时候，那时由于刚上学，识字还不多，干巴巴的几句话，还有许多用拼音代替。那时的内容很简单，大多数不外是要好好学习，不迟到，不早退，团结同学，热爱劳动等。

    记得小学五年级的时候，我写了一篇《新学期新打算》。老师看了，还拿着它，当作范文给全班同学朗读。老师说，我的这篇新学期新打算很有新意，而有的同学写来写去总是一个样子，几乎没有什么变化，有的同学偷懒，将上学期写的新学期新打算又重抄一遍交上来，这种态度很不端正。老师语重心长地说道，新学期新打算，贵在一个"新"字，要有新思想、新计划、新做法，这才是新学期新打算的灵魂。老师说道，生活每一天都在悄悄发生着变化，我们每一个人也是如此。新学期新打算不是一篇简单的作文题，而是体现了自己思想里面的一些新东西，就像是一片叶子，如果你仔细观察，就会发现每天都有不同的变化。

老师这番话，我一直牢牢记在脑海里。一个人要有新思想、新计划、新做法，才会有新的思考，才会有进步，否则，就会看不到生活的变化，思想变得僵硬和呆板。

老师这次用生动事例讲解新学期新打算的写法，似乎给全班同学都触动很大，以后再写新学期新打算，大家文字的内容有新意多了，不再是干巴巴的表决心的几条，用老师的话来说，是有血有肉了。

不过，有一次，我写新学期新打算，还被老师喊到办公室狠狠地批评了一顿。高一第二学期，我在新学期新打算中写道，英语课代表张影是我心中的女神，我暗恋她许久了，这学期，我一定要把她追到手，让她做我的女朋友，我要和她比翼齐飞。

老师严厉地批评道，你这思想变化也太超前了，现在都进入到高考的关键时期，你竟还有这些心思？这个心思，你必须要赶快清除掉，否则，我就要通知你家长到学校来。

看到老师严肃的面孔，我知道事情的严重性。我狠狠地掐了自己一下，暗暗地骂自己像一头蠢驴，怎么能把自己的小心思都写在新学期新打算里了？自己也太厚道了。从此我得到了一个教训，有些隐私是不能写在新学期新打算里面的，写出来，就好像是一份交代材料似的。

大学时，我牵着恋人张影的手漫步在校园林荫道上。我对张影说出了我在高一时写的那份新学期新打算，被老师狠狠训了一顿的事。

张影听了，笑得前仰后合。好半天，她才停止了笑声，说道，多谢你将你的小心思写在了新学期新打算上了。后来，我知道了，很是惊喜。原来你一直暗恋着我，其实，我对你也早有好感，只是不敢说出来。自从知道了你的心思后，我就偷偷地向你暗送秋波。你心有灵犀，我俩很快地就偷偷地好上了。

我这才感到一种豁然开朗的美好。感谢那份新学期新打算里透露出我的小秘密，老师的大惊失色，其实变相地促成了我和张影在一起。如果没有那份新学期新打算，我和张影不知还能不能牵手走到一起？

一晃，三十多年过去了，许多事情都已是时过境迁，物是人非了。但是，每年写2篇新学期新打算，却依然不曾改变。一次，正在上大学的儿子回来，发现我正在写新学期新打算，大声惊呼道，老爸，都什么时候啦，你还在写新学期新打算，你也太学生气啦？

我严肃地说道，写新学期新打算，是我的一种人生。这么多年来，我就是这样一路走过来的，它会不断校正我人生的方向，使我人生的步履，走得更加稳健、更加踏实，摒弃了许多浮躁和虚伪，我愿意我的血液里永远流淌着这种学生气。

儿子听完，停顿了好一会儿，然后轻轻地拥抱着我，深情地说道："也许您是对的，几十年了，你能一直坚持写新学期新打算，这本身就是一种了不起的毅力和坚持，而我缺少的正是这种毅力和坚持，我知道了，我也应该有一份新学期新打算了。"

看着儿子那张年轻俊朗的脸，我好像看到了当年的我，我不禁舒心地笑了。

♡　河南省许昌市 2012 年八年级中考模拟题

没人有义务对你好

回到乡下，已是暮合时分。院子里，母亲正在浣洗衣裳，空气中，弥漫着一种湿漉漉的气息；淡淡的水渍，隐映在地上，像画上了一块块地图。看到我回来了，母亲欣喜地直起身子，她擦去手上的水渍，搬过来一条小凳子。然后，母亲亲切地询问起我近来的生活情况。

我说起我的近况，可是，说着说着，我突然义愤填膺地冒出一句，现在的人，真是狗眼，用得着你了，就会想方设法地巴结你，用不着你了，就会对你不管不问了。

母亲惊讶地抬起头，问我是怎么回事？

我心情郁闷地对母亲说起自己气愤的原因。我说，我去年下岗了，曾经和我玩得最好的一个哥们，却装着不知道似的，不管不问。我今年又重新找到工作了，他又跑来和我叙友情了，这种人真是狗眼。

母亲听了，淡淡地说了句："我当发生了什么事呢，这叫什么事？竟惹得你生这么大的气，真划不来。生活是自己的，你只要自己对得住自己就行了，没人有义务对你好！"

母亲淡淡的一句话，像一记闷棍，重重地击打了我一下。我心里一遍遍地回味着母亲这句话，内心里，久久不能平静。

因工作上一件事，需要找过去单位的一个老领导证明下。这位老领导从单位退下来有好几年了，一直没有再联系过。于是，我辗转找到了这位老领导的家。

当他看到我的那一刹那，他脸上露出满是惊喜的神色，他紧紧地拉着我的手说道："还是你够朋友，我退休下来，就很少有人上我家门了，那帮人都是一群狗眼，我在台上时，都巴结我，整天围着我转，我下来了，就再也见不到影子了。这些年来，我一直在为这事生气！"

老领导越说越气愤，脸上因气愤而变得有些扭曲了。看到老领导义愤填膺的控诉，我好不尴尬，不自然地讪笑着。终于，我嗫嗫嚅嚅说出我找他的原因，他的脸色突然变得阴沉起来了。他松开我的手，淡淡地说了句："原来你是找我有事哦，我还以为是专门来看望我的呢，唉！"

老领导顿时陷入一种深深的失落中。我心里溢满了自责和内疚，我为自己也成为他眼中的那帮狗眼而难过。我知道，此时我无论如何解释我不是狗眼，一切都无济于事了。在他眼里，我就是狗眼。

事后，我对着镜子，曾仔细观察自己的眼睛，一遍遍地问自己：你也长着一双狗的眼睛吗？

生活中，我们常常觉得自己不快乐，并不是自己缺了什么，而是觉得别人对自己不够好，特别是在自己失落的时候，这种心理表现得更加强烈。我们看别人是长着一双狗眼，而别人看我们，又何尝不是长着一双狗眼？

香港著名主持人梁继璋先生在给他儿子的一封信中写道：孩子，在你一生中，没人有义务要对你好！因为，每个人做每件事，总有一个原因。他对你好，未必真的是因为喜欢你，请你必须搞清楚，而不必太快将对方看作朋友。没有人是不可代替，没有东西是必须拥有。看透了这一点，将来你身边的人不再要你，或许失去了世间最爱的一切时，也应该明白，这样不是什么大不了的事。

浙江省萧山市 2014 年八年级中考模拟题

下联走丢了上联

　　祖父读过几年私塾，在村子里，算是有文化的人了。祖父特别喜欢写对联，每年到了春节的时候，村子里的人家就会请祖父写上几副对联。那大红的对联贴在大门上，红红火火的，渲染了节日的喜庆气氛。

　　祖父每写好了一副对联，总是对着对联，轻轻吟咏着。听着从祖父口中吐出来的那朗朗上口、对仗工整、平仄押韵的对联，我感到祖父很了不起。我抬头看着祖父，心想，如果我也会写像祖父那样的对联就好了。

　　那对联，一边一条，就像是人的两条腿，迈着铿锵有力的步伐，好豪迈啊。每写好一副对联，祖父总是对人一边用手比画着，一边细心地讲解道："这是上联，这是下联，上联要贴在大门的左边，下联要贴在右边，不能贴反了，贴反了，人家看到了，是要笑话的。"

　　来人边应承着，边高兴地拿着对联走了。可出门不大一会儿，就又回来了。那人讪讪地笑着，对祖父说道："我忘了哪条是上联，哪条是下联了。"

　　祖父笑了笑，就又讲了一遍。那人索性左手拿着一条，右手拿着一条，说道："这下忘不了了。"

　　看着那人拿着一副对联走出屋子，祖父微笑着，那笑容，像盛开的菊花。

在祖父仄仄平平，平平仄仄的对联吟咏中，我渐渐长大。每当走过人家门口，看到人家大门上的对联，我总喜欢吟咏一番。有时人家大门的对联贴的时间长了，少了一二个字，我会站在那，冥思苦想一番，猜出那缺失的一二个字。看对联，猜缺字，这成了我的一个爱好。

上学了，祖父看到我每天放学回来，做作业时，不是弄丢了笔，就是将老师布置的作业给忘了。他重重地叹了一口气，说道："你是下联走丢了上联，就不是一副完整的对联了。"

我不解地问道："祖父，什么是下联走丢了上联？"

祖父语重心长地说道："你每天背着书包去上学，在学校里，认真听老师讲课，就是你的上联；放学回来，认真做好老师布置的作业，爱护好自己的学习用品，就是你的下联。可你回来后，常常忘记了老师布置的作业，把自己的学习用品又弄丢了，这不是下联走丢了上联？长期下去，怎能把学习搞好？"

听祖父这么一说，还真感到很形象、很贴切。我不好意思摸了摸自己的脑袋，脸上露出羞愧的神色。

从此，我十分爱惜自己的学习用品，每当老师在课堂上布置作业时，我都会认真做好记录。我边记录，心里还边想着，这是我的下联，千万不能让下联走丢了上联。

祖父看到我一点一滴的变化，脸上常常露出欣慰的笑容。一天，祖父抚摸着我的头，和蔼地问道："你的梦想是什么？"

望着祖父那殷切的目光，心里不禁激动起来，我说道："我的梦想是将来能像铁柱一样，当个摄影师。"

铁柱是我们村唯一的一个有照相机的人，他有一台120双镜头"海鸥"照相机，每当他把照相机挂在胸前，在村子里走过，总是招来村子里许多人，特别是年轻女孩子羡慕的眼光。我曾趴在铁柱家门缝里偷窥过，他家墙上挂着许多他拍摄的照片，特别是一些女孩子，拍摄得非常美。她们那长长的睫毛、漆黑的眸子，让我浮想联翩。我想，将来我要是也能像铁柱一样就好了，也有一台 120 双镜头"海鸥"照相机，走南闯北，拍摄许多好看的照片。

祖父听了，高兴地说道："这个梦想很好，将来我还要请你给我拍照呢！"

过了一段时间，有一天，祖父兴冲冲地告诉我，他跟铁柱说好了，让我有时间去他家，他会教我学摄影。

我轻轻地"哦"了一声，并没有显得特别激动，学摄影我已没有多大兴趣了。有一次，我到班上同学王海家去玩，发现他有一把漂亮的小提琴，他拉的小提琴真好听。我边听边想，如果我也能像他一样，拉出这么好听的小提琴就好了。

我对祖父说："我现在不想学照相了，我想学拉小提琴。"

祖父听了，盯着我看了好一会儿，没有说话。

一晃，春节到了。祖父写了一条对联，让我贴在大门上。我疑惑地问道："怎么就一条对联？还有一条对联呢？"

祖父淡淡地说道："现在就一条对联了，下联走丢了上联。"

我疑惑地问道："什么是下联走丢了上联？"

祖父淡淡地说道："实际上，上联的每一个字都对着下联的每一个字，下联的每一个字与上联的每一个字也是相对应的。如果下联的每一个字总是自以为是，想怎么写，就怎么写，那就不能成为一副完整的对联。就比如说你吧，一会儿想学摄影，一会儿想学拉琴，最后必将什么也没有学会。"

祖父的话，让我一下愣在那里，不知不觉，脸上露出了羞涩的红晕。

从此，我知道了这样一个道理，无论做什么事，认准了目标，都要认真做好，否则，就有可能是下联走丢了上联，成了一副跛脚的对联。

十几年后，在祖父九十岁的时候，我给祖父拍摄了一张照片。这张照片成为祖父生前最喜欢的一张照片。

这张照片我一直挂在书房的墙上，在照片的旁边写了这样一行字：莫让下联走丢了上联。

经营好人生的退路

1

6 岁的儿子看到常有家长带孩子到河边捞海虾，感到很有趣，于是，嚷着要我也带他到小河边去捞海虾。经不住儿子的软缠硬磨，只好做了一只渔网，带儿子到河边去捞海虾。

虽然长这么大，可捞海虾我还是第一次，一点经验也没有。不过为了儿子，我还是装作很在行的样子，带儿子到河边去捞海虾。

到了河边，果然看到河里有海虾，于是赶紧拿渔网去捞海虾。可没想到，海虾听到动静，机灵地一个往后弹跳，腾起一缕混浊，立刻溜掉了。捞了很长时间，一只海虾也没捞到。

儿子手里拿着个小水桶，看到我一只海虾也没捞到，急的眼泪汪汪的。看到儿子对我失去信心的目光，我也急得手忙脚乱的，可还是捞不到。

旁边一位老伯伯走了过来，他看到我捞海虾的样子，笑着说道："你这种捞海虾的方式不对，应该要把渔网轻轻地放在海虾的身后，海虾听到了动静，就会往后一跳，想溜走，可正好跳到你渔网里来了。"

听了老伯这一番指点，我开始按照老伯的方式去捞海虾。果然，成功率大大提高，不一会儿，就捞到小半桶海虾。

儿子高兴地嚷着自己也要捞。于是，我将渔网递给儿子。儿子学着我的样子，也捞了好几只海虾。

回家的路上，我摸着儿子的头问道："今天捞海虾，发现了什么？"

儿子仰起稚嫩的脸蛋，眸子里闪烁着清澈的光芒，稚气地回答道："海虾是往后退着跑的，只要将渔网放在海虾的身后，就能轻易地逮到，否则，就很难逮到。"

我听了，和蔼地说道："说的对，对海虾来说，后退就是一种前进，它能更好地保护自己，迷惑对方。"

儿子听了，若有所思地点了点头。

2

抗日战争时期，父亲曾是一名新四军战士，父亲经常对我讲那时的战斗故事。那是一段血与火的记忆，刻骨铭心，难以忘却。

父亲说："那时为了打击日本侵略者，新四军采取灵活多变的战术。当敌人气势汹汹扑来时，新四军转而避开敌人的锋芒，实行战略撤退，和敌人在树林里兜起圈子。敌人不知是计，以为新四军是怕他们，追得更加起劲。新四军乘机跑到敌人身后，一阵猛烈的火力，打得敌人溃不成军，丢盔弃甲，死伤无数。"

父亲意味深长地说道："在战争年代，有时后退并不是失败，而是一种战略战术，麻痹敌人，转退为攻，打得敌人措手不及。这是我军在战斗中，积累起来的宝贵的实战经验，是克敌制胜的法宝。人生中，有时不能只是一味地向前、向前，恰当的时候，后退下来，枕戈待旦，再东山再起，更是一种远谋和熟虑。"

父亲的那些话，当时听起来，好像还不以为然。现在想来，觉得真的很精辟、很精彩。

3

外甥高考失利后，他没有像许多村里的那些年轻人一样选择复读或者进城打工，而是整天在村子里四处转悠。看到他这样整天无所事事的样子背后，村子里的一些人不住地摇头、叹息，他们说外甥这孩子不思进取，这样下去怎么得了。

没想到，在这种看似退缩不前的样子背后，他心里却有一团火焰般的信念在燃烧。他利用家乡丰富的土地资源，搞起了生态养殖。他还与一些大专院校建立了横向联合，他们送科技、送技术。

由于经营有方，头脑灵活，短短几年时间，他的生态养殖就大见成效，供不应求，还远销到港澳台等地区，他成了优秀的农民企业家。那些当年考上大学的老同学和外出打工的同乡们，又纷纷投奔到了他的身边，使他的生态养殖基地，不断发展壮大。

在一次经验交流会上，外甥深情地说道，如果当初自己选择了复读或进城打工，很有可能，他现在还是千千万万打工族的一员。可以说，当初没有走这样的路，看似退缩，没有前进，其实，自己一直在思考，并利用自己最热爱、最喜欢的事，去努力干下去。

人生中，有一种前进叫后退。后退，看似是一种失败，其实，是一种隐忍和策略，它能给人带来更加广阔的空间和舞台。经营好人生的退路，更是人生的一种智慧和聪明。

浙江省台州市 2013 年八年级中考模拟题

镂空一段流年

不知不觉，结婚已 30 年了。看到正处在和女朋友热恋当中的儿子，我们夫妻俩常常相视一笑，好像也看到了我们当初相恋的日子，那真是一段吸一口空气都觉得甜丝丝的美好时光，现在想起来，还有一种陶醉和流连的感觉。

婚后，我有一个记日记的习惯，无论每天多么忙，我都会抽出一点时间，记录下每天发生的一些事。弹指间，我已记录了 30 年。这 30 的日记，见证了我们相扶相携所走过的路。

30 年结婚纪念日，我拿出厚厚一打日记本，和妻子一起重温这 30 年所走过的路。每看一篇，当年所发生的一幕幕情景，又在眼前浮现。我们时而相视一笑，时而发出一声感慨。

看着看着，我忽然发现，我们结婚后的第 12 年、13 年，这两年一片空白，什么也没有记下。我感到很疑惑，问妻子："这两年为什么一片空白，我怎么一个字也没记下？"

妻子说："我哪知道？"

我又问妻子："你还记得那两年发生了什么事吗？我再补记一下。"

妻子皱起眉头，努力思索着，思考了好长时间，可还是摇了摇头，说："我实在想不出来了，你再想想。"

我努力思索着，将时间一年一年往前推，推到那两年，就什么也想不出来了；再将时间一年一年往后推，推到那两年，也还是什么也想不出来了。我挺纳闷，为什么那两年发生的事，我怎么也想不起来？

　　妻子看到我还在为想不起来那两年发生的事闷闷不乐，含嗔道："想不出来还在那拼命想什么呢？想不出来好啊，这说明我们的日子有一段镂空，这镂空的岁月，也是我们生命的一部分。镂空一段流年，不是让我们的过往变得更加圆润、妩媚吗？"

　　"镂空一段流年？"我听了，感到很疑惑，问道："什么叫镂空一段流年？"

　　妻子说："我们女人在用针线钩裙子、披肩、内衣时，总喜欢镂空一部分，这镂空的一部分与整体是相连的，正是有了这镂空的一部分，才使裙子、披肩、内衣，更加时尚、美观，如果没有这镂空的一部分，全是密密麻麻的线头，反而显得呆板、生硬，一点也感觉不到美观。"

　　妻子这么一说，我真的想起来了，妻子钩的那些裙子、披肩、内衣，都有镂空的一部分，这些镂空的部分，让那些衣裙增添了一种更加妩媚和俏丽的神韵。

　　我又想，那镂空的两年，也许是我们的生活过得很平静，平静得几乎没有一丝涟漪和缠绵。在这种平静中，我们过着每一天、每一刻，我们呼吸到天底下最平静的空气。

　　在以后的岁月里，我还希望镂空一段流年。正是有了这一个个镂空，才让我们的生活，多了一份美好、一份娉婷、一份联想。

　　◇　浙江省绍兴市 2016 年八年级中考模拟题

等到烟火清凉

"妈，今天天气好，我陪你出去走走！"母亲听说我要带她出去走走，欣喜地拿起她的那只小挎包，踥踥蹀蹀地走出屋子。

我忙跟了上去搀扶起母亲说："别急，我搀着您走。"

母亲甩开我的手说道："我能走，不需要你搀扶。"

母亲已是年近 90 岁的人了，身体硬朗，精神矍铄，但毕竟岁数大了，腿脚已不太利索，母亲要出去走走，我们不放心，总是有人陪着她。

母亲生性开朗，脸上总是溢着笑容。一路上，母亲不时和街坊热情地打着招呼，街坊看到老母亲出了门，不时有人走了过来，絮絮叨叨地和母亲唠起家常。

一个街坊看到母亲，拉起母亲的手，说着说着，还抹起了眼泪。

母亲拍着那人的手背，轻轻安慰道："大妹子，消消气，等过了这段时间，气就会消了。等消了气，你再想想，你就会想到媳妇的好来，你看，你上次生病，我听说你媳妇还在医院服侍了你好几天呢；还有，过年时，你媳妇还给你做了新衣服、买了好吃的呢。"

那妇人听了母亲一番开导，脸上渐渐露出了笑容，说道："老姐姐啊，您说得太有道理啦！听您这么一说，我媳妇是不错，也许我平时说话急了些，造成了一些误会，我马上回去，给媳妇打两个鸡蛋，她今天上夜班，很辛苦的。"

那妇人说完，和母亲道了别，一脸笑容，往家里走去。

看着那妇人远去的背影，我不禁暗暗钦佩老母亲真会开导人，让人心里很快就春和景明，波澜不惊了。陪老母亲出来走走，不仅母亲心里甜丝丝的，也让我受到感染，受到启发。

记得有一次，我陪母亲出来散步。突然，我发现一个年轻人骑着自行车，歪歪斜斜地冲了过来。我立刻大声提醒了一声，将母亲迅速拉到一边。就在这一刹那，那人将车直直地撞到我的腿上才停了下来。

我卷起裤脚，发现腿上被撞破了一块皮，渗出一片殷红，于是阴沉着脸，呵斥着那人。那人许是受到惊吓，一脸惊恐，不知所措。母亲在一旁静静地看着，然后将我拉向一边，对我耳语道："你看你，生这么大的气，你没注意到吗？这个人好像是个农民工呢，他骑着辆破旧的自行车，车上还有瓦刀，他们进城干活不容易，不要吓了他，让他走吧。"

听了母亲一番话，我的气也消了一大半，我朝那农民工挥了挥手，说道："你走吧，以后骑车要小心点，不要骑得太快，要注意安全啊！"

那人听了，忙不迭地道着歉，一脸歉意。

看着那人骑远了，母亲拉起我的手说："到卫生所擦点药水，过几天就好了。"我一瘸一拐地走着，笑着对母亲说道："妈，我发现您生活中遇到委屈的事，总是很少生气，您是怎么控制自己的火气的？"

母亲笑道："生活中遇到的不如意的事常八九，如果一遇到不如意的事，就像点燃的炮仗，这怎么行？等到烟火清凉，你会发现，刚才那些委屈简直不值得一提。多些平心静气，你会欣赏到更多的美景。"

母亲的话，让我猛然一惊。我想起，每当我对母亲说起工作上受到一些委屈，母亲总是对我说起这句话，等到烟火清凉，你就不会这么生气了，这真的是一味最美的良药。母亲一生，经历了无数坎坷不平，但她没有抱怨、没有牢骚，总是微微一笑，然后坚强地走下去。

我曾疑惑过，母亲为什么很少生气呢？原来她不是没有委屈、没有悲伤，而是心里始终有着一颗等到烟火清凉的心，才看到生活中更多的真善美。

我忽有所悟，人生中，我缺少的不是金钱和财富，缺少的是母亲等到烟火清凉的那种宽容和大度。拥有一颗等到烟火清凉的心，也是一种力量和强大。

江西省抚州市 2012 年八年级中考模拟题

跌倒的姿势很豪迈

大学毕业后，阿明选择了自主创业。对于阿明的这个举动，我们大家都感到十分地不解。

阿明有个令人十分羡慕的老爸，他的老爸是家大公司的大老板。他老爸早就告诉他，大学毕业后，就让他就到自己公司里就职，并担任分公司的经理。在就业十分困难的情况下，阿明却有个光明、灿烂的就业渠道，令同学们羡慕不已。

没想到，阿明却放弃了他老爸给他安排的那份人人羡慕和渴望的工作，走上了自主创业的路子。

他老爸听说了，气得大骂蠢子，并断绝了他的一切经济来源。和他谈了两年的"班花"紫薇，听说他不到他老爸的公司任职，还要自主创业，美丽的脸庞立刻阴沉下来，转身，飘然而去。同学们也都劝他，让他放弃自己的想法，何必冒那个风险，自找苦吃，还是听从他老爸的安排，那样的生活多幸福。

阿明笑了笑，说道，还是让我去闯一闯吧，即使跌得头破血流，我也要感受下跌倒的姿势。

跌倒的姿势？那能好看吗？一定十分踉跄和狼狈，没想到，还有人喜欢跌倒的姿势，真的不知道阿明是怎么想的，他的脑袋一定是给驴踢了。同学们对阿明的违背常规的举动满是揶揄和不屑。

阿明在街头摆了个地摊，卖些小玩具、小花饰之类的。他说，这种经营本钱少，周转快。风里来，雨里去，一段时间后，阿明的地摊渐渐有了点起色，他感到自己创业虽然很辛苦，但很有意思，自己从中得到了一种快乐和享受。

不久，阿明向银行申请了小额贷款，又四处找人借了一些钱，开了一家酒吧。他起早贪黑，一心扑在酒吧的管理上，人瘦了一大圈。可是，酒吧维持不到一年，还是倒闭了。

这次创业，阿明不仅分文没赚，而且还欠了5万多块钱。有人告诫他，赶紧收心吧，你不是创业的料，还是去当你的分公司经理吧。

阿明听见了，眼睛里露出了无悔的神色，他坚定地说道，不，我一定要再试一试！

不久，阿明又开了家小卖部。小卖部开在一所学校门口旁，小卖部里卖些物美价廉的小吃，很受学生们的欢迎。正当阿明憧憬着更远大的目标时，这里恰逢需要拆迁，看着小卖部墙上写了个大大的"拆"字，阿明的眼睛湿润了……

有人在背后窃窃私语道，这下阿明跌得又很惨，看来他真要卷铺盖回家了。

就在人们话音还没散去时，阿明的一家房屋装修公司开张了。阿明聘请了几个小工，自己又是老板又是小工，每天弄得灰头土脸的。

人们悄悄议论着，这阿明有福不晓得享受，却受这份罪，太不可理喻了。

阿明的装修公司渐渐地有了一些名气，来找他装修的人越来越多，他的装修公司门面越来越大、人手也越来越多，还有几个大学同学也到了他的装修公司工作。

经过一番摸爬滚打，阿明创业渐渐有了一些起色。他的勇气和果敢，也深深地感染了不少同学，许多人也走上了自主创业的路子。

有记者采访阿明，问他为什么放弃看得见、摸得着的锦绣前程，却走一条充满艰辛和磨难的自主创业的路子？

阿明听了，抬头看了看窗外。窗外，山高水长，迢迢渺渺。他的目光闪烁着一丝晶莹，他深情地说道，电影《那些年，我们一起追的女孩》里，有这样一句台词：即使跌倒了，姿势也会很豪迈。是的，跌倒的姿势，不仅仅是沮丧、潦倒，也有一种豪迈和勇气。如果人生一味的平坦、锦绣，连跌倒的姿势也没有，真的也是人生的一种缺憾和沮丧。跌倒了，爬起来，继续往前走，不断跌倒，不断爬起来，这样的人生也是打不倒，摧不垮的。

阿明的一席话，在记者心里荡起层层涟漪，他在采访本上写下了这样一行字：跌倒的姿势很豪迈。

◇ 江西省宜春市 2014 年八年级中考模拟题

最美的姿态

朋友是一名普通的银行职员，但是，她却自费订阅了二十多份报刊，每天书桌上都堆着一叠厚厚的新到的报刊。工作之余，他总是喜欢伏在书案上，津津有味地品读着报刊上的文章，有时还拿起笔，在纸张上画画写写。随着纸张的翻动，空气中散发着阵阵油墨的馨香。在她的影响下，她的两个正在上中学和小学的孩子，也都喜欢上了阅读报刊。

一日，我上门，看到这一幕，疑惑地问："您现在怎么还订阅这么多的报刊啊？这些在网上搜一下全能搜到，那多方便！"

朋友淡淡一笑道："那是方便，可是我却感到那种阅读缺少一种纸质阅读的魅力，而纸质阅读的魅力就在于它不仅使阅读者亲近纸张，更能加深阅读的印象。"

朋友又意味深长地说道："白岩松说过这么一句话，读书久了，你总会信一些什么，信一些什么，就有了敬，有了畏；齐邦媛老人在她85岁出版《巨流河》时说，她希望自己离开世界时，仍然是读书的样子。读书是人生最美的状态，能够把这个姿态和状态定格多久，就拥有了多久的幸福与美好！犹太人将读书神圣化。据说在小孩刚牙牙学语时，父母就在《圣经》上涂上蜂蜜让孩子去舔，让孩子从小明白这样一个道理，读书是'甜'的，让孩子对读书产生亲近感。"

听朋友这么一说，我顿时陷入沉思中。是啊，这些年来，我不仅没有订阅一份报刊，阅读更是少得可怜，有时只是在电脑、手机上浏览一下快餐新闻，阅后很快就忘了，更没有留下什么。记得那时工资很低，可每年依然雷打不动地订阅几份报刊。留在记忆深处的还是那些年的报刊阅读，从某种意义上讲，一个人的一生，唯一离不开的是阅读。阅读是一种人生态度，也是一种生活方式。

其实无论科技如何发展，永远代替不了纸质阅读的魅力。朋友说得好，纸质阅读的魅力，就在于阅读者在亲近纸张，加深阅读的印象。纸质阅读，永远散发着迷人的魅力。

我也要像朋友那样，订阅几份自己喜欢的报刊。读书，亲近纸张，这是人生最美的姿态。

◎ 江西省萍乡市 2015 年八年级中考模拟题

第三辑
赏心只有三两枝

触目横斜千万朵，赏心只有三两枝。那姹紫嫣红的开满山坡的花朵，真正能沁人心脾、赏心悦目的花儿，往往只是那几束、几朵、几片。一旦入眼，就能让自己陶醉、流连，就能在心里注满了整个春天。

关闭记忆

搬家的时候，不小心，被老屋里的一根木头砸了一下脑袋。没想到，这看似不经意地一砸，竟让我患上了失忆症，过去许多事都记不起来了。

去看医生，医生说没关系，你只是短暂的失忆，让家人不断提醒过去发生的事，你就会慢慢地恢复记忆了。

这下我放心了，原来我只是短暂的失忆，经过不断的提醒、回忆，以后会恢复记忆的。

这天，我和妻子刚出门，就看到邻居老王上来了。我亲切地打着招呼，并热情地伸出手来。老王尴尬地僵在那里，一脸木然地望着我。老王的尴尬表情，我似乎没有看见，走了几步，还回过头，招呼老王有空过来坐坐。

走了很远，妻子疑惑地问道，你真傻，自从上次老王将垃圾从楼上扔到我家窗台上，你说了他几句，他还很不高兴。从此，你们碰了面，就像是陌生人，从来不说话。刚才你主动地和他打招呼，他竟有些不知所措了。

我努力地想了下，疑惑地说，你说的这些，我怎么记不起来了？

妻子摸了摸我的脑袋，说道，这怎么也记不起来了呢？

星期天，我对妻子说，今天我休息，多烧几个菜，你打个电话，请小舅子过来吃个饭。

妻子惊讶地问道，你不是生我弟弟的气，已经好几年不和他来往了，你怎么突然想到要请他吃饭？

我努力地想了下，疑惑地问，我为什么要生你弟弟的气？

妻子说，前几年，你向我弟弟借钱炒股，我弟弟说，股市有风险，你没有经验，一下子投入这么多资金，一旦亏本，你怎么办？你对我弟弟没借钱给你炒股，一直耿耿于怀，发誓不再和他来往。

我丈二和尚摸不着头脑，说道，你说的这些我一点印象也没有，不管怎么说，你打个电话给他，让他过来，我要和他喝两杯。

妻子满脸喜庆地去打电话了，还自言自语道，这失忆可真好，将过去不愉快的事都给忘了。

没事的时候，我让妻子帮我回忆过去发生的不愉快事。

妻子说，不愉快事还回忆干吗？还是关闭记忆吧。自从你失忆了，人也精神了，脸色也红光满面了，这是多么好的一件事。

听妻子这么一说，我不禁哑然失笑。我暗自思忖，人有时感觉活得累，很多是在为过去发生的一些不愉快的事耿耿于怀，活在了过去的阴影里。

我激动地说，你说得对，就让我关闭那些记忆吧，记住的永远是人间的真、善、美，这样才会活得轻松、自在。

妻子笑了，笑得很舒心、很灿烂。

江西省萍乡市 2015 年八年级中考模拟题

多坚持一点

1

他是个早产儿，从小就反应慢。父母常常大声斥责道，你真笨，每次只考六十多分，人家邻居家小虎比你聪明多了，每次考试都考九十多分。

他听了，将嘴唇咬得紧紧的，眼睛里闪烁着一丝晶莹；

在学校里，老师常常嘲笑他，就你呆头呆脑的样子，能不拖班上后腿，就不错了。

他听了，将嘴唇咬得紧紧的，眼睛里流露出一种不甘的神色；

同学们对他也常常露出不屑的神色，甚至没有人愿意和他玩。

他默默地忍受着各种讥讽和嘲笑，从不和人争辩。

就是这样一个从不被人看好的人，高考时，竟一鸣惊人，考出很高的成绩，被著名的北大录取。人们一片惊讶的神色，包括他的父母。在人们的印象中，他一直很笨，从不被人所看好。

人们问他是怎么考出这么好成绩的？

他一字一句地说道，我知道，和同龄的孩子相比，我很笨，我的反应总是要比别的孩子慢半拍。但是，我坚信，我只要多坚持一会儿，就能和别的孩子一样。就这样，我一直在多坚持一会儿。坚持，不放弃，这个信念一直陪伴着我。

2

他是个残疾人，拄着拐。为了生存，他开了一家小超市。超市的地段很不好，人流很少，他图的是租金便宜。看到他行走都十分困难，许多人摇摇头，说，他这个超市，用不了两个月就要关门。那些比他大的超市，也坚持不了多久，他能有什么能耐？那目光和语气里，满是轻蔑和讥讽。

他听了，目光里，有一种不屈和坚韧。

他拄着拐，每天在大街小巷转悠，与人唠嗑……人们不解，他究竟想干什么。不久，光顾他小店的人渐渐多起来了，人们来到他小店，欣喜地发现，他的小店卖的品种都是居家过日子必需的小商品，品种很丰富。他小店的名声渐渐地大了，许多人还绕道到他小店里来买东西。

他小店生意越来越好，很快，他又开了两个分店，雇了好几个员工。

人们感到非常惊讶，问他为什么将超市经营得这么好？

他深有感触地说道，虽然我经营的商品都很微利，但都是居家过日子所必需的，虽然开始困难很大，但我不断地鼓励自己，一定要坚持下来。就这样，我坚持下来了。

3

他是个进城打工的农民工，在一家建筑工地打工。打工很辛苦，与他同来的几个同乡，因为吃不了这个苦，先后离开了工地，只有他坚持着。

他边做小工，边熟悉工作流程，熟悉各个环境。渐渐地，他对情况比较熟悉了。有一个小工程，很小，没人愿意干。他说，我来干！人家都说他傻，这个工程干不好，还要亏本。他笑了笑，坚定自己的决心。

工程虽小，但在他眼里却像一个巨大的宝石，每天，他又是工地负责人，又是小工，每道工序、每个环节，他都认真负责。工程完工了，受到甲方的高度赞扬，并把另一个更大的工程也交给他来干了。

就这样，一步一步地走下来，他成立了自己的建筑公司，有了自己的大型设备和工程技术人员。

有人十分不解地问他，你一个毫无任何背景的农民工，为什么这么成功？有什么秘诀吗？

他认真地说道，如果要说有什么秘诀，那就是我一直在坚持着，无论遇到多么大的困难，我一直不放弃。每坚持一点，离成功也就更近了一点。

有记者采访获得保龄球冠军的选手，请他谈谈获得冠军的体会。这位冠军选手说了这样一段话，保龄球投掷的对象是 10 个瓶子。你如果每次击倒了 9 个瓶子，将会得到 90 分；而你如果每次能击倒 10 个瓶子，最终得分 240 分。保龄球的记分规则就是这样，有时看似 9 个与 10 个，只有一球之差，可是结果却是天壤之别。社会记分规则也是这样，只要你每次比别人稍微优秀一点，能再多坚持一会儿，就可能赢得更多的机会。

打保龄球如此，人生也是如此。

江苏省镇江市 2014 年八年级中考模拟题

赏心只有三两枝

妻子喜欢逛商场。有时是一个人逛，有时是和闺蜜们逛，有时是和同事们逛。总之，只要有时间，相约后，几个女人立刻叽叽喳喳，像一窝麻雀似的，直奔商场。

商场里的商品总是让人目不暇接。可是，只要妻子看到有什么新颖的，或者是看到别人买了，立刻就控制不了自己的情绪，也心急火燎地掏钱买下。裙子、内衣，还有什么小饰品、小包小花的，这些，家里买下了许多。可是，真正派上用处的，却并不多。买下这些，只是为了追求当时购物时的一种冲动、一种洒脱，甚至可以说是一种面子。

这么多东西，而自己真正喜欢的也就几样，更多的是被束之高阁了。看到这些，妻子的目光中，也常常流露出一种迷茫和沮丧。

我也有这样一种的迷茫和沮丧。平时喜欢逛书店、书摊，看到有什么新出版的好书，随手翻几下，就将这书买下来了。日积月累，家里的书越买越多，书橱越买越大。书橱里的书塞满了，就向橱顶上延伸。橱顶上塞满了，就装在纸盒里、床铺下、抽屉里，总之，家里一切可以放的地方，全部塞上了书。

亲朋好友上门，看到我家里有这么多书，满屋子散发出一种浓浓的书香气，常常发出啧啧赞叹声，脸上露出羡慕的神色。以为我是学富五车，满腹经纶。

真是汗颜。其实，买回来这么多书，真正认真看过，并反复欣赏、咀嚼、回味的，却只有很少的一部分。许多买回来的书，甚至翻都没翻过。只是成了一种摆设、一种招摇、一种显摆。

一位经商的朋友告诉我，自己认识许多人，有许多朋友，常常是两天一小请，三天一大请，觥筹交错，推杯换盏，好不热闹。名片夹里、手机里储存的号码，一列一大串。

一次，他遇到生意上的"滑铁卢"，陷入人生的低谷。他很想找个朋友倾诉一下，可是，把自己圈子里的朋友想了个遍，也想不出几个可以推心置腹的。那些都是场面上的人，是不可以交心的。

乡下老母亲进城来看他。看到他神情沮丧，像被霜打了似的，就对他说了句，孩子，实在扛不住，就跟我回乡下去，有妈吃的，就有你吃的。

那一刻，他才深深地感到，儿子再大，也逃不脱母亲的眼睛。尽管母亲已老眼昏花，但她看儿子，却能一眼望穿。母亲不希望儿子什么大富大贵，只希望儿子能平平安安。

那一刻，他再也控制不住自己的感情，一个年近四十的汉子，紧紧拥住母亲那羸弱的肩膀，将头埋在母亲的肩膀上，痛痛快快地大哭一场。那尽情流淌出来的眼泪，有满满的委屈和痛楚，也有满满的希望和不甘。

已过去很长时间了，可每每谈到那一幕，朋友还总是眼圈发红，声音哽咽，满脸痛楚。

总以为拥有的越多，就越是一种富裕、一种面子、一种幸福。于是，我们常常在这种深不可测的深潭里汩水。一个猛子扎下去，上来了；又一个猛子扎下去，又上来了。费尽了力，憋住了气，摸出来的，究竟有多少货真价实，被自己真正能用上的，恐怕没有多少。触目横斜千万朵，赏心只有三两枝。那姹紫嫣红的开满山坡的花朵，真正能沁人心脾、赏心悦目的花儿，往往只是那几束、几朵、几片。一旦入眼，就能让自己陶醉、流连，就能在心里注满整个春天。

　　♡　**江苏省宿迁市 2012 年八年级中考模拟题**

别碰落花瓣

表妹有一个"习惯。"每次从家里出来，总是放轻自己的动作，先将钥匙插进锁孔，轻轻旋转一下，然后，再将门轻轻带上。这关门声，轻轻地，几乎没有一点声音，仿佛一枚银针掉落下来，也会听见。邻里从她家门口走过，没有感到一丝震动，有一种轻柔和平静萦绕在周遭。

有时爱人出来，表妹总是不忘在他身后叮嘱一句，出去时，把门关轻点，不要一副心急火燎的样子，把门关得震天响。

开始，丈夫有些不解，问道，关门要那么小声干什么？她抬起头，迎着丈夫的目光，暖暖的。然后，喃喃地说上一句，不为什么，只为了心中的那份平静和美好。

丈夫似乎还是不解，听不懂她说的是什么意思。不过，当他从别人家门口经过时，听到别人家重重的关门声，震得山响，心里就会一颤，顿时有一种紧张和慌乱。丈夫这时似乎就会想到妻子那句叮嘱的话，似乎有一定的道理。

表妹开车外出，丈夫坐在身边。遇到下雨天，看到有行人时，她总是将车开得很慢、很慢，好像怕碰落了什么。丈夫急促地说道，开快点，你开这么慢干什么？还没有人家走的快！

表妹望着小车外面那些路边行走的人，目光中流淌着一缕温馨，喃喃喃地说道，车开快了，车轮会将雨水溅到行人的身上，她心里会不安的。

丈夫这才注意到，路上的行人看到他们的小车徐徐开来，不再惊慌失措，侧身躲避，而是不慌不忙地行走。小车从他们身边经过，他似乎感到行人向他们投来暖暖的目光，他感到身上一阵温暖。

表妹带女儿到公园游玩。五岁的女儿，天真烂漫，像个快乐的花蝴蝶在公园翩跹。看着女儿快乐、幸福的样子，她的眼睛里溢满着一丝柔情，她仿佛自己也回到了幸福、快乐的童年。

女儿看到花丛里那些美丽的花朵，更加兴高采烈，在花丛中跳来跳去。她看见了，赶紧喊住了女儿。女儿回过头，漆黑的眸子里仿佛会说话似的，稚气地问道，妈咪，什么事啊？

她招呼女儿来到自己身边，然后，俯下身子，用手指着那些花朵说道，孩子，你知道吗？你在花丛中乱跑，会碰落那些花瓣的，这些花朵会感到很疼的。

女儿懵懂地眨着眼睛，长长的睫毛忽闪忽闪的，问道，碰落了花瓣，花朵真的会疼吗？

她将女儿搂在怀里，柔声地说道，会的，花瓣是花朵的一部分，它们也是有生命的，不要随意碰落每一朵花儿的花瓣，你的心里才会装满着整个春天，你才会爱护这些花花草草，才会爱惜你身边的每一个人。

女儿听了，一下子欢快地跳了起来，哦，我知道，花朵也是有生命的，碰落了花瓣花儿会很疼的。

看着女儿似懂非懂，欢快地跳跃的天真和活泼，她的目光流淌着一缕幸福的暖流。别碰落花瓣，也许女儿还没有真正地懂得这句话的含义，但是，她相信，在女儿幼小的心灵里，播下了这颗种子，她就会更加懂得爱，懂得情，懂得温暖。

河南省平顶山市 2012 年八年级中考模拟题

你的当下在哪里

老王曾是一家单位的一位中层干部，前几年，在单位竞聘中，他落选了，成了一名普通的员工。

没想到，人生的一次改变，在他心里竟形成了强烈的落差。从此，他一蹶不振，人像霜打了似的，再也提不起精神了，满脸的灰暗和沮丧。只有说到他当科长的那段时光上，他的精神才为之一振，脸上流露出幸福的红晕。

说起那段历史、说起那段人生，老王的目光中，闪烁着无比幸福的光芒。他那紧锁的眉头也舒展开了，醉人的笑在眉宇间荡漾；他的胸脯也挺直了。慷慨激昂中，他用手在空中用力地抓了一下，好像要抓住什么东西，然后握紧了拳头。

老王陷入深深的回忆中，回忆在他当科长的那段时光里。对他来说，那段时光，是那么的明媚和灿烂，让他回味无穷，浮想联翩……

邻居阿美有一个 8 岁的女儿。小女孩聪明、伶俐，很是招人喜爱。阿美本来在一家公司工作，为了照顾好女儿，阿美辞职了。每天送女儿学弹琴、学舞蹈、学画画，还要陪女儿参加各种学习班，风风火火的。看到她整天忙忙碌碌，脸上露出焦虑的神色，我感到有点不解。

我问她，你还这么年轻，怎么就辞职了？

阿美听了，目光变得迷离起来。她抬头望向遥远的天际，眸子里闪现出一片憧憬的神色。只听到她喃喃地说道，女儿就是我的未来，只要女儿将来有出息，我现在的一切付出都值了。

我听了，心里猛地一颤，胸口在隐隐地疼痛。阿美把自己的命运全押在她宝贝女儿身上了，女儿就是她的未来。那个看不见的未来，一定在她心里描摹了一遍又一遍，它是那么妖娆和美丽，绽放出迷人的色彩。

我惴惴不安地问她，如果将来你女儿只是一个普通人怎么办？

阿美把眼睛一瞪，阴沉着脸说道，不可能，我女儿将来一定会有出息的，因为我付出的心血太多了。

那一刻，空气仿佛凝固了，有种令人窒息的沉闷……

曾看过这样一个故事：古希腊有一个双面神，威严地矗立在雅典广场上。双面神的两张脸，一张脸面向未来，一张脸面向历史，所有的人到了这里，都虔诚地膜拜他、敬仰他。

一天，一个乡下人从这经过，他不知道这神为什么有两张脸，就上前问他，你为什么有两张脸？大家为什么拜你？

神傲慢地回答道，你这个都不懂？什么是生命中最重要的时光？一种重要的时光就是历史。我看着历史，所以我永远反思，永远都吸取教训；另一种重要的时光是未来。我永远都在憧憬，永远都在构筑着对未来的计划。所以，我的一张脸向历史；另一张脸向未来，这还不重要吗？

乡下人还是不懂，就追问神，你把所有的时光，都给了历史和未来，你的当下在哪里？

从来没有人这么问这个神，这个神终于经不起这样考问，摇晃了几下，终于倒塌了。

故事在结尾中，有这样一句话：过往是永远回不去的；未来也只是一种臆想的美好。活在当下，珍惜自己所拥有的，才是一种永恒。

德国著名作家埃克哈特·托利，在他的小说《当下的力量》里，饱含深情地写道："实际上，我们只能活在当下，活在此时此刻，所有的一切都是在当下发生的，而过去和未来只是两个无意义的时间概念。通过向当下的臣服，我们才能找到真正的力量，找到获得平和与宁静的入口。"

○ 河南省三门峡市 2012 年八年级中考模拟题

灰太狼失败的原因

大学毕业后，看到许多同学走上一条自我创业的路子，并且赚了个盆满钵满，心里很是羡慕，就对母亲说："我也要自主创业。"

母亲高兴地说道："你这个想法很好，那就开始行动吧！"

我说："那你们先把路给我铺好，铺好了路我再干。"

母亲吃惊地问道："让我们先给你铺好路，那还要你干什么？"

我说道："你们不铺好路，我怎么干？"

最终，因为家人没有给我铺好路，我也就没能走上自主创业的路子。

我对本单位老黄写的东西，总是充满了轻蔑和嘲笑，说他写的文章像小学生作文，这样的文章还被刊登在报刊上，简直不可理喻。

听多了，妻子淡淡地说道："你总是说别人写得不好，那你自己写几篇给我看看。"

我一愣，说道："你和报社编辑联系下，只要他们能刊登我写的文章，我就写。"

妻子揶揄地说道："哪有一个字也没写，报社编辑就同意刊登你写的东西？你要先写出来，让人家看到了，才能做决定啊！"

我一时语塞。妻子望着我，轻轻地叹着气，不置可否地摇了摇头，目光里满是失落和遗憾。

儿子小时候总喜欢缠着我给他讲故事听。讲来讲去，就是那几个老掉牙的故事，一点新东西也没有。儿子不满意地叫我讲几个新故事。

我说："我小时候只听奶奶讲过这几个故事，其他的就不会了。"

儿子说道："那你再多看一些儿童故事，不就会讲给我听了吗？"

我不屑一顾地说道："说得倒轻巧，我现在哪有那个时间？"

儿子听了，眼睛里有泪花闪烁，满是失落和沮丧。

喜欢和7岁的儿子一起看《喜羊羊与灰太狼》动画片。片子里面的小羊的机智、勇敢和灰太狼的阴险、狡诈，成了鲜明的对比，令人忍俊不禁，捧腹大笑。

一次看完后，儿子忽然问道："爸爸，您知道灰太狼失败的原因是什么吗？"

我疑惑地说道："不知道！"

儿子一脸严肃地说道："您看了这么长时间也没看出来，真是白看了。灰太狼失败的原因就是别的狼逮到小羊都吃生的，而它却要将逮到的小羊带回家烧熟了吃，结果忙乱了半天，让小羊全跑了。这就是灰太狼失败的原因。"

末了，儿子又一字一句地说道："我看您就像个灰太狼，干什么都要烧熟了吃，结果什么也没吃到，真是太让我失望了。"

河南省漯河市 2016 年八年级中考模拟题

进一寸有一寸的欢喜

转眼，母亲退休已有三十多年了。20 世纪 80 年代初，母亲刚退休时，才拿 35 块钱，其中 5 块钱属于副食补贴。这 35 块退休工资，母亲一直拿了十几年，几乎从来没有涨过。可是，就是靠这微薄的退休工资，母亲却将生活安排得井井有条，生活中，充满了欢乐和喜悦。

每月到了发工资的那一天，母亲就像是过节似的，穿得干干净净，挎着个小包，到银行取退休金去了。取了退休金，母亲一定会上菜市场，买几样好吃的菜改善一下全家人的生活。

令人惊讶的是，就是靠这点微薄的退休金，在 20 世纪 80 年代，母亲还将我们兄弟俩的婚事给办了，这不能不说是个奇迹。

这些年，母亲的退休金每年都在增加，每增加一点，母亲都开心得不得了，又是向我们子女报喜，又是向老家亲戚讲述，遇到左邻右舍，母亲又开心地说起她退休金增加的事。

我很不解，常常不耐烦地说道，增加这几个钱有什么可高兴的？不够人家在饭店撮一顿的。

母亲听了，一脸严肃地说道，怎么能这样比？这样比下去，你会走不动路的。我只跟我自己比，我只感到我的生活一年比一年好，一月比一月好，一天比一天好，这叫进一寸有一寸的欢喜。

我疑惑地问道，什么叫进一寸有一寸的欢喜？

母亲笑道，就是说人要看到生活中一点一滴的变化，哪怕只有一寸微小的变化，对自己来说，也是一种喜悦。总能看到生活中那些微小的变化，也是一种生活的态度。

母亲的一些话，让我眼前瞬间变得明媚和灿烂起来，心中溢满了小小的幸福和甜蜜。

那天回家看望母亲。只见母亲手里拿着几根小葱，兴冲冲地一颠一颠从外面往家里走来。那几根小葱在母亲手里轻轻摇曳着，它们扭动着纤细的腰身，好像在互相搔首弄姿，顾盼生辉。

听到我的喊声，母亲停下脚步，向我扬起了她手中的那几根葱，喜滋滋地说道："孩子，刚才我买了3毛钱的小葱，我数了数，发现有5根小葱，比过去多了一根，我真高兴啊！"

那一刻，我看到母亲笑得多舒心啊，好像连眉毛都在笑哩。那笑容也深深地感染了我，我心里好像溢满了甜蜜，被深深地融化了……

灯下看书，看到一则访谈内容。有学生问央视著名主持人柴静，你幸福吗？

柴静没有直接回答，而是非常智慧地引用了胡适先生的一句话，怕什么真理无穷，进一寸有一寸的欢喜。

那一刻，我心里猛地一颤。这句话是那么熟悉、那么亲切。原来母亲一直在用她的切身体验，为儿女们传授着生活中那进一寸有一寸的欢喜的感恩和爱。

○ 河南省商丘市 2016 年八年级中考模拟题

总有一种疼痛的状态

1

身体一向十分硬朗的我，从来没有什么地方感到不适，可是前几天一觉醒来，竟发现左手小指头突然疼痛起来。我感到很奇怪，用手摸摸，也没发现有什么红肿。就这小指头不起眼的疼痛，每天穿衣、刷牙、洗脸、吃饭都感到很碍事，小指头只好僵硬地翘着。

几天下来，这种疼痛还是不怎么见好转，于是到医院去看医生。

医生检查后说道，没有什么毛病，这是一种生理中自然出现的疼痛状态，过几天就会自然好了。

我听了，感到很疑惑，问道，什么叫自然出现的疼痛状态？

医生笑道，在我们每个人的身体中，有时总会出现一种疼痛状态，这种疼痛，是一种身体机能的自然反应。某些时候，出现一种疼痛状态反而是一种好事，它找到了一种发泄窗口，有利于身体其他机能的调节和生长。没有疼痛状态，反而不是一件好事。

医生的一番话，如吹来的一缕和煦的春风，让我一颗心顿时如花儿般地开放起来，如释重负地离开了医院。

果然，没打针，没吃药，过了几天，那根小指头的疼痛症状自行消失了。我不禁哑然失笑，原来，有时疼痛并不可怕，它不仅是一种身体机能的自然反应，而且还有利于身体其他机能的生长和发育。

2

在家乡皖南山区，有一种树木，这种树木俗名叫"乔木"。这种树木生长很特别，每年到了夏季，山民们都要用砍刀在这些树干上砍上几刀，留下一道道条状的砍痕。砍痕处渗出点点浆汁，像树的眼泪。

看了这种情况，我感到很疑惑。问父亲，为什么要用刀在这些树干上砍上几刀，树被砍了几刀，不是很疼痛吗？

父亲告诉我，用刀在这些树干上砍上几道痕迹，让这树有一种疼痛感，反而有利于它的生长。如果就让它在那儿养尊处优地生长，反而长不出坚固耐用的板材。

原来是这么回事，我心里的疑团顿时云消雾散。父亲说罢，递给我一把砍刀，说道，去，在那些树干上砍上几刀，让它们更加茁壮地生长和发育。

不一会儿，寂寂的山林里，传来"啪、啪、啪"的声音，那声音，清脆悦耳，仿佛是树木生长发出的欢笑声。

3

大姨曾是一大户人家的大家闺秀，过着锦衣玉食的生活。后来她嫁给了留洋归来的大伯，两人浓情相爱，琴瑟和谐。

没想到，"文革"中，大伯被打倒了。她本有机会离开大伯，去过一种平静甚至很幸福的生活。但是，她没有。而是义无反顾地留了下来，留在了大伯的身边。她和大伯一起挨批斗，一起住牛棚，一起下放劳动。

粉碎"四人帮"后，有人找到大姨，向她了解"文革"中，都是些哪些人对大伯和她进行迫害的。

"文革"中，大姨随大伯一起下放到边远的农村劳动。这对于从没有干过农活的大姨来说，是何等痛苦，她的心和肉体都受到了严重的伤害。幸好，有热情、善良的乡亲们帮助，才使她和大伯走过了那段艰难岁月。

大姨眺望着遥远的天际，目光中充满了柔情，只听到她喃喃地说道："不要调查了，如果我告诉了你们是哪些人，他们的人生也会遭受到同样的疼痛，这不公平。相反，我经历了'文革'中那种疼痛，使我对人生、对未来更加充满了必胜的信心和勇气。"

所有的疼痛，在大姨的心里，早已云淡风轻了，留在她心底里的，却是人间最宝贵的东西：温暖和爱。

疼痛不可怕，它常常是人生不可逃避的一种经历和过程。可怕的是在疼痛中迷失了继续生活下去的信心和力量。

◯　中考语文阅读（山东教育出版社）

你不能总在瞄准中

父亲是一名军人。听父亲讲，他曾经用 1 发子弹击毙了 3 个日本鬼子。

我疑惑地说道，不对呀，您怎么能用 1 发子弹击毙了 3 个日本鬼子？

父亲认真地说道，我打了个串葫芦！

我听了，羡慕地赞叹道，您真厉害，枪法这么准！

父亲严肃地说道，不要错过最佳射击机会，瞄准后，果断地扣动扳机，就可以百发百中。如果总是在瞄准中，不敢扣动扳机，将会失去多少绝佳的射击机会啊。

父亲说起他果断射击，脸上露出十分自豪的神色。

小时候，我曾对父亲说，我想学画画。

父亲听了，高兴地说道，孩子，你这个想法很好，我支持你。

父亲为了支持我学画画，给我买来纸张、画笔、画册和画板。拿到这些绘画工具，我兴奋得不得了，不时将这些东西拿出来欣赏。有同学来玩，我还将这些东西拿出来，向同学们炫耀。大家都知道了我要学画画了，很是钦佩。

一段时间后，父亲问我画得怎么样了？

我猛然一惊，这才想起，我曾经立志要学画画，可是，我却没有画下去。我红着脸，嗫嚅道，我不想学画画了，我想学雕刻，雕刻更有意思。

父亲听了，皱了皱眉头，没有说话。父亲又给我买来刻刀、石料、书籍，让我学雕刻。我看了这些刻刀、石料，觉得很好玩，我又多了一种在同学们中炫耀的东西了。

过了一段时间，父亲问我雕刻学得怎么样了？

我猛然一惊，这才想起我要学雕刻的事。我从抽屉里拿出刻刀、石料等，对父亲说，我没学雕刻，不过我想学拉二胡。

父亲听了，皱了皱眉头，没有说话。过了几天，父亲递给我一把崭新的二胡和乐谱，对我说道，好好学吧！

我拿起二胡，兴奋不已。我仿佛看到自己在舞台上行云流水般地拉起了二胡，琴声悠扬，琴声缠绵，耳旁响起了经久不息的掌声。

不过，最终这二胡我也没拉出悠扬的琴声来，被束之高阁，蒙上了一层厚厚的灰尘。

我看到，父亲的目光中，满是痛惜和失落，重重地叹息着。

一晃，又一晃，我大学毕业了。我对父亲说，我要自主创业，干出一番事业来。

父亲望着我，仿佛有许多话要对我说，但最终没有说出口，转身，默默地拿出一沓钱，对我说道，拿去，好好干吧！

过了一段时间，我两手空空地回来了，神情落寞地说，我不想创业了，我还是想去找个工作干干，这样稳当。

父亲听了，严肃地对我说道，你不能总在瞄准中，只瞄准，不扣动扳机，等于无用。瞄准的最终目的，是要扣动扳机，才能见分晓。如果你只是活在瞄准中，你将一事无成。

父亲的一番话，像一柄重锤，猛地敲醒了我。你不能总在瞄准中！是啊，回想我所走过的路，我只一味在瞄准中，缺乏的是坚决、果断地扣动扳机。在瞄准中，我白白浪费了多少宝贵的时光啊。

一段时间后，我回到家，对父亲说道，我开的装潢公司已有很大的起色了，下一步，我将不断做大、做强！

父亲听了，脸上露出了欣慰的笑容，他赞许地说道，孩子，这下你终于扣动扳机了！

父亲又意味深长地对我说道，许多人一辈子都在瞄准，错过了许多射击的机会。瞄准后，必须要果断地扣动扳机。你可以不成功，但不能不扣动扳机。

父亲的话，在我耳旁一遍遍地回响。我知道，人生中，有一条路，必须要果断地扣动扳机，不能总在瞄准中。

江西省新余市 2015 年八年级中考模拟题

第八扇门

喜欢看中央电视台《开门大吉》节目，看的次数多了，发现了一个有趣的现象：许多选手猜到前几扇门后，到了第八扇门，往往见好就收，不再猜下去了，担心会前功尽弃，一无所获。第八扇门几乎没有人打开过，它显得有些落寞和孤寂。

前面几扇打开的门，演员们出来后，都兴高采烈地演唱起来，有时还和选手、观众来个互动，场面十分热烈、温馨。那些经常出来演唱的演员，渐渐地被观众所熟悉。对于始终没有人能打开的第八扇门，让我充满了好奇，甚至有时想，这第八扇门后面肯定没有演员，因为根本没有人能打开它，它很有可能只是一个摆设。

一次，一名选手终于打开了第八扇门。一名演员走了出来，深情地演唱了一首歌。演唱结束了，主持人尼格买提问了这样一个问题："如果今天这名选手没有打开第八扇门，您是不是认为又白来了一趟？"

这名演员回答道："不，每次我在第八扇门后面，我都和其他门后面的演员一样在认真准备着，虽然我出场的机会几乎为零，但我却格外珍惜有这样的机会来《开门大吉》，第八扇门也是一种人生，我的人生就在第八扇门后面，那里同样有我的精彩和美丽。"

这名演员回答完，现场观众报以热烈的掌声，许多观众的眼睛里还闪烁着晶莹的泪花。

我终于明白，第八扇门后面也有演员，他在时刻准备着轮到他上场，即使上场的机会非常渺茫，但他同样兢兢业业准备着，这是一种敬业，更是一种精神。

我忽然感到，我们的人生，其实很多时候都是在第八扇门后面，很难有出场表演的机会。但并不能因这个原因，我们就放弃努力、拼搏。

第八扇门也是一种人生，那里同样有人生的精彩和美丽。这句话，让我们充满敬畏和礼赞。别怕，如果命运只是把你放在第八扇门，只要时刻准备着，总有打开门的那一瞬间的精彩和美丽。

○ 安徽省芜湖市 2015 年八年级中考模拟题

第四辑
最美的图画

孩子们是聪明的，有时一个形象、恰当的比喻，就给他们带来一种醍醐灌顶的顿悟，从而找到开启心灵智慧的钥匙。教育，有时仅仅一幅画，就能轻轻开启孩子尘封的心灵，甚至能改变人的一生。

最高明的魔术师

　　我曾带过小学三年级，这个班有一个男生，学习很好，特别喜欢做手工劳动，但他有一个很不好的毛病，就是喜欢拿人家的东西，看到别的同学有什么漂亮的笔和本子，就想拿来放进自己的口袋里。其实，他什么都不缺，他家里条件很好，父母在他学习上也舍得投资。也许是家庭条件太优越，他养成了桀骜不驯的性格。

　　我一直在思考着这个问题，想找出一个恰当的方法，提醒他一下，而又不伤他的自尊心。我想，孩子还很小，心灵很脆弱，稍有不慎，就有可能伤了那份脆弱、敏感的心，甚至有可能影响他一辈子，给他的心灵造成很大的阴影。

　　一天下课后，我下意识地走到他座位旁，仿佛像想起了什么似的，对他说道："老师有个手工劳动老是做不好，放学后，能到老师办公室去一下，教老师做下吗？"

　　他听了，高兴地答应了。

　　放学后，我正好在另一个班还有一节课，回到办公室稍微迟了一点。当我从办公室窗户经过时，发现他已经坐在办公桌的座位上，正在翻着我的抽屉。

　　我心想，多么没有礼貌的一个孩子，太随便了，怎么能随便翻别人的抽屉？突然，我发现他拿出一把小剪刀，他看了看，然后迅速装进口袋里。

这一幕，我在窗外看得清清楚楚。那是一把非常普通的小剪刀，刀口还缺损了一块，只不过我用橡皮筋缠住了剪刀的把手，显得有些漂亮和新颖。

我进了办公室，假装什么也不知道，热情地和他打着招呼。

他看到我来了，马上站起身，将座位让开。

我拿起一本手工贴画，说："这架飞机我总做不好，你能教教我怎样做吗？"

他看了看说道："这很容易，我做给你看。"

他拿起贴画，很认真地教我做起来。不一会儿，这架飞机就做好了。我拿起这架飞机，对他说道："你很聪明，这下我终于会做飞机了。为了奖赏你，老师教你玩一个小魔术。"

他听我要教他玩个小魔术，高兴地说道："谢谢老师！"

我拿出一把小刀，对他说："我能把这把小刀变成一把小剪刀。"

他听了，脸上闪过一丝不安，勉强地"哦"了一声，另一只手不自然地摸了摸自己的口袋。这一细微动作，没有逃过我的眼睛。

我将小刀握在手心里，轻轻地吹了一口气，又在空中胡乱挥舞了一下，然后将手心打开：小刀果然不见了。

变这个魔术我心里一直很紧张，因为我一点也不会变魔术，这个魔术纯粹是我临时瞎编的。我对他说："这把小刀已经变成一把小剪刀，这把小剪刀现在跑到你口袋里了，你掏掏看。"

他脸一下子红了，将那把小剪刀从口袋里掏出来。我故意惊呼道："你看，老师厉害吧。"

他轻轻地点了点头。我接过小剪刀，对他说："你看，这把小剪刀跟随老师好多年了，刀口已破损了，但我一直舍不得丢，我用橡皮筋缠在把手上，就显得有些新颖和别致了，这把小剪刀就送给你吧，以后你看到这把小剪刀，就会想起老师，想起老师变的小魔术。"我把"小魔术"三个字有意说得很重。

他接过小剪刀，对我鞠了一躬，说道："老师，您真好，谢谢您！"

看着他身轻如燕地走出办公室的背影，我轻轻舒了一口气，心里又有些隐隐的忐忑和不安。不过，从此后，再也没有同学反映他拿过别人什么东西了，相反，他喜欢教同学用五颜六色的橡皮筋缠绕各种文具用品，同学们的文具用品变得色彩斑斓起来。

很多年后，我收到了这位学生给我写的一封信，他在信中写道："您不仅是一名好老师，也是一名高明的魔术师。尽管您那个小魔术变得很不高明，当时，我看得清清楚楚——那把小刀就掉在我的脚下。但是，我一直认为，您就是世界上最高明的魔术师，您把一个人的心灵，变得健康、积极、纯洁起来。"

○ 安徽省黄山市 2014 年八年级中考模拟题

拥抱也是一种慈善

孟珂珂是一名农民工子弟学生，他家里的生活条件不好，他还有一个也在上小学的妹妹，母亲身体有残疾，全家仅靠父亲一个人在工地上打工为生。

我知道孟珂珂的家庭情况后，平时组织同学外出郊游，我总是用一种他能接受的方式，免除他的费用，我还将班上剩余的班费，作为奖励，为他买些文具等。

孟珂珂很争气，他学习一直很刻苦、很努力。他平时从不乱花一分钱，放学后，许多学生总喜欢在学校门口的小摊上买零食吃，可孟珂珂从不买，有时有同学多买了一份送给他，他总是客气地推辞了。

一次，学校组织同学出去郊游，每个同学发了两个面包和一瓶矿泉水。回来后，我发现孟珂珂的那份一点也没动。我问他：“你怎么没吃？”

他说：“我带回去给我妈吃，我妈最喜欢吃面包了。”

那一刻，我的心咯噔一下，心想，多么懂事的孩子，他竟将自己的午餐省下来带回家给母亲吃，那份孝心，令人动容。

班上像孟珂珂这样生活条件不好的学生还有好几个，我在努力用自己微薄的力量，去帮助他们。同时想要让他们知道，家里条件不好没关系，这一切都是暂时的，我们不能失去前进的动力和勇气。

刚开学，我就听到一个不好的消息，孟珂珂的父亲从工地的脚手架上摔了下来，腿摔断了，这下使他们家更加困难。我想在班上组织一次献爱心活动，让大家省下三天的零花钱，帮助孟珂珂家渡过难关。我事先和孟珂珂商量了一下，我想，孟珂珂一定会同意的。

没想到，孟珂珂一口回绝了。他说："家里的困难只是暂时的，社区得知我们家里的情况后，已将我妈妈安排到社区便民店工作了，暂时缓解了家里的困难。"说完，孟珂珂腼腆地说道："如果老师和同学们能给我一个拥抱，那就是最大的安慰和帮助。"

我一下愣住了，没想到，孟珂珂的希望竟是这样的，他需要的仅仅是一个拥抱。我不由得站起身，拥抱了他，并用手轻轻拍打了他的后背。

孟珂珂望着我，眼睛里闪烁着一丝晶莹，连声说道："谢谢老师！我感到很幸福！"

周末自习课，我开展了一次"给我一个拥抱"班会。同学们得知我举办这次班会的初衷后，一个个神情庄重地走到孟珂珂的跟前，给他一个紧紧的拥抱。有的拥抱后，还拉着他的手，不停地说着什么。此情此景，令人感慨不已……

我看到孟珂珂在作文中写道：慈善，不应仅仅停留在捐款上，其实，拥抱也是一种慈善，它让我们达到了心与心的交融，彼此惺惺相惜，相互慰藉。从某种角度上讲，拥抱，更能被人接受，它给人一种人格的平等和尊严。

看着孟珂珂的作文，我的心，被孩子那颗金子般的童心所感动。我想，孩子们在拥抱中，传递着正能量。有时仅仅一个拥抱，就胜过了千言万语，在灵魂深处，得到净化和洗礼。

◊　安徽省阜阳市 2016 年八年级中考模拟题

亮过今晚的月亮

天已经黑了，一轮明月像个大圆盘，高悬在漆黑的天幕上。我离开办公桌，走到窗口前，望着天幕上的那轮明月。月光如水，明月像水银般地倾泻下来，散发着银白色的光芒，大地一片宁静。而我的心情却像大海的波涛，久久不能平静……

今天课堂上，我给同学们布置了一篇作文《灯光》，要求同学们根据生活中的灯光，写出哪些灯光给自己带来了影响，以此珍惜和感恩。一堂课的时间，同学们都按要求写好了。

下午放学后，我还在批改学生的作文，不知不觉，天已经黑了。我发现，学生的作文写得很有生活气息，有的写爸爸、妈妈就像一盏灯光，给自己照亮前进的道路；有的写邻居就像一盏灯光，关心、帮助自己；有的写老师就像一盏灯光，照亮自己努力的方向……

我越看越兴奋，越看越激动，情不自禁地赞叹现在的小学生思维开阔，目光敏锐，善于抓住作文的主题，写得有血有肉。

当看到汪小云同学的作文时，顷刻间，就像一枚小石子，投进我的心湖里，荡起了层层涟漪……

汪小云在作文中写道：我是一个农民工子弟的孩子，我有许多地方与城里的孩子不一样：城里的孩子会电脑、手机，而我却摸也没摸过；

城里的孩子会乐器、画画、武术，而我只会跑步；城里的孩子有漂亮的衣裳、文具、玩具，而我只会玩泥巴；城里的孩子有爸爸、妈妈带他们到公园去玩，还能出去旅游，而我只能一个人在马路上孤独地走着……我与城里的孩子有太多不一样的地方，我多么希望在我面前有一盏灯光，让我也能在电脑、手机上打下游戏；我多么希望在我面前有一盏灯光，让我也学一下乐器，会两套功夫；我多么希望在我面前有一盏灯光，让我也有一件漂亮的衣裳、文具和玩具；我多么希望在我面前有一盏灯光，让爸爸、妈妈带我到公园去玩，也能去旅游一趟。真的，我要的灯光并不大，可是，对我来说，这种灯光却是那么渺茫。别人的灯光再亮，却照不到我……

看了汪小云的作文，像一把锥子深深地刺痛了我的心，没想到，在这孩子内心，竟隐藏着那么多卑微、平凡的愿望。这些东西在城里孩子眼里，是那么平常，可是，在汪小云眼里，却是那么可望而不可即。

汪小云是三年级的时候转到我们班上的，平时他不爱说话，学习一般化，过去，我总认为这孩子有些孤僻，不太合群。看了他写的作文，一下子让我仿佛看到他内心的世界，我不禁暗暗自责起来。平时，我只顾抓孩子们的学习，可对孩子们心理的关心真是太少了。走进孩子们内心世界，帮助他们释疑、解惑、安慰，这应该是我义不容辞的责任。让孩子拥有一个健康的心理，这对孩子们健康成长是多么重要啊！

月光如水，周遭沐浴在一片圣洁中。我喃喃自语道，汪小云，老师对不起你，老师对你平时关心太少了。你心中渴望的那一盏盏灯光，其实要求并不高，在我们这个集体里，在大家的帮助下，你想得到的那一盏盏灯光，一定能够实现。其实，你渴望的那一盏盏灯光，其实也照亮了我的心灵，你让我找到了改进教育的方式，更好地走进你们的心灵世界，这对于我显得是多么的重要啊！

汪小云，你的《灯光》，亮过了今晚的月亮，它照进了我的心灵。我会永远记住你给我照亮的这盏灯光，让我眼前变得更加明亮、灿烂，让我们相互搀扶，相互支撑，一起成长。

　　♡　　广西玉林市 2013 年八年级中考模拟题

找到同心圆

范文文与黄沙沙是一对形影不离的好朋友，两人上学、放学都是一道来，一起走，就连一个人在打扫卫生，另一个也在外面等着。

范文文的语文和英语成绩很好；黄沙沙的数学和历史很好。每次考试后，当报到语文和英语考试成绩时，范文文的脸上总是露出开心的笑容，可要是报到数学和历史考试成绩时，范文文的脸上总是露出哭泣的表情。而黄沙沙与范文文正好相反。他们两个总是一会儿是笑脸，一会儿是哭泣，真可谓喜忧参半。

班上像他俩这种表情的学生几乎是一半对一半，我想了许多办法，想去改变这种状况，让孩子的脸上尽可能绽放出更多的笑容，可效果总是不明显。

一天，我在讲同心圆时，忽然灵机一动，我在一个圆心上画了两个圆，一个圆叫笑脸，一个圆叫哭泣。我说，笑脸与哭泣是同心圆，大家总喜欢笑脸，不喜欢哭泣，大家在一起，应该取长补短，互帮互进，这样才会看到更多的笑脸。哭泣不可怕，可怕的是在哭泣中，找不到失去笑脸的原因。其实，哭泣就隐藏在笑脸中，你们只是被哭脸暂时遮住了双眼。

学生们听了我这形象生动的比喻，眼睛一亮，脸上呈现出一种激动的神色。我注意到，范文文与黄沙沙相互望了一下，还伸出手，比了个大大的"V"。我心里不禁泛起一丝融融的暖流。

不经意地，我发现范文文与黄沙沙在一起，范文文常常给黄沙沙讲语文和英语的学习方法，帮助他理解课文，还给他讲阅读对提高写作水平的好处；黄沙沙帮助范文文讲解数学的解题技巧，通过图表，给他讲熟记历史年代、人物、事件的方法。他们这种学习方法，对提高学习成绩，起到了立竿见影的效果，灿烂的笑容，常在他们脸上荡漾。

放学了，看到他俩还在座位上探讨学习方法，我笑着问他们，你俩可真是一对形影不离的好伙伴啊！两人几乎异口同声答道，我俩是同心圆。

我听了，微微一愣，但很快恍然大悟。我赞扬道，说得很好，你们是同心圆，美丽的笑脸像花儿开放。

范文文与黄沙沙会心地笑了，那笑容很美丽、很灿烂。

班上像范文文与黄沙沙这样的同心圆越来越多，几个好朋友在一起，互帮互学，取长补短，学习成绩整体上都有很大的提高。我为学生们找到共同的同心圆感到无比欣慰。

真的，那种搞"题海战术"、"考试袭击"、"轮番作业"……有时并不能解决多少实际问题。孩子们是聪明的，有时一个形象、恰当的比喻，就给他们带来一种醍醐灌顶的顿悟，从而找到开启心灵智慧的钥匙。

　♡　广西贵港市 2015 年八年级中考模拟题

最美的图画

　　下午才上完一节课，黄小伟就不见了。有学生告诉我说，黄小伟是翻围墙逃学的，书包还丢在抽屉里。

　　我心里感到一阵疼痛。我接三年级这个班快一个学期了，黄小伟不是逃课，就是不做作业，总是一副心事重重的样子。我对他发过火，甚至可以用"咆哮"、"声嘶力竭"来形容，也无济于事。我到他家家访过好几次，听说，他的爸爸现在还关在牢房里，母亲摆了个地摊，家里生活不太好。每次看到黄小伟母亲那无助、空洞的眼睛，我总是不忍心将黄小伟的情况对她说，我担心我的话，会给那双眼睛增添更大的悲伤和凄凉。

　　放学后，我默默地将黄小伟的书包拿到办公室。我坐在办公桌前，看着桌子上黄小伟的书包，不禁百感交集，心绪难平。我打开书包，发现里面很零乱，就将书本慢慢整理着。忽然，我看见一本图画本上，画了几幅画：一幅画上，一些孩子放学了，都欢快地张开双臂跑出校门，他们的爸爸正笑吟吟地迎接自己的孩子，只有一个孩子孤零零地站在墙角，悄悄地抹着眼泪；这幅画上，一个孩子趴在桌上睡着了，他梦见了爸爸在牢房里穿着囚服，眼睛里流淌着泪水。图画里画外音：想爸爸！

　　看到这些画，我心里猛地一颤，在黄小伟内心里，一直活得很沉重，他是在想念着爸爸，他多么希望爸爸能回到他身边来啊！我为一直不了解黄小伟的内心想法而自责。

我想了想，也画了一幅画：画上一个小男孩举着优秀的成绩单向爸爸跑去，爸爸脱掉了囚服，拿着提前释放证明向儿子跑来。那一刻，好像风停了，树上的小鸟也停止了鸣啭，地上的小狗小猫也停止了追逐，都在惊喜地观看着这一幕……

放学后，我背起书包往黄小伟家走去。到了黄小伟家门口，我看到黄小伟正帮着母亲往三轮车上搬东西，看来他母亲要出摊了。黄小伟看到我，脸上立刻露出紧张的神情。我和他母亲打了个招呼，对黄小伟说道，你将书包放在了教室，我担心弄丢了，就将书包给你送过来了。

黄小伟脸一下子红了，他接过书包，脸上显得有些局促不安。我抚摸了一下黄小伟的头，有些歉意地说道，我发现你的书包比较乱，没和你打招呼，就顺便帮你理了下！

黄小伟脸更红了，轻轻地说了句，谢谢老师！

我走了几步，转过身来，像想起了什么似的，说了句，你画得很好，我很欣赏！我将那句"你画得很好"，故意加重了些语气。

黄小伟听了，他下意识地将书包紧紧搂在怀里，眼睛里闪烁着晶莹的泪水……

我惊喜地发现，从那以后，黄小伟再也没有逃过学，每天的作业都能认真完成，上课也能积极发言。不久，同学们还选他当了小组长。

几年过去了，黄小伟以优异成绩考取了重点中学。不久，我收到黄小伟给我写的一封信，信中写道：李老师，您还记得您给我画的那幅画吗？那幅画我一直珍藏着，每次看了那幅画，我就泪流满面。我读懂了那幅画的深刻内涵：是的，我只有用优异的成绩向爸爸报喜，才是对爸爸最大的鼓舞和安慰。令我欣喜的是，每次爸爸得知我进步了，他总是十分高兴，他改造的积极性更高了。当我接到重点中学录取通知书的时候，几乎同时，爸爸也接到减刑通知书，他被提前释放了。那情景，正像您当时画的那幅画一样。现在，爸爸开始自谋职业，生意做得很好，我们一家人现在开开心心在一起。爸爸常对我说，你们老师画的那幅画，就是一幅最美的图画，暖到我们心里了……

教育，有时仅仅一幅画，就能轻轻开启孩子尘封的心灵，甚至能改变人的一生。

◊　2016—2017 年房县八年级中考测试题

笑点低的孩子

我带三年级这个班已有三年了，全班每个孩子的性格、爱好都很了解。课堂上，有时我转过身，刚在黑板上写了几个字，就听见下面有同学嬉笑起来，我不用回头就猜到，肯定是小调皮王宽在做恶作剧，引起了班上同学嬉笑。

我头也不回地说道："王宽，你又在弄什么怪相啊！"

课堂上顿时安静下来。

有一次，王宽嬉皮笑脸地问我："老师，你脑后好像也长了双眼睛，你没有回头看，怎么就知道是我干的?"

我摸了摸他那虎头虎脑的小脑袋，说道："因为老师教你们已有三年了，已经对你们每一个学生都很了解，我的心能看见。"

王宽惊讶地看着我说："以后我再也不调皮捣蛋了，老师的心能看见。"

我为自己委婉、善意的批评，收到良好的效果而高兴。

班上有一个名叫黎学的学生，性格十分内向，带这个班几年了，几乎还没有听到他说过一句话，我多次主动和他说话，他最多只是腼腆地笑笑，并没有开口说过一句话。

我心里感到很难过。

一次，我让全班同学每个人说个笑话，看哪个同学说的笑话最逗人。许多同学即兴说起笑话，让大家笑得前仰后合，合不拢嘴。

轮到黎学说了，他站了起来，想了好一会儿才说道："今天在上学路上，我看到了一只小猫慌慌张张地过马路。"说完这句话后，他将目光投向班上的同学，可全班同学的脸上一点表情也没有，一个同学也没笑。他落寞地坐了下来，眼睛里似乎闪烁着一丝晶莹。

我笑了，笑得弯下了腰。只是我这笑声来得有点晚，好像还有点刻意。有同学小声地嘀咕道，这一点也不好笑，老师好像没有听过笑话，这也值得笑弯了腰？

我笑着解释道："这个笑话说得可太好笑了，你们看，黎学观察事物多细心啊，一句慌慌张张，就将那只小猫过马路的形态构画出来了，从而很形象、很具体地在我们眼前仿佛出现一只小猫慌慌张张地过马路的情景。"

听到这里，有同学才似乎哦了一声。黎学将头深深地埋在了胸前。

那一幕，深深地刺痛了我，我感到胸口在隐隐地作疼。

一次，我在《记一个人……》的作文中，看到黎学这样写道："我的爸爸是一名卡车司机，他常常对我说：'孩子，我每天开着卡车奔波在公路上，总会看到路两旁有许多树木、电线杆一闪而过。那些孤零零的树木、电线杆，并没有因为它们没有什么特别的笑点，就改变了自己的生活方式。没有，一点也没有，它们永远按照自己的生活方式伫立在大地上。而它们孤零零地伫立，却为大地投下一片绿荫、架起万家灯火的灿烂。'爸爸又意味深长地说道：'孩子，我们每一个人笑点是不一样的，有的人的笑点就像那些树木、电线杆，虽然看起来没有什么笑点，但是他们总有一种内在的东西，这种内在的东西外表是看不出来的。'

"听了爸爸的一番话，我情不自禁地笑出声来，心想，原来我像一棵树木、一根电线杆一样啊，真笑人……"

看到这里，我的心仿佛被什么东西重重地击打了一下，我不由赞叹道，黎学说得可真好啊，是的，我们每一个人笑点是不一样的，有的人的笑点就像那些树木、电线杆，虽然看起来没有什么笑点，但是他们总有一种内在的东西，这种内在的东西外表是看不出来的。

　　我在教育笔记上写道：有的孩子笑点低，这是他们的一种个性，并不应该歧视和忽视他们。电光火石中，他们身上呈现出来的笑点，却是那么明亮，闪耀着璀璨的光芒。每一个孩子的笑点不同，关注那些在平常生活笑点低的孩子，不仅是我们的一种责任，也是一种爱和善良。

　　　　　　　　　　　　　　　　　　○　广西百色市 2014 年八年级中考模拟题

一米阳光

徐老师常向我抱怨说他们班上有一个叫单鹏飞的男生，很调皮，经常在课堂上不遵守课堂纪律，搅得她课都讲不下去了。

听多了，我对单鹏飞这个名字也比较熟悉了。

一天，徐老师走进办公室，她将备课笔记往桌上用力一掼，气愤地说："那个单鹏飞真是不可救药了，刚才课堂上我在黑板上写字，他在下面用小镜子将阳光照在黑板上，那团亮光晃来晃去，逗得下面学生窃窃嬉笑。我回头看见单鹏飞正用小镜子照黑板，气得将他拽出了教室。我叫他回家喊他父母来，他家人要不来，我就不让他进教室上课。"

徐老师说罢，从口袋里掏出一个小镜子扔在了桌子上。

我拿起那个小镜子，看到镜子里的我很漂亮，我冲着镜子里的我做了个鬼脸，镜子里的我很俏皮。我脱口而出道："让单鹏飞到我们班上来吧，我们班正好还有一个空位。"

徐老师惊讶地望着我，忙说道："说话算话，可不许反悔啊！"

"放心吧，不会反悔的！"我认真地说道。

徐老师这才相信我说的话，脸上一阵轻松，还情不自禁地哼起了歌。

上课了，我往教室走去。远远的，我就看见走廊上还站着一个男生，男生背着书包，神情黯然地望着操场，阳光透过窗玻璃照在他身上投下很长的影子，那道影子，显得很落寞与孤寂。我拿出那个小镜子，对着他照着。他发现身上有团跳动的阳光，很诧异，四下张望了一下，发现我站在不远处拿着小镜子在照他，不好意思地用手挠了挠头。

我走了过去，用手摸了他一下头，含嗔道："上课不认真上，这下进不了教室了吧！"

单鹏飞点点头，两眼望着远处，眼睛红红的。我拍了拍他的肩膀，说道："我跟徐老师说好了，从现在起你就是我班上的学生了，走，跟我进教室吧！"

单鹏飞眼睛里露出惊喜的光芒，将信将疑道："是真的吗？"

我故意板着脸说道："怎么？还不相信老师吗？"

单鹏飞这才相信我说的是真的，他向我深深地鞠了一躬，抬起头。我发现他眼里噙满了泪水。

我像想起了什么，说道："给你，这是你的小镜子吧？"

单鹏飞脸红了，他用手抓了抓脑袋。

我说道："收起来吧，古人云：'以铜为镜，可以正衣冠；以史为镜，可以知兴替；以人为镜，可以明是非。'我刚才用这小镜子照自己，看见自己还很美丽呢，你照照你自己，看看镜子里的自己是不是很调皮啊！"

单鹏飞羞涩地笑了……

单鹏飞在我班上好像不像徐老师说的那样调皮，相反，我发现这学生身上还有很多优点，比如，他爱劳动、乐意帮助同学、爱写作，还会说单口相声。在"六一"儿童节的班会上，他表演的自创单口相声《小明和小名》，博得同学们一阵阵热烈的掌声。我也笑了，还笑出了眼泪。

单鹏飞口袋里好像一直装着那个小镜子，不过，他再也没有在课堂上照过黑板。有一次下课，我看到他拿着小镜子，正偷偷地看镜子里的自己。他挤眉弄眼，好像很陶醉。我走了过去，冷不丁说了句："就知道臭美！"

单鹏飞吓了一跳，看到是我，脸红了，赶紧想将小镜子装进口袋里。我愠色道："慌什么？让老师照照。"

单鹏飞不好意思地将小镜子递了过来。我拿起小镜子，看着镜子里的自己，不知怎的，我也挤眉弄眼起来。

单鹏飞像窥见了什么，偷偷地笑着……

两年后，单鹏飞参加小升初考试，他以优异成绩，考取了重点中学。临走时，单鹏飞将那个小镜子送给了我。他说："那一幕，我记得清清楚楚，永远不会忘记。那天在走廊上您告诉我，让我到你的班上课，当时，您站在离我大约一米的地方，那一刻，您就像是一米阳光，霎时，照亮了我的心。从此，那一米阳光，成为我生命的永恒……"

我常常拿着单鹏飞送给我的那个小镜子，看着镜子里的自己。看着看着，镜子里仿佛又出现了单鹏飞的脸，他挤眉弄眼的，好像很陶醉。

我自言自语道：孩子们是聪明的，有时只需一米阳光，就能使他们未来的路，变得灿烂、妖娆起来，甚至能改变他们的一生。

贵州省毕节市 2015 年八年级中考模拟题

一个人的班会

我刚接四年级（2）班的时候，前任老师拿着花名册，向我介绍每个学生的情况。她介绍得很详细，每个学生的学习、性格、爱好、特长都一一做了介绍，我很感动，还没和学生们见面，这些学生我都有了一个大致的了解，这对我带好这个班，无形中增添了信心。

当她将花名册就要合上时，我指着花名册上一个叫许冬冬的名字说，这个学生还没介绍呢，把他漏掉了。

她听了，轻轻"哦"了一声，好像一下想了起来，她扑哧一下笑出声来。她说道，这个学生太平常了，平常得几乎没有一丝涟漪，我带这个班几年了，对他几乎没有什么印象，有几次他没来上学，我都没有发现。

听了他的介绍，我心里突然有一种疼痛的感觉。这个产生不了一点涟漪的学生，究竟是个什么样的呢？我有一种想急切认识一下他的冲动。

这天，是我第一次走进这个班。学生们大概都听说了他们的语文老师换了一个新老师，一个个眼睛里都带着新奇的神色打量着我，有几个正在教室里打闹的男生，看到我走了进来，立刻停止了打闹，悄悄地向我这边挤眉弄眼的。不用介绍，那几个男生的名字，我心里已猜出他们名字七八分。

上课了，学生们都赶紧坐在座位上，一个个抬着头，准备听我这个新老师给他们上第一堂课。我首先向同学们做了自我介绍，然后拿起花名册点名，我要求点到名字的同学喊声"到"，然后站起来，让我认识一下。

当我报出许冬冬的名字时，只听到一个很小的声音，我循声用眼光找了一遍，才发现在墙角站起来一个人。只见那男孩瘦瘦弱弱的，一脸腼腆、拘谨的神色。我向他笑了笑，还特意说了句，请坐下！

就这一个不起眼的举动，立刻吸引了同学们的目光，不少学生向他这边望了望，又望了望我，脸上露出一个个疑惑的神色。

几天后，我事先通知班上学生，叫他们下午放学后不要走，我要开个班会。

因为学校临时有个会，我迟了半个小时来到班上。我推开门一看，只见教室里空荡荡的，只有许冬冬一个人安静地坐在座位上。我问，其他同学呢？

他小声地回答道，都走了！

我问，他们都走了，你怎么没走？

他腼腆地答道，老师说了要来开班会，肯定会来的，我不敢走，我怕倒霉。

我听了，心头一热，眼睛有些红了。我说，你说得对，今天的班会照常开，我就开一个人的班会。

许冬冬听了，惊讶得两只眼直睖睖地看着我。

我站在讲台前，开始开班会。许冬冬静静地听着，硕大的教室里，只有我一个人的声音在回荡。我看到，许冬冬听得很认真，有时腼腆一笑，有时抓了抓自己的脑袋。

不知不觉，一节课的时间结束了。我站起身说道，今天的班会开得很好，同学们听得很认真，希望同学们再接再厉，把我们班上的各项工作都搞好！

许冬冬背起书包兴冲冲地走出了教室。我看着他的背影，发现他的腰杆明显挺直了，脚步有种轻盈的感觉。

那节班会后，我发现，许冬冬好像变了一个人似的。班上的许多事情，他都积极主动地去参与，他还参加了班级演讲团，写演讲词、表演演讲，他的身边有了许多朋友，教室里，常常响起有人喊许冬冬的名字的声音，不一会儿，回响起清脆的回答声。看着许冬冬一点一滴的变化，我从心里感到无比欣慰。

不知不觉，我带的这个班小学就要毕业了。几年下来，我和这些孩子结下了深厚的情谊，看着这些一天天长大、懂事的孩子，一种难舍之情涌上心头。我要学生们即兴发表演讲，谈谈这些年来的收获和感想。同学们一个一个走上台来，有的讲着、讲着，还流出了眼泪。

轮到许冬冬了。他走上台来，深情地说道，我曾经是一个胆小、怕事，没有自信心的孩子。自从老师为我一个人开了班会后，我深深地感到，我们每一个人都是不可替代的一颗星。这颗星虽然没有倾城的光芒，但在漆黑的夜空中，依然发出璀璨的光芒，它也是银河系中一颗不可替代的星。

很多年过去，那次许冬冬的演讲，依然记忆深刻。不见倾城的星，但必须要看到每颗星散发出的光芒，这是我一个做教师的责任。

贵州省铜仁市 2015 年八年级中考模拟题

拐弯的月光

　　班上的黄小树已经两天没来学校上课了，我心里不禁焦虑起来。黄小树这个学生性格比较内向，他的父母在广东番禺打工，他和年迈的奶奶生活在一起。他无故没来学校上课，肯定有什么事。

　　放学后，我走了一个多小时的羊肠小道，终于找到他家。可是，他不在家，更让我失望的是，他年迈的奶奶也说不清孙子到哪里去了。我的心立刻揪紧了，这孩子能到哪里去呢？

　　我赶紧在村子里到处找。夜色降临，踏着月光，走在小路上，黑暗中，不时传出几声狗吠；村庄里，星罗棋布的农舍，散落在旷野里，从窗口露出的点点灯光，让人更加焦灼。

　　终于，在一个货车司机家我找到了小树。原来，小树听说这个货车司机过两天要到广东进货，就跑到这里，央求司机叔叔带他到广东看爸爸、妈妈，他已有一年多没有看见爸爸、妈妈，十分想念爸爸、妈妈。司机叔叔看到楚楚可怜的小树，终于答应顺路带他去番禺看他的爸爸、妈妈。这几天，小树就住到了这位司机叔叔的家，准备随时出发。

　　看到黄小树那一刻，我不禁百感交集，什么话也说不出来了，我一把将小树紧紧地搂在怀里，泪水夺眶而出……

　　我暗暗自责，我没能给他像他父母一样的关爱，如果我能在学习、生活上给他多一点的关爱，他一定能安心下来。

我牵起小树脏兮兮的小手，哽咽道，走，先到老师家去，你落下两天的课老师给你补上。

一路上，我紧紧地抓着小树的手，好像一松手他就跑了。月光在我们身上投下长长的身影，一会儿，月光又不见了。时隐时现的月光，就像在我心中投下忽明忽暗的影子。

我将小树暂时安排在我家住下了。我安排小树洗了澡，换上我的衣服，虽然松松垮垮的，但他一下子就好像精神了许多。我烧了可口的饭菜，小树吃饱了，甜甜地睡着了，不一会儿，就传来均匀的鼾声。

从此，小树就和我一起上学、放学。晚上，我辅导小树学习，小树很认真，学习进步很大。当他想爸爸、妈妈了，我就打开电脑视频，让他们通过视频交流。看得出，这种效果很好，看到视频里的爸爸、妈妈，小树的心情好多了，他很少再说想爸爸、妈妈了。

班上像小树这样的学生还有不少，他们的父母也在外地打工，他们也一定像小树一样，十分想念爸爸、妈妈。于是，我把电脑搬到了班上，让那些孩子，也能像小树一样，通过视频，时常看到他们的爸爸、妈妈，了却自己的那份思念和牵挂。

在班上，我在学生中，还开展了互帮互助活动，哪位同学有困难，大家一起出主意，想办法，不让一个同学感到孤单和无助。班上流淌着一种温暖和爱。

日子一天一天地过去了，很快，这批小学生就要上初中了。几年来，这个班没有一个学生流失，他们在这个班上，感受到来自家的一种温暖和爱。

送走了这批学生，我又迎来了一批新的学生，他们身上的故事，几乎和我送走的那批学生一样。我想，我要将过去班上那种温暖和爱传递下去，不让他们一个学生流失，这是我的一种义不容辞的责任。

我收到过小树给我写的一封信，信中说，我以前以为只有爸爸、妈妈，才能将月光照在我身上，后来，我深深地感到，来自老师身上的月光，就像自己的爸爸、妈妈一样，老师就是会拐弯的月光。

○　贵州省六盘水市 2015 年八年级中考模拟题

涩涩的天空，暖暖的阳光

范小青是从四年级转到我们班的，她扎着两根小辫，一笑，喜欢用手捂着嘴，很害羞的样子。看到她以前的考试成绩和评语都很不错，看来这又是一个聪明、伶俐的小姑娘。

可是，让我感到惊讶的是，她的学习好像并不太理想，每次考试只勉强及格。开始，我还以为是到了新的环境，她一时还难适应，也许过一段时间，她就适应了。但是，快两个学期下来了，她还是这个样子，我不能不着急了，再有两年不到的时间就要参加小升初考试了，就凭她这学习功底，进入初中后，会很吃力的。

再细细观察，发现她变得沉默了，不爱说笑了，和她刚来时那个聪明、伶俐的形象大相径庭，好像有什么心事。

我约了一个时间，和她母亲在一家茶馆见了面。范小青的母亲在一家报社工作，她是一个很知性的女性。没想到，我们刚坐下来，她就低声对我说道："小青给您添麻烦了，您看出她有什么问题吗？"

我说道："我就是想跟您说一下，她学习好像不太理想，她好像有什么心事。"

小青母亲掏出纸巾轻轻擦拭着眼睛，说道："小青刚上学那几年学习很好，后来，她爸爸因为有了外遇和我离婚了。这件事，似乎对她打击很大，渐渐地，原来活泼开朗的她，变得内向了，就是在家里，也不愿和我说话。我带她去看医生，医生说，她有轻微的自闭症倾向，我现在真不知道怎么办了？"

我终于明白了范小青变化的原因了。一个曾经幸福、甜蜜的三口之家，家庭结构一下子发生变化，这对一个幼小、稚嫩的心灵打击是残忍的。她的天空发生了裂变，变得涩涩的。我感到庆幸的是，幸亏我知道得比较早，她才是有轻微的自闭症倾向，如果能及时给她进行心理疏导和调整，她一定会走出心灵的雾霾的。

我对小青母亲说："您别难过，我一定给予她更多的关爱，让她早日走出心灵的阴影。其实，小青是一个聪明伶俐的小姑娘，这也许是她成长中遇到的一条沟壑，跨过去，一定又是一个明媚的艳阳天。"

小青母亲眼含泪水，频频点头。那眼神里，有一种深深的孤寂和无助。

下课了，我看到范小青站在窗前，默默地看着天空。我走了过去，悄悄地站在她身后，用手摸了摸她的发辫，赞赏道："你这辫子编得真好看，是你自己编的吗？"

小青转过身，见是我，脸一下子红了，那红通通的脸蛋，似乎隐藏着一缕忧郁和迷惘。小青点点头，算是回答了。

我拉起她的手，说道："帮老师也编一对像你这样的辫子好吗？"

小青抬起头，惊讶地望着我，仿佛在说，老师，您在开什么玩笑，您的辫子很好看哩！不过，她还是没有说话。

我故意含嗔道："怎么？老师想请你帮个忙不乐意啊！"

小青这才相信，我不是在跟她开玩笑。她点点头，羞涩地笑了，还用一只手捂着嘴。那一笑，我似乎又看到了她过去的影子。我一阵惊喜，心想，她那个聪明伶俐的影子还在，只不过是暂时躲了起来。

小青让我坐下，将我的发辫弄散，然后帮我编辫子。我能感受到她的小手很灵活，好像还有一点紧张。我在心里暗暗发笑，心想，她绝对不会想到我会让她编辫子，我这辫子可是很时尚的呀。

看到小青在给我编辫子，一些同学围拢了过来，几个女学生还叽叽喳喳评论着。几个男生嬉闹着，一个男生嚷道："你再调皮，让范小青也给你编个小辫。"教室里顿时笑声一片。

一会儿，小青轻轻地说道："编好了，李老师，您看看满意吗？"

我将辫子放到胸前，故作惊叹道："编得太好了，你的手这么巧，快让老师看看。"我捧起小青的手，拍了拍她那纤细、白皙的手，赞赏道："这手真的好巧呢，正应了那句成语心灵手巧，就像是你这个人，聪明、伶俐。"

听到我的夸赞，小青脸更红了，像熟透了的苹果。

上课了，我将辫子往胸前一甩，对同学们说道："大家看看，老师今天的辫子是不是很美啊！"同学们响亮地回答："很美！"有男同学嘻嘻笑着，悄悄地议论着："像个小学生了！"

我说道："这可是范小青编的呀！她真了不起，老师仿佛又回到了小时候，那时的天空格外清澈，阳光格外温暖，那两根小辫是我最美好的少年记忆。"

课堂上一下安静下来。我的一番话，似乎触动了孩子们内心的柔软。我看到，小青的眼睛里，闪烁着晶莹的泪花，她的心海里似乎投进了一枚小石子，荡起了层层涟漪……

从那以后，下课了，我常常看到，范小青和几个小姑娘在一起编辫子，她们编的辫子，花样越来越多；有时，她们在一起做作业，互相交流。我看了，心里满是欢喜。有时，我厚着脸皮，也加入到她们的队伍中，看着她们快乐的样子，我的心，似乎也被融化了……

小青的变化很大，五年级下学期时，她每门课都考到班上前十名，她还当选了班上的语文科代表。

小青在一篇作文中写道："我的天空曾变得涩涩的，仿佛看不到一丝云彩。李老师让我给她编辫子，仿佛在我涩涩的天空中，撕开一道缝隙，投进一缕暖阳。那暖暖的阳光，一直温暖在我的心里。我终于明白，李老师似乎在告诉我，孩子，你的天空，不会永远被雾霾笼罩，在这个温暖的集体中，会有一缕温暖的阳光照耀你，你的路，将会越走越明亮……"

　　不知不觉，我的眼睛湿润了。我仿佛看到，那个聪明、伶俐的小姑娘又回来了……

♡　贵州省贵阳市 2014 年八年级中考模拟题

天再高，踮起脚就能更接近阳光

刚接三年级（2）班那天，我提前来到教室，站在教室门口。不一会儿，铃声响了，学生们都叽叽喳喳鱼贯地进了教室，

这时，我看到一个学生拄着双拐，正一步一步向教室挪来。我忙上前搀扶着他，关切地问道："你叫孙志伟吧！"

那男孩抬起头，有些腼腆地说道："是的，老师您是怎么知道的？"

我说道："我是你们新来的班主任，你们原来的班主任早就向我介绍了，她说你作文写得很棒，我看了你写的作文，果然写得很精彩，文笔很好！"

"谢谢老师鼓励，我还要继续努力呢！"孙志伟的脸一下红了，我感到他撑起双拐的手臂明显有力了。

我和孙志伟就这样相识了。5岁的时候，因一场车祸，孙志伟的一条腿被轧断了，从此，他成了一名残疾儿童，需要拄着双拐才能行走。我感到惊讶的是，他才上三年级就阅读了许多中外名著，比同龄的孩子知识面明显地要宽广许多，每次写作文，他的题材、立意、构思，都独具特色，有血有肉，令人拍案叫绝。

有同学向我介绍说，孙志伟在百度上开了个博客，他们都是他的粉丝，他们经常光顾他的博客，他博客上的文章写得真好。我好奇地在百

度上搜到了他的博客。我惊讶地发现，几乎每天他都要更新一篇博客，有时更新时间是在晚上十一点多钟，上面有许多网友给予的热情评论。

我仔细阅读了孙志伟的博客，这些文章都是他自己每天生活上的所思所想所感，每一篇文章都很清新、自然，好像吹来的一缕春风，沁人心脾。上面还有记录和我第一次见面时的情景。他写道："……李老师那托起我手臂的手，我感到是那么亲切和温暖，仿佛有一股力量在我身上燃烧。特别是老师那句'我看了你写的作文，果然写得很精彩，文笔很好！'这句话，对我是多么大的鼓舞和鞭策啊……"

看着他博客上的一篇篇文章，仿佛有一股力量，在向我传递，我也感到了一种信心和力量。

孙志伟的腿有残疾，行走需要拐杖，但他从不把自己当作是一个残疾人，体育课照常上。他那挂着拐杖奔跑的姿势，成为跑道上一道最美的风景线，鼓舞着全班每一个同学。

一次上完体育课，我看到他躲在一边脱了上衣，正往腋下垫纱布。看到我走到他身边，他急忙想穿上外衣，可纱布却突然掉了下来：纱布上一片殷红。

我弯腰捡起地上的纱布递了过去，关切地说道："下次体育课就别上了，大家能理解。"

他将纱布重新垫进腋下，穿上外衣，坚定地摇了摇头，说道："不，我这也是磨炼我的意志，我要像正常人一样生活和学习！"

淡淡的一句话，却是那么有力量，我仿佛被什么东西击打了一下，眼睛顿时有些湿润了。多么坚强的孩子啊，他这是在磨炼自己的意志，他不希望别人对他另眼相看，他用自己的坚强和意志，书写自己的人生。

小学毕业前夕，孙志伟的散文集《天再高，踮起脚就能更接近阳光》出版了。他在送给我的书的扉页上，写了这样一行清秀的字：我虽然腿有残疾，但我心没残疾。真的，天再高，踮起脚就能更接近阳光。

说得多好啊！我的目光久久地停留在这行字上，我的眼前仿佛又跳动着他的身影，那拄着拐杖迎着阳光奔跑的姿势，是那么铿锵、那么豪迈……

是的，天再高，踮起脚就能更接近阳光！从孙志伟身上，我得到了一种精神和力量，而这种精神和力量，正是人生最不可或缺的动力和源泉。那拄着拐杖奔跑的姿势，永远是我为人师表的榜样。

　　　　　　　　　　　　　　　　　　　○　贵州省安顺市 2013 年八年级中考模拟题

第五辑
出声的"弦索"

教育，就是要善于发现孩子们身上的闪光点，然后伸出一只手轻轻托起那只伸向彩虹的小手。总有一天，孩子们就会荡起彩虹桥，飞向遥远的天际。孩子是聪明的，它让孩子们在无声语言的感召和教育下，渐渐明白了事理，懂得了本与末的辩证关系。

长出胡须的阳光

又是一个新学年开学了，一批新生来到学校报到。那些刚入学的孩子，穿得花枝招展，兴奋地在爸爸、妈妈的陪伴下来报到。在孩子们的眼里，学校是一个全新的世界，这个世界，是那么新奇和富于魅力。

一个小姑娘在爷爷的陪伴下来报到。看着小姑娘用小手紧紧攥着爷爷的手，两只水汪汪的眼睛紧张地望着我，好像受惊的小鹿，那模样，让我一下有种怜惜的感觉，心想，这小姑娘胆子好小呢！

为了打消小姑娘的胆怯心理，我用手摸了摸她的头，笑着问道："你叫什么名字啊？怎么没让爸爸、妈妈陪你来报到啊？"

没想到，我这话一说出来，小姑娘的眼泪立刻就流了出来，她哽咽地说道："我叫甜甜，我的爸爸、妈妈都没了，我只有爷爷一个亲人了。"

我一惊，心里一阵疼痛，我为自己唐突地问了这么一个问题而自责起来。

甜甜的爷爷深深地叹了一口气，把家里发生的不幸的事对我说了。原来，在甜甜5岁的时候，因一场意外交通事故，她的父母在事故中不幸失去了生命。没有了爸爸、妈妈，甜甜的生活从此发生了彻底改变。本应在爸爸、妈妈身边撒欢、快乐地成长，从此，她只能跟爷爷相依为命，生活多了一份凄苦和悲凉。

听了发生在甜甜身上的不幸遭遇，我的眼圈也红了，我握住甜甜的手，亲切地说道："我们的甜甜是个勇敢的小姑娘，以后在学校里，老师就是你的亲人，不要怕。"

甜甜乖巧地依偎在我怀里，像只温顺的小猫。

甜甜学习很好，从不让人操心，二年级的时候，她还当选上了学习委员。看到甜甜一点一滴的进步，我从心里感到欣慰。

班上的许多同学都学了一种乐器，甜甜却喜欢上了画画，她一有时间，就在一本图画本上画画。

一天放学后，我看到教室里只剩下甜甜一个人还在那儿画画。我走了过去，俯下身子，看到甜甜画的是一个小姑娘，一个人孤零零地站在校门口仰望着天空，天空上，一轮太阳正慢慢地向西边落去。

我忽然发现，甜甜这太阳画得好像不太像，这太阳怎么会长出了长长的胡须？我忍俊不禁地问道："甜甜，你这画上的太阳怎么长出了长长的胡须？"

甜甜腼腆地笑了笑，说道："这太阳老了，所以长出了胡须。"

我猛然发现，甜甜的眼睛里似乎噙满了泪水。心想，她在画这幅画时，一定想到了什么，不然她是不会带着这种沉重的心情画画的。对于像甜甜这样的小姑娘，正值天真烂漫的年龄，怎么能将太阳画老了呢？

我伸出手，摸了摸甜甜的头，问道："你怎么将太阳画老了呢？"

甜甜声音有些哽咽地说道："我画的这轮太阳是我爷爷，我爷爷老了，前几天，他终于倒下了，卧病在床好几天都没起来。幸亏我会烧饭烧菜，才没让爷爷饿着。"

甜甜说罢，在太阳上又添加了几根胡须。那太阳上的胡须，像根根银针，刺痛了我的心……

我本来不太会画画，但从那天以后，我开始学画画了，我甚至感到，对我来说，学好画画，是一件多么急迫的事。看到我三天两头地到学校美术班听课，美术老师疑惑地问道："你怎么像个小学生开始学画画了？"我笑道："是的，我想有一技之长。"

每次批改甜甜的作业后，我总是在她的作业本里，夹上一张我画的画。我画的每幅画上，都有一轮太阳。那太阳，像个天真、烂漫的孩子，露出灿烂、明媚的笑容。

似乎有了一种默契，我每次收到甜甜的作业，也都另外收到甜甜夹在作业本里的一幅画。那些画上，也有一轮太阳，那太阳，一直长着胡须……

时间一晃，甜甜已是六年级的学生了。我与甜甜的那种默契，一直没有停止过。我不知道我们之间画了多少画，通过画画交流，我们师生的感情，变得更加深厚，从甜甜的那些画中，我感受到了一种渐渐增强的信心和力量。

不经意地，我发现甜甜画上的太阳已经没有了胡须，那太阳，露出了天真、烂漫的笑容。看到那些画，我心里涌起一种暖暖的幸福，我为甜甜终于走出心灵的雾霾而欣慰。

这是我收到甜甜小学阶段作业里夹的最后一幅画。这次作业做完后，甜甜将参加小升初考试，开始进入初中阶段的学习。这最后一幅画，画面上只有一轮正从地平线上冉冉升起的太阳，那太阳，洋溢着青春的笑脸，好像一个少年的脸庞。在这幅画的旁边，有这样一句画外音：心中拥有一张永远年轻、灿烂的太阳，就会战胜任何困难和险阻。

我情不自禁地走向窗口，我看到，天空中，挂着一轮火红的太阳，那太阳，好像是甜甜的笑脸，露出灿烂的笑容……

◇ 贵州省遵义市 2015 年八年级中考模拟题

托起抓住彩虹的那只手

　　刚到办公室，就见黄老师夹着讲义怒气冲冲地走到我的办公桌前，他将一张纸往我桌上一扔，气呼呼地说道："你们班上的陈小海太不像话了，昨天数学课上画画，被我发现了，我将他拖出了教室，你今天好好训斥下。"

　　昨天我生病，请黄老师带了两节课，没想到让黄老师气成这样，听了她余气未消的一阵数落，我心口突然感到堵得慌。我似乎能感受到陈小海被拖出教室的情景，那一刻，他一定遭受到了一种不公正的遭遇，确切地说，他遭受到了一场暴力。有时我们老师总是喜欢指责学生不认真听课，其实，如果你课讲得足够精彩，学生也不会在课堂上不听讲。如果要查原因，应该从自己身上查找，这才是正确的。

　　不过，这句话，我终究没有说出口。我下意识地拿起她丢在桌上那张纸，看到纸上画的那幅画，我的眼睛立刻变直了。这幅画画得太美了：那黑白分明的铅笔画，勾勒出了几个电影明星的夸张脸谱，毫发毕现，惟妙惟肖。我不禁脱口而出：这画画得太像了，没想到陈小海画得这么好。

　　黄老师惊讶地望了我一眼，然后拂袖而去……

　　到了班上，我看到陈小海坐在座位上怯怯地看了我一眼，眼睛里闪现出一丝惊恐和不安。看得出，陈小海没有休息好，他似乎正等待着我的一阵疾风暴雨的批评。

令他感到惊讶的是，我自始至终没有说昨天课堂的事，相反，在这堂课上，我一直心情愉悦地讲着课，我不时用眼光偷偷地瞟了他几眼，看到陈小海的脸渐渐放松下来，我不禁宽慰了些，我在极力抚平他那颗受到惊吓的心。

下课后，我走到陈小海的座位前坐了下来，我笑着对陈小海说，小海，老师想请你帮个忙，不知你愿不愿意？

陈小海局促地说，我能帮什么忙？

我说，别不好意思啊，给老师画一幅画怎么样？

陈小海如释重负地说一句，是这个事呀，好的！说罢，陈小海拿出一张纸，抬头看了我一下，然后低下头，在纸上聚精会神地画了起来。

当他偶尔抬起头来，我看到，他漆黑的眸子像一泓清澈的湖水，纤尘不染，那湖水里似乎映着我的身影。看着那漆黑的眸子，我的目光不知怎么有些朦胧。

不一会儿，陈小海将那张纸递了过来，说道，李老师，画好了，您看像吗？

我接过那张纸，只见黑白相间的头像，夸张的笑靥，眼睛笑成了一条缝，鼻梁上架着一副眼镜，几丝刘海飘扬在唇边，有几分灵动和俏丽，还有一种妩媚。

我脱口而出道，像，太像了，这是我最满意的一张肖像，我将这张肖像放在办公桌的台板下，每天都能欣赏到，别人要问谁画的，我就说是我们班的才子陈小海画的。

陈小海两颊飞出两朵红晕，像熟透了的苹果。我摸了一下陈小海的头，夸赞道，小海，班上黑板报今后就由你负责带领几个同学一起出，好吗？

陈小海脸更红了，轻轻地"嗯"了一声。

自从班上黑板报由陈小海负责以来，我们教室里的黑板报，就像一道亮丽的风景线，其他班上的老师常常组织同学来参观、取经。

许多人都知道我们班上有个陈小海，每当听到人们说起陈小海，我心里总是涌动一缕甜蜜和幸福。

两年后，陈小海以优异的成绩考取了重点中学，这是我预料之中的事。这天，我刚坐在办公桌前，忽然看到玻璃台板下我的那张有些发黄的肖像旁，又摆放了一张炭笔画：一个小男孩用手抓住了天空上的彩虹，小男孩的手臂下有只大手在用力托着，画的旁边有一行清秀的字：托起抓住彩虹的那只手。

那一刻，我全明白了。教育，就是要善于发现孩子们身上的闪光点，然后伸出一只手轻轻托起那只伸向彩虹的小手。总有一天，孩子们就会荡起彩虹桥，飞向遥远的天际。

♡　安徽省淮北市 2016 年八年级中考模拟题

3 秒钟的意义

早上第一节课已过一半了，可陈晓阳同学的座位还是空的。我不时眺望着窗外，心里直嘀咕，这孩子怎么这几天总是迟到，等他来了，我一定要当着全班同学的面，好好批评他一下。

这个班，我从一年级一直带到五年级，对每个学生都很熟悉。平时，我对学生要求非常严格，哪个学生要是不好好学习，调皮捣蛋，我肯定会不留情面，严厉批评，不仅让他罚站在教室后面，而且还要通知家长。看得出，学生们都很怕我，有时在路上看到我，也赶紧躲得远远的。

突然，教室的门被推开了，伴随着一声"报告"，裹挟着一阵风吹了进来。只见陈晓阳满头大汗站在门口，怯怯地望着我。看得出，他好像在等待一阵急风暴雨似的批评和责问，他也好像准备好了应对我的谎言和搪塞。

忽然，一个念头从脑海闪过，我一句话也没说，径直走了过去。教室里一片安静，同学们都瞪大了眼睛，看我如何狂风大作席卷陈晓阳，陈晓阳又是如何被我批评得体无完肤的。

陈晓阳闭起了眼睛，等待那一痛苦时刻的到来。

我走到陈晓阳跟前，掏出手绢，先轻轻擦去他额头上的汗水，然后张开双臂轻轻拥抱着他。那一刻，我感到陈晓阳小小的身体僵硬着，一动不动。全班同学全都惊讶地望着我。

他们没有想到，我不仅没有批评陈晓阳，竟还拥抱了他，这与过去的我简直判若两人。

大概过了3秒钟，我松开了陈晓阳，又拍了拍他的肩膀，对他说道："赶紧回到座位上去吧，同学们都已学了快30分钟了！"

陈晓阳刚坐下，同座位的同学就轻轻地说道："你真幸福，迟到这么长时间，老师不仅没有批评你，反而还拥抱了你，真邪了门了。"

看得出，那位学生的脸上有一种隐隐的忌妒。陈晓阳听了，用手抓了抓脑袋，好像还没有从刚才发生的一幕中缓过神来。

我对同学们说道："从明天开始，我在教室门口等候，哪位同学能提前10分钟到校，都会得到我的拥抱，迟来的同学就享受不到这个待遇了，刚才是个彩排。"

大家听了，都兴奋地鼓起掌来。

第二天，我早早地站在教室门口。不一会儿，有同学陆续来了，每位同学来了，我都会给他一个热情的拥抱。每位被拥抱后的同学，都一脸灿烂地走到座位上。

陈晓阳也来了，我张开双臂，热情地拥抱了他，他也一脸幸福地走到座位上。

不一会儿，教室里的座位都坐满了，同学们都在认真看书了，好像大家比平时都精神了许多。我看了看表，离上课还有15分钟。

从那天开始，我一直坚持着每天给每位到校的同学一个拥抱，我发现，同学们都非常喜欢我给他们的拥抱，这种沟通，使我们的关系变得和睦、融洽了，大家的学习更加积极、努力了。陈晓阳同学再也没有迟到过，他学习进步很大，每次考试，都进入全班前几名。

小学毕业了，同学们都给我写下了许多热情洋溢的留言，说得最多的，是我每天给他们的那个拥抱。同学们在留言簿上写道：您每天给我们的一个拥抱，胜过千言万语。我们从您的拥抱中，读懂了所包含的语言，那就是努力、勤奋、博爱、真诚。

已考入重点中学的陈晓阳在留言簿中写道：那段时间我经常迟到，是因为我迷恋起打游戏机。那天，您没有批评、指责，甚至没有问我为什么迟到，相反，却给了我一个3秒钟的拥抱。这3秒钟的拥抱，令我无比感动，又让我羞愧万分。那一刻，我下定决心，一定要戒掉网瘾，好好学习，不辜负您那个3秒钟的拥抱。

我在教学心得中写道：改变教育方法并不难，有时仅仅一个3秒钟的拥抱，就胜过千言万语，甚至能改变一个人的一生。孩子们是聪明的，他们从这温馨的拥抱中，感受到了一种鼓舞和力量，还有一种人格的尊严。

安徽省铜陵市 2016 年八年级中考模拟题

挂在心中的彩虹

我刚接四年级（3）班的时候，离任的老师就向我介绍说，这个班有个叫许文的同学，真是个榆木疙瘩脑袋，他学什么都比别人慢半拍。人家作业早写完了，他才写了一半；他甚至没有一点特长，吹拉弹唱什么都不会，就连简单的转呼啦圈也不会；老师表扬学习好的同学，从来也没有他的名字；排练文艺节目，全班同学几乎都参加的大合唱也没有他。有一次，他生病三天没有到校上课，我一点都没有感觉到。

那个离任的老师向我介绍到这里，情不自禁地嬉笑起来。

看着她嬉笑的面孔，我的心仿佛被什么东西噬咬着，在隐隐作痛。同时，我内心里不知怎么有一种冲动，想尽快认识那个叫许文的同学。

那个叫许文的同学我很快就认识了。他长得白白净净的，衣服很干净，很文静。我暗暗观察了他好久，发现他平时虽然话不多，但心很细。发现地上有废纸屑，他总是一声不响地捡起来，然后扔进废字纸篓里。这一点，他和许多同学不一样。

一次，学校开运动会。结束后，许文最后一个离场，他将地上的废纸屑、饮料瓶、塑料袋，一一捡起来，放进一只塑料袋里。我走了过去，摸着他的头，问道，你怎么想起来要将这些废品捡起来？

许文脸一下子红了，腼腆地说了句，电视上说，我们要保护环境！

就这简简单单的一句话，我心中顿时仿佛挂起了一条彩虹，闪烁着七彩光芒。

春天到了，山坡上开满了紫荆花。学校组织同学们去春游，同学们兴奋地三三两两在一起热烈地议论着，商讨着要带什么好吃的。许文只是静静地坐在座位上，听着同学们议论，脸上挂着浅浅的笑。

一天的旅游结束了，同学们坐在大客车里，一路上叽叽喳喳，兴奋地议论着春游时的所见所闻。我扭过头去，发现许文一个人坐在客车的最后面。他看着窗外一闪而过的景色，眼神中闪烁着兴奋的光芒。看得出，他内心也很激动。

突然，意想不到的事情发生了。由于刚下过一场雨，路面十分湿滑，客车在转弯时，因为车速过快，客车一下子冲到路边水田里。

司机被撞昏了，全车人全吓蒙了，有的还受了轻伤，大家不知所措，只是发出凄惨的尖叫声和哭泣声。我吓得六神无主，瘫坐在那里，眼泪也流了下来。

许文也被突发情况吓蒙了，但他很快就冷静下来。他从破碎的车窗爬出去，马上用手机向120、110报警，报告自己所在的方位。然后，他开始将同学们一个一个地从破碎的窗口拉出，将受伤的同学平放在路边。

许文累得气喘吁吁，被救的同学拉着他的手，感动地说道："许文，谢谢你救了我，你真勇敢！"

许文摆摆手，羞涩地说道："别这么说，你们都很勇敢！"

不一会儿，警察和医护人员都赶到了现场。许文又帮助医护人员将受伤的同学抬到救护车上，帮警察维持着现场秩序。警察和医护人员紧紧地握着许文的手，说道："小同学，感谢你在第一时间向我们报警，给我们赢得了宝贵的救援时间，而且在事故现场帮我们干了这么多事，你是一个勇敢的孩子。"

许文听了人们的夸赞，脸上露出羞怯的神色，显得更加手足无措。

我走到许文跟前，脸上还挂着泪花，一把紧紧拥抱着他，喃喃地说道，你就是挂在我心中一道最美的彩虹，我看到你身上散发出的一种独特美丽。

　　许文还是像过去那样，平时不爱说话，但从他的眼神中，我看到了一种自信和勇气，那种自信和勇气，就像是一道绚丽的彩虹，闪耀着璀璨的光芒。

　　我深深地感到，作为一名老师，不仅要教好书，更要善于发现每一个学生身上的彩虹，这是每一个老师的一种责任和义务，而这种责任和义务，将会影响孩子一生的成长。

♡　江苏省泰州市 2015 年八年级中考模拟题

松开那闪电

十几年后，我回到了母校，也当了一名小学老师。当年教我的余老师，尽管头发已花白了，但现在仍然还在教学一线教书。刚走上教师岗位，我心里很胆怯，怕教不好书。让我欣慰的是，我被安排与余老师搭档，我一下感到踏实了许多，有余老师帮衬自己，我对教好学生充满了期待和希望。

可是，很快我就发现要当好一名老师，并不是一件十分容易的事。现在的小学生知识面广，活泼、好问，甚至很调皮，我常常感到力不从心，心力交瘁。特别是班上的小调皮黄灿灿，总是喜欢调皮捣蛋，甚至弄一些恶作剧，让我尴尬不已。

我向余老师抱怨道："黄灿灿这孩子太调皮了，一点也不听话，我上课的时候，他甚至在下面做飞机模型，被我发现了，我将那架飞机模型给没收了。"

我将那架飞机模型重重地扔在余老师的办公桌上，脸上似乎仍然余气未消。余老师拿起那架飞机模型，仔细欣赏起来，脸上还露出慈祥的笑容。

我哭笑不得地说道："余老师，您笑什么？"

余老师只是淡淡地说了句："松开那闪电！"

我疑惑不解地问道："什么松开那闪电？"

余老师示意我坐下，然后语重心长地说道："你还记得你小时候上学，一次，你在上课时，在课桌下偷看小说的事吗？"

余老师这一提醒，我一下打开了记忆的闸门。那是我上小学四年级的时候，那天，余老师在课堂上讲课，我却在课桌下看小说《渔岛怒潮》。余老师走了过来，看到我在看小说，只是轻轻地说了句："你看完后，借给我看看，听说这本书写得很精彩。"

我本以为余老师发现我上课看小说会将书没收，心里正忐忑不安，没想到，余老师不仅没有批评我，反而让我看完后，借她看看，让我既兴奋又羞涩。从此，我上课时，再也没有看过其他书，反而爱上了文学，常常写写画画，后来，教室后面的那块黑板报，就成了我的"战场"。那缤纷异彩，新颖活泼的黑板报，成为当时我们教室里一道亮丽的风景线。就是从那个时候开始，那个爱好文学的习惯，一直没有改变，一直陪伴到今天。

现在想想，难道当时余老师没有将那本小说没收，就是松开了我这道爱好文学的闪电，并且让这道闪电，闪烁着更加璀璨的光芒？如果当时余老师发现我上课看小说，狠狠地批评我一顿，还将那小说没收，也许就扼杀了一个孩子稚嫩的梦想。

想到这，我从余老师手里拿过那架飞机模型，仔细欣赏着，眼前仿佛掠过一道耀眼的闪电，令我觉得有些炫目……

我将那架飞机模型还给了黄灿灿，还悄悄地对他说了句："你的飞机模型做得真棒，我拿到办公室，许多老师看见了，还都夸你心灵手巧呢！有时间，也给老师做一架吧！"

黄灿灿惊讶地接过那架飞机模型，脸上露出惊喜的光芒。他用力点点头，一脸郑重的神情。

我发现，从此，黄灿灿好像变了个人似的，上课不仅认真听讲，还积极举手发言。在他的影响下，一些平时喜欢调皮捣蛋，甚至弄一些恶作剧的学生，也都像变了个人似的，学习气氛很浓。

我一直收藏着黄灿灿送给我的那架飞机模型，那是架做工十分精美的飞机模型。每每看到那架飞机模型，我就想起余老师说的那句话：松开那闪电！

是的，松开那闪电！不仅给孩子一种心灵放飞的自由，也给人一种人格的尊严。孩子是聪明的，它让孩子们在无声语言的感召和带动下，渐渐明白了事理，懂得了本与末的辩证关系。

◇　江苏省扬州市 2015 年八年级中考模拟题

照进一缕斜阳

"小雨点，你真是太笨了，这么简单的题目都错了，明天叫你妈到学校来一趟!"讲台上，数学老师严厉地批评一个叫小雨点的同学。

只见墙角站起来一个小男孩，小男孩瘦瘦弱弱的，他低垂着头，脸色苍白，一副神情沮丧的样子。

我坐在教室后面正在听课。这堂课结束后，我将接任这位数学老师的课，当四年级（2）班的数学老师。为了熟悉这个班的情况，我和这位即将调走的数学老师说了一声，先坐在教室后面听她一节课。

看到讲台上那位数学老师色厉内荏的批评，甚至可以说是在咆哮，我心里一阵疼痛。看着那个叫小雨点的学生身体在微微颤抖，我情不自禁地身体也在微微颤抖。我不知道这个叫小雨点的学生什么题做错了，竟让这位老师动了这么大的气，连我都感到了害怕了。

下课了，那位老师向同学们介绍说："这位李老师即将担任你们班的数学老师，以后我就不带你们了。"

同学们听了，都惊喜地望着我。我看到，小雨点脸上露出一丝惊喜的光芒，脸上有一种如释重负的感觉。

下课了，小雨点走到我跟前，有种怯怯的样子说道："李老师，明天我妈……"

我一下明白了，他是在为刚才课堂上那位老师的话纠结呢。我摸了一下他的头，笑着说："明天就不用你妈来了，噢，我看一下你什么题做错了。"

　　小雨点从书包里拿出考卷，他指着上面几道题说："就这几道题做错了。"

　　我仔细地看了看，发现小雨点从思路、步骤到运算都是正确的，主要是小数点、图形看错了，造成运算结果错了。另外，我发现，小雨点的思路还是有创意的，他的这种思路解题技巧还是有独特的一面，使解题更加简捷、便利，从这点上来说，不应该批评，还应该表扬。

　　我再次摸了一下小雨点的头说："你这种错误，老师小时候也有过，做错题不可怕，只要找出产生错误的原因就行了。你看，这道题小数点点在百位上了，这个图形是等腰三角形，它的两个底角是相同的，以后做题时，要看仔细点，不过，你的解题技巧很好，思路对头。"

　　小雨点听了我这一番话，脸上有一种掩饰不住的惊喜和兴奋。离开时，小雨点忽然转过身来，向我深深地鞠了一躬，眼睛里滚动着晶莹的泪花，激动地说道："谢谢李老师！我从来没有听过您说的这一番话，我听到最多的就是'你真是太笨了'、'明天喊你妈来'等，我今后一定要按照您说的那样去做。"

　　看着小雨点身轻如燕离开的身影，我感到心头沉甸甸的。在他幼小的心灵里，似乎一直被某种东西压抑着，让他喘不过气来，当透过缝隙，轻轻照进一缕斜阳，他就能呼吸到最清新的空气。而这缕清新的空气，对一个孩子的成长是多么重要啊。

　　我欣喜地发现，从那以后，小雨点的作业和考试那种错误明显减少了，变得细心和认真了。他还常常对别的同学说，做错题不可怕，只要找出产生错误的原因就行了，可怕的是从此产业自卑和胆怯的心理。

　　小雨点的一番话，在同学中产生了很好的效果，同学们做题都变得仔细、认真了，思路变得开阔了。

　　看着同学们一点一滴的可喜变化，我从心里感到高兴，我更加感到教育的重任。我在教育笔记中写道：我们的教育，不是让学生们害怕和压抑，而是从教育中，得到一种学习的快乐和享受。孩子们是聪明的，从某种角度上，我们在教育中，只需在他们的心灵上轻轻照进一缕斜阳，就能让孩子们呼吸到天底下最清新的空气，使他们展开丰富的想象和创新，而这一点，对于一个人的成长是多么重要啊！

　　　　　　　　　　　　　　　　　　♡　　浙江省台州市 2014 年八年级中考模拟题

无声的语言

师范大学毕业，我当了一名小学老师。我满怀信心地走上了三尺讲台，心想，我一定能像妈妈、姐姐一样，成为一名受学生喜欢的好老师。

我出身在教师家庭，母亲、姐姐都是小学老师，耳濡目染下，从小就对当"孩子王"，有一种特殊的情结。记得那时还没上学，母亲就常带着我到她的学校去。她上课的时候，就让我安静地坐在教室后面。那时，我虽然听不懂母亲在讲什么课，但听到同学们琅琅的读书声、看到同学们争先恐后举手发言，还到黑板上写字，我总感到很有趣。

母亲在讲台上，脸上始终露出温和的笑容，那笑容，我仿佛是第一次见到，既熟悉又陌生。原来妈妈也拥有另外一种笑脸和抑扬顿挫的声音，那笑脸，像阳光一样的灿烂，那声音，像泉水一样，沁人心脾。我想，长大了，如果将来我也能像妈妈一样，也能当个老师该多好。

没想到，那个懵懂的想法，冥冥之中，似乎有一根看不见的红丝线，在一直牵引着我。长大了，我竟实现了当年在课堂上萌发的那个天真的梦想，我也成为一名像妈妈、姐姐一样的小学老师，我脸上荡漾着一种挥之不去的自豪和幸福。

可很快，我就没有了当初的激情和豪迈。我觉得现在的孩子很调皮，很不好教，每天累得我口干舌燥，心烦不安的，我好像找不到母亲当初在课堂上的那种笑容和声音。

和母亲交谈时，言语中，常常流露出一种怨言和牢骚。母亲的眼神中，多了一份忧虑和不安。

一天，和母亲一起上街。走在大街上，我挽着母亲的手臂，我们母女俩亲热地说着话。迎面走来一个中年人，那人走到我们跟前，突然对着母亲亲热地喊了声：老师好！然后一脸笑容地望着母亲，脸上露出谦恭的神色。母亲望着那人，脸上露出一丝愧疚的神色，说道，你看我这记性，怎么想不起来你叫什么名字了！那中年人笑道，我叫黄通宏啊，当年就是坐在第三组第四排的那个小男孩啊，有一次放学，天下起了雨，您还打着伞，送我回家的！母亲这才恍然大悟，连声说道，想起来了，想起来了，没想到，一晃，你就长这么大了，刚才如果你不喊我，我肯定认不出来你了。那中年人爽朗地笑道，是啊，时间过得真快啊，当年那些小学生，现在都已经是人到中年了。

望着母亲和那中年人有说有笑地说起当年的情景，让一旁的我好生羡慕，周遭萦绕着一种温暖和甜蜜。

母亲和那人告别后，母亲似乎还沉浸在刚才的那种幸福和甜蜜中，不停地说道，那个黄通宏啊，当初还是个小调皮，没让我少操心，如果他刚才没喊我，我根本认不出他来了。母亲的语气里，满是感慨和激动。

忽然，我看到我教的几个小学生迎面走来，他们似乎也看到了我。我想，我马上就可以听到悦耳的喊声：老师好！听到那喊声，我一定感到格外骄傲和陶醉。

没想到，那几个学生见了我，竟个个低下头佯装没看见，从我身边侧着身，走了过去。

那一幕，让我心里猛地一颤。我傻傻地站在那，扭头望着他们的背影，一股酸楚涌上心头。他们看见了我，怎么不喊我啊？委屈的泪在眼眶里直打转。

这一幕，没有逃过当了一辈子小学老师的母亲的眼光。母亲语重心长地对我说道，当你在马路上遇到你的学生，看他们对你是什么表情，就可以知道他们和你之间的感情怎么样？刚才那几个学生的表情，似乎在告诉你，老师，我们对你有意见！孩子，你知道吗？当好一个老师光有热情是不够的，还需要你走进每一个孩子的心中，知道他们在想什么、爱什么、恨什么，这样，你才能真正地成为孩子们的知心朋友。

母亲的一番话，像一把重锤敲打在我心上，我感到一种羞愧……

我变了。我变得热情、开朗了。上课时，我不再阴沉着脸，说话不再声嘶力竭，甚至在咆哮！我感到，我似乎找回了一种当年母亲在课堂上那种和蔼可亲的面容，还有一种抑扬顿挫的声音。

没想到，我这悄然无声的变化，给我带来一种惊喜，学生们跟我变得亲近了，下课了，他们和我说说笑笑，显得无拘无束，他们还常常将他们的小秘密讲给我听，他们不仅把我当作他们的老师，还将我当作他们的大姐姐。有时我穿了一件新裙子来上课，几个小女生还嘻嘻地笑道，老师今天真漂亮，像个花仙子。我笑道，是吗？老师听了你们的夸赞，真高兴啊！我就当个花仙子吧！学生们开心地笑了，那个掉了几颗门牙的女学生韩小翠，笑起来真好看。我想，我小时候，一定也有一张这样清纯的笑脸。

母亲说得真好，孩子们的表情就是一种语言，这种无声的语言，似乎在告诉我们，只有走近孩子的心灵，把孩子当作真心朋友，孩子们才会深情地喊出：老师好！那充满童稚的喊声，一定是天下最美的语言，直击我内心的柔软。

浙江省宁波市 2016 年八年级中考模拟题

出声的"弦索"

我发现，黄小强这个学生似乎有些叛逆，总喜欢和老师顶撞，几个任课老师也有这样的反映，说这学生很不好管理，说起他，大家都感到有些头疼。

黄小强生活在单亲家庭里，他的爸爸是一名快递员，两年前，他来开过一次家长会，我还有一些印象：瘦削的脸庞，有些倦容，我说什么，他只是不住地点头，一脸谦卑。

我一直想找个时间和他谈谈，希望他配合下我们老师搞好黄小强的教育，我约了他几次，他都在送快递的路上。

那天，天快黑了。我放学路过一条路口，忽然，我看到一辆车身写着快递公司字样的电动三轮车，疾驰进了一个小区。

我惊喜地发现，那个骑电动三轮车的人就是黄小强的爸爸。今天恰巧遇上了，我决定在这等一下，等他出来了，和他交流下。

等了好一会儿，才看到他骑着电动三轮车从里面出来，我赶紧喊住他。他听到有人喊他，赶紧将车停下。他发现是我，连忙从车上跳下来，马上露出一脸谦恭的笑容。

我发现，他比我上次见到的那样子，又清瘦了些，眼睛里有些浑浊。我问道："这么晚了，还在送快递?"

他说："现在这个时间，正值人们下班的时候，送快递，家里有人。"

我问："都送完了吗？"

他说："没呢，还有十几份快递。"他心事重重地问道，"黄小强在学校又给老师添麻烦了吧？"

昏黄的路灯照在他脸上，发出苍白的光，蓬乱的头发，灰蒙蒙的脸，眼睛里，流露出一种内疚和焦灼。我心里仿佛被什么东西重重地击打了一下，似乎动了一缕恻隐之心，我不忍心再在那双眼睛上蒙上一层阴影。我沉默了好一会儿，努力挤出一丝笑容："没呢，我只是想告诉您一声，黄小强比过去有进步呢，他对老师也很有礼貌！"

"老师，听了您的介绍，我太高兴了。这几年，我听到的，都是黄小强调皮捣蛋，见到老师，我心里都发怵！"

我看到，他的眼睛里闪烁着清澈的光芒，露出孩子般的笑容。我为自己撒了谎，心里感到隐隐地疼痛。我正要向他告别，忽然发现他三轮车上挂着一支笛子，随口问道："这笛子是您吹的吗？"

他听了，连连摆手说："我哪会吹笛子，是黄小强吹的！"

我惊讶地问："黄小强会吹笛子？"

他眉毛一扬，喜气地说："会呢，他从小就喜欢吹笛子，他那支笛子已开裂了，吹起来都跑调了，他早就想让我给他买一支新的，今天发工资，我咬牙给他买了一支新的，回家后，他看到我买了一支新笛子，一定欢喜得不得了。"

和黄小强父亲告别后，我还傻乎乎地站在路边，我感到脸上一阵阵发烫。我教黄小强已有三年了，我自以为对每一个学生都很了解，其实，这是多么自欺欺人的表现啊！就说黄小强吧，如果不是他爸爸无意中说起他会吹笛子，我恐怕永远不会知道的。

那一夜，我失眠了。我的耳旁，不时响起一阵阵悠扬的笛声，如梦似幻，婉转悠扬……

第二天下课的时候，我走到黄小强座位前说："明天周末最后一节班会上，你能给同学们吹一曲笛子吗？"

黄小强一脸惊讶地望着我，然后有些羞涩地点了点头。那羞涩的面容，我似乎第一次见到，清澈、明亮。

周末班会上，我看到，黄小强脸上红扑扑的，脖子上的红领巾，显得更加鲜艳、灿烂。我仿佛感受到黄小强心中那激动的心跳。

我对同学们说道："今天班会前，先请黄小强同学吹一曲笛子，也算是活跃下我们班会的气氛吧。"

同学们都热烈地鼓起掌来，那掌声，醉在了我心里。

黄小强从书包里拿出一支笛子。我看到，那支笛子就是我前天晚上看到他爸爸挂在三轮车上的那支，锃光瓦亮，仿佛照进了我的影子。

黄小强将笛孔放在唇边，十指轻轻放在笛孔上，顿时，一曲热情、欢快的《喜相逢》传了出来。那曲调，悠扬婉转，在人们心里潺潺流淌。

一曲吹完，教室里一片寂静，那悠扬的笛声，好像还在教室里回荡。有人高声地喊道："再吹一曲！再吹一曲！"

黄小强将目光投向了我，我朝他点点头，黄小强愉快地又吹了一曲《扬鞭催马运粮忙》。

这节班会，是我感到最轻松、愉快的一次，同学们都积极发言，脸上似乎都有一种兴奋和喜悦的表情。

不知什么原因，渐渐地，我发现黄小强变了，变得开朗、活泼了。任课老师也都反映黄小强表现很好，懂礼貌，爱学习。

黄小强的可喜变化，在我心中淤积出一团疑点，我一直不知其变化的原因。

一日，看《鲁迅全集》，在《随感录》五十九"圣武"一文中，有这样一句话：是弹琴的人么，别人心里也须有弦索，才会出声。是发声器么，别人也必须是发声器，才会共鸣。

那一刻，我如梦初醒。是啊，都说现在的学生难教，任性，其实并非如此。我们只有找准曲谱，善用情，去弹拨学生心上的"弦索"，才能在心与心的共鸣中，找到开启心灵的钥匙。

找到每一个学生出声的"弦索"，这才是我们当老师的一种智慧和聪明。

浙江省嘉兴市 2013 年八年级中考模拟题

第六辑
我们都是带枪的猎人

宇宙就像是一座黑暗的森林，里面的每个人都是带枪的猎人。他们像幽灵般潜行于林间，如果他发现了别的生命，能做的只有一件事，开枪。在这片森林里，你随时可以被别人消灭，你也在随时消灭别人。这就是所谓的宇宙文明图景。

太阳，也有不一样的光芒

不知道为什么，自从我转到了这所名叫西湖花园的小学，我就好像变了个人似的，每天都迫切地想早点到学校去，一脸兴奋和喜悦。

母亲笑道，你为什么这么喜欢上学啊？

我仰起脸，把书包在肩膀上顺了顺，说道，我想早点见到那轮太阳。

母亲不解地问道，什么太阳？

我转身跑开了，跑出门，我扭过头去，故作神秘地说，现在我不告诉您，您以后就会知道了！

母亲脸上闪现出一丝惊喜，这种惊喜的神色，在我眼里显得很陌生。自从我上学了，母亲的脸上总是不时闪现出深深的忧虑和焦灼。不知为什么，上学不久，我就产生了厌学情绪。我不喜欢上学、不想做作业、不想考试，还学会了逃学……

我最不喜欢那个叫芦花的老师了。她好像很不喜欢我，我只要什么地方错了一点，她对我不是咆哮，就是声嘶力竭，恨不得撕碎了我。见到她，我就心发怵，腿发抖。

有一次，她生病，两天没来。我高兴极啦，那是我最开心、最轻松的两天……

每隔几天，芦花老师就会将母亲喊到学校，向母亲告状，说我这也不好，那也不好，将来一定是一个一事无成的人。说罢，她将考试卷子重重地扔在母亲面前。母亲捡起考试卷子，看了看上面的分数，顿时满脸羞愧。然后一脸谦卑，小心赔着不是。

我站在一边，看到那一幕，就好像有一把刀子，在用力地剜着我的心……

我和母亲走在回家的路上，一路上，母亲看着我，不停地抹着眼泪，仿佛空气都凝固了，有一种令人喘不过气的窒息。我知道，母亲的心，也一定像我一样，被深深地刺痛着。

好不容易，我"熬"到三年级了。一天，母亲又被芦花老师喊到学校。回家后，母亲久久地望着我，那目光让我看了，一阵心悸。终于，母亲轻轻地对我说了句，孩子，我给你转一所学校上学好吗？

仿佛是天籁之音，顷刻间，我深深地吸了一口气。我觉得那空气格外香甜、格外清澈。我重重地点了点头，眼睛里噙满了泪水……

母亲把我转到一所名叫西湖花园的小学，学校离家很远，每天上学在路上要走40多分钟。可我一点也不觉得远，我的心情每天像盛开的鲜花，因为到了学校，我就能见到一轮太阳了。

我清楚地记得，我第一次在西湖花园小学见到荷花老师的情景。荷花老师把我带进教室，对班上的同学介绍说，同学们，我给大家介绍一位新同学，他叫李木子，和你们一样，他也是一位可爱的小天使，希望大家能成为好朋友！

荷花老师的话音刚落，班上立刻响起热烈的掌声，还有几个大胆的男生，还用手拍着打着桌面，嘴里发出尖锐的叫声。一位胖胖的女生站起来说，荷花老师，让李木子和我坐在一起吧，我旁边座位是空的。

看到荷花老师点了点头，胖胖的女生腼腆地笑了笑。那一笑，露出了两颗漂亮的小虎牙。

那一刻，我激动地哭了，我没想到荷花老师会说我是一位可爱的小天使。小天使，是我最喜欢的卡通形象，她们有着一双美丽的翅膀，翩翩飞舞着，给人们带来欢乐和幸福。我想，我也有一双美丽的翅膀吗？

胖胖的女生把旁边的座位擦了擦，低声说道，我叫张影影，以后有什么不清楚的地方就问我吧。

我看到，张影影的眼睛，像一汪清澈的湖水，仿佛能照见人似的……

我心里难受极啦，第一次数学小测验，我就没有考及格。我惴惴不安地对荷花老师说，要不要喊我妈到学校来一趟？

荷花老师一愣，疑惑地说道，喊你妈到学校来干吗？哦，你是说你没考好是吗？没关系，天使的翅膀偶尔也会有一块痂，飞翔，就会有伤口，只有不断飞翔，你才会有一双过硬的翅膀！

这是我第一次听说，我没有考好，老师根本不需要家长到学校，也第一次听说，没考好，是天使翅膀的一块痂。在这里，我有了太多的第一次。我像一头幸福的小鹿，快乐地奔跑着、跳跃着……

在这里，我感受到种种意想不到的幸福和甜蜜：我参加了"小红花"合唱队、参加了排球队、当了运动会的报道员……呵呵，我变成了大忙人了。哦，期末考试，几门功课，我全部考了 80 分以上，这也是我第一次取得这样优秀的成绩。

荷花老师伸出手掌，和我击掌相庆。那清脆的响声，在我心里，像投进了一枚小石子，荡起了层层涟漪……

几年后，我参加小升初考试，我以优异的成绩，考取了一所重点中学。我在给荷花老师的毕业留言簿上，写下了这么一句话：我自从转到西湖花园小学，我看见了一轮新的太阳，那轮太阳，洒满金色的光芒，照亮了我的心灵，从此我知道，太阳，也有不一样的光芒。你的那轮不一样的光芒，甚至改变了我的人生，将会永远照耀着我前进的方向。

◇　河南省周口市 2015 年八年级中考模拟题

会说话的眼神

上小学时，我心里一直有一个企盼，那就是希望能得到韩老师的一个眼神。

在我心里，韩老师有一双会说话的眼神。那眼神，很亲切、很明亮，仿佛能照进人似的，谁要是被那美丽的眼神照到，谁就能成为可爱的小天使。可是，我都上三年级了，韩老师似乎从来没有给过我一个眼神，我感到很难过。

上课时，我将手举起来，韩老师几乎从来没有喊过我，那眼神总是从我面前一闪而过，又投向别的同学身上了；有一次，韩老师要选几个同学代表全班同学去看望一个生病的同学。我举起手，大声喊着，我去！我去！可韩老师点了几个同学的名字，有的没举手，韩老师也点到他们的名字，就是没有我。我沮丧透了，我把眼睛投向窗外，泪水在眼眶里直打转……

我终于下了决心，一定要让韩老师知道我内心的真实想法，我也要让老师知道，她有一双会说话的眼神，那眼神，是她最美丽的地方，那眼神，应该照亮每个孩子的心田。

那天放学后，我在老师的办公室门前徘徊了很长时间，我透过门缝看见韩老师还在批改作业，心想，只要她一出来，我就迎上去，告诉她隐藏在我心里的那个心思。

天渐渐暗了下来，外面的同学已很稀少，操场上，也看不到几个同学在打球了。只有我一个人还在墙角踟蹰，身上落下几枚枯黄的树叶，一阵风吹来，又飘落到地上，在地上翻滚了几圈后，才安静下来。我觉得，我这是在做一件重大的事情，不仅是为了我，也是为了韩老师。

办公室的门终于开了，几个老师陆续走了出来。我看到一个熟悉的身影也走了出来，我赶紧走了过去，怯怯地喊了一声："韩老师！"

老师听到喊声，有些惊讶地问道："李木子，天这么晚了，你怎么还没有回去？"

我抬起头，看着老师那暖暖的目光，我感到被一种浓浓的幸福所笼罩。我迎着老师的目光，定定地看了好一会儿，才轻轻地说道："嗯，您到旁边来，我跟您说一件事！"

老师看到我一脸认真的样子，她扑哧一下笑出了声，她伸手摸了摸我的头，随我走到一边。

我看了看四周没人了，说道："老师，您以后上课也能给我一个眼神吗？"

老师愣住了，问道："什么眼神呢？"

我说道："您上课的时候，每当您用眼神环视下面的时候，我就迫切地希望您也能用眼神看我一眼，您那眼神很亲切、很温暖，仿佛会说话似的。可是，您却从来没有看过我一眼，我多么希望您能看我一眼啊！您的眼神对我来说，就是一种鼓舞和力量。"

老师似乎惊呆了，她愣在那里，过了好一会儿，然后俯下身子，亲切地说道："李木子，是老师疏忽了，听你这么说了，我才明白，原来老师有一双会说话的眼神，我以后一定要用眼神光顾到你们每一个学生。"

老师说完，用她那美丽的眼神，紧紧地盯着我。我看了那眼神好一会儿，终于说道："我看到老师看我的眼神了，我会记在心里的。"说完，我欢快地跑走了。走了很远，我回过头去，发现老师还站在那儿，像木雕似的，一直默默地看着我……

从此后，上课时，我看到韩老师的眼神似乎很留意向我这边观看，那眼神，在我身上总能停顿几秒钟。每当看到那眼神，在我心里总是涌起一股温暖，并充满了激情，我暗暗下定决心，我一定要不辜负老师那双会说话的眼神，在我心里，那眼神，就是聪明和智慧的化身……

几年过去了，小学就要毕业了。我感到无比幸福的是，几年来，我得到了韩老师一个又一个温暖的眼神，那眼神，给了我无穷的信心和力量。

在欢送同学毕业的班会上，韩老师深情地说了这么一句话："我最要感谢一个学生，他曾经对我说过这么一句话，'老师，您有一双会说话的眼神，您的眼神很亲切、很温暖，您的眼神对我来说，就是一种鼓舞和力量。'这位学生的话，让我如梦初醒，并深感自责，原来，我有一双会说话的眼神，这双眼神对每个同学来说都很宝贵，它给予同学们的是温暖和力量。"

说完，老师用她那一双会说话的眼神，在每个同学眼前一一扫过。当她看到我时，那眼神又停留了好几秒钟，那眼神仿佛在说，谢谢李木子同学，是你让我知道了我有一双会说话的眼神，我要让这双会说话的眼神，在每一个学生心里流淌。

我会心地笑了，笑得很甜、很陶醉……

安徽省马鞍山市 2016 年八年级中考模拟题

山后有什么

老屋后面有一座山，孩提时，我常常眺望着那座山，遐想着山后面是什么。有一天，我终于按捺不住好奇的心问母亲，山后面有什么？

母亲说："你要想知道山后面有什么，必须要自己走过去，爬到那座山的山顶，才能看到有什么。"

母亲的话，让我陷入无限遐想中……

一个天高云淡的午后，我一个人悄悄地离开了家，往那座山走去。我沿着蜿蜒的小径，奋力向上攀登着。草茎划破了我的脸颊、刺破了我的手、刮破了我的脚，我一点也不觉得疼；寂静的山林，一片阴森，我一点也不觉得怕。我就是想快点爬到那山顶，看看那山后究竟有什么。

终于，我爬到了山顶。我惊讶地发现，那座山的后面还是一座山。我心里一下子失望至极，可心不甘地又向那座山爬去。天色渐渐黯淡下来，山风吹来，有一种凉飕飕的感觉。我想放弃往回走，可山后面那未知的世界，像魔一样折磨着我，我咬了咬牙，又往那座山走去。

我终于又爬到那座山的山顶。眼前一幕，让我目瞪口呆：这山的后面还是山。

我用尽了全身的力，翻过了两座山，可看到的还是山。我眺望着那座山的山头，发现那山顶的后面隐隐约约还有一个尖尖的山顶。

我不禁放声大哭起来，原来这山是一座连着一座的啊！

半夜了，我才终于跌跌撞撞地摸索着回到了家。没想到，家里早就乱成了一锅粥，家里人因找不到我，正急得四处寻找。看到我深更半夜失魂落魄地回来了，母亲一把搂住我说："孩子，你这是钻到哪里去了？可把我们急死了！"

我指着漆黑的夜空说："我爬到那座山想看看山后面有什么？我爬过了两座山，终于看到了，原来山后面还是山，什么也没有。"

母亲爱怜地说："孩子，等你长大了，你就渐渐会明白，人生永远在路上，才会看到秀丽的景色。"

那时尽管还是懵懵懂懂的，但这句话我一直记得清清楚楚。

长大了，经历了许多事，我曾经一次次被路途上的风沙打哭过。但是，经历得越多，就越坚强。是的，人生永远在路上，就是一种奋斗、一种努力、一种坚持。

我看到远处有一座山峰横亘在眼前，我抖擞精神，打点好行装，信心百倍地向那座山峰攀登过去……

◌ 江苏省常州市 2016 年八年级中考模拟题

我们都是带枪的猎人

上小学三年级的时候，一次，老师说要选几名同学上主席台给来宾献花。我高高地举起手说，我去！

那个年轻的女老师看了看我，脸上露出不屑的神色，淡淡地说了句，你长得太丑了，你不行！

教室里，立刻响起哄堂大笑声，有几个大胆的男生，还用手拍打着桌面，嘴里发出尖锐的叫声。

那一刻，我恨不得找个地缝钻进去，感到无地自容。

下课了，同学们三三两两在一起，兴高采烈地进进出出，我还傻乎乎地坐在座位上。那句"你长得太丑了，你不行！"还一直在我耳边轰隆隆响起。那声音，是那么刺耳，像一块巨石堵在我的心口上，压得我喘不过气来。

因为那句"你长得太丑了，你不行！"让曾经无忧无虑的我，变得多了一份敏感和脆弱，以至于很长时间，我都走不出心灵的阴影，无论干什么事，我都缩手缩脚的，没有了一点自信。那个年轻的女老师，在我眼里，她就像一个魔兽，总是露出狰狞的面孔，张牙舞爪地向我扑来，我在竭力躲藏着……

那年，邻居家一个叫小红的小姑娘每天站在窗台前拉小提琴。那悠扬的琴声，像潺潺的流水，沁人心脾。

琴声吸引了我。我趴在她家窗前，看到那小提琴流光溢彩，好像一面镜子，能照进人似的。我忍不住地央求道，小红，让我摸摸你的小提琴好吗？

小红看了看我，大概她看出了我的可怜相，轻轻地说道，你只能轻轻摸一下，不能摸坏了。

我用力地点了点头，伸出一只手，小心翼翼地想去摸摸那把小提琴。

突然，小红妈妈进来了，她大声呵斥道，你这爪子这么脏，怎么能摸我家的小提琴？

这声怒吼，仿佛像晴天霹雳，吓得我赶紧缩回了手，逃也似的滑下窗。因太紧张了，头重重地撞在窗沿上。跑出很远，我顾不得揉揉头上被撞出的一个大包，而是伸出手，仔细看着两只手，悲怆地哭泣道，我这手叫爪子吗？

从此，小红家的小提琴声，我再也听不出潺潺的流水声，相反，却感到像电锯声，拉出的每个音符，都感到十分刺耳。

一次，高中同学聚会。一个叫许通通的同学坐到了我身边，他和我热情地寒暄着。忽然他说，初中二年级的时候，一次我看了他写的作文后，在班上大声嚷嚷，说他写的作文全是胡编乱造，什么蓝色的月亮挂在天空上、什么小虫在草丛里浅吟低唱、还有什么风像奶奶的手掌，温柔地抚摩着我的脸颊……我那尖利的嘲笑，像锤子一样，深深地刺痛了他，他感到无地自容。要知道，他从小就想当一名作家，因为我的嘲笑，后来，他那个梦想彻底泯灭了。以至于几十年后，每当他提笔想写点什么，当年我在教室里那嘲笑声，又在他耳旁响起，他再也提不起笔来。

老同学的一席话，让我感到无比震惊。我一点也想不起来了，我怎么也成了那个小学老师，还有小红妈妈一样的人了？

荣获 2015 年"雨果奖"，《三体》的作者、著名科幻作家刘慈欣，说过这么一句话，宇宙就像是一座黑暗的森林，里面的每个人都是带枪的猎人。他们像幽灵般潜行于林间，如果他发现了别的生命，能做的只有一件事，开枪。在这片森林里，你随时可以被别人消灭，你也在随时消灭别人。这就是所谓的宇宙文明图景。

　　看到这里，我不禁哭了。原来，我们自诩为自己是个文明人，其实，我们都是带枪的猎人，像幽灵般潜行于林间，我们都会随时开枪。

◇　　广西钦州市 2015 年八年级中考模拟题

抱抱童年的自己

翻看过去的老影集，看到自己童年时的一组黑白照片。看着看着，仿佛穿过时光隧道，我又回到了童年时光！

这张是我8岁时的照片：我正躺在草坪上，两只手垫在脑后，嘴里咬着一根青草，仰望着湛蓝的天空。我不知道那时我在想什么，那时，我刚上学不久，我猜想，那时我也许想将来长大了当一名飞行员，飞翔在蓝天上；也许我在想我要一本纸张散发着油墨香的小人书；也许我在想我要能参加班上大合唱表演就好了，就唱那首《我爱北京天安门》。也许我当时什么也没想，就这样傻傻的仰望着天空，看白云从眼前一团一团地飘过。

这张是我大约7岁时的照片：我在小巷里骑着一辆不知从哪里弄来的小童车。童车太小了，只适合两三岁的小朋友骑，我挤在里面，似乎很难受，但脸上却露出开心的笑容。旁边一个四五岁的小男孩，他将一只手指头放在嘴里，脸上露出羡慕的神色。

这张是我大约6岁时的照片：我和家人坐在小平房外面空地上的合影，小平房的屋顶上长着一些茸毛草，它们耷拉着脑袋，好像在左顾右盼，眉目传情呢，屋顶一角，还有一小截烟囱。我依偎在家人中间，手里拿着个小木头手枪，咧着嘴，开心地笑着……

看着看着，不知为什么，我突然哭了。我情不自禁地伸出手，想去抱抱童年的自己：那时的我是多么幸福，尽管生活还不很富裕，物质生活还很贫乏，但我感觉那时的我，是多么的幸福和快乐，那单纯、清澈的笑容，像蓝蓝的天空，纤尘不染。

不知什么时候，我的脸上，早已失去童年的那种单纯、清澈的笑容，脸上有了一种深深的忧虑和烦躁。尽管现在的生活比过去好多了，那时拍一张照片都十分难，现在可以随手自拍，想怎么拍，就怎么拍。可是，我似乎再也找不出童年时的那种笑容。

我多想抱抱童年的自己，如果可能，我将绽放出最清纯的笑容。我看悠悠的白云、我看花红柳绿、我还将拿着一把木头手枪、骑着一辆小童车，发出咯咯的笑声……

我多想抱抱童年的自己，如果可能，我将会发出爽朗的笑声。那笑声里，流露出的是天真、无邪。我会有许多小小的满足，一本图画书、一支铅笔、一只文具盒，还有那柳枝条做成的小口哨。那口哨声，一定会发出天籁般的声音……

我多想抱抱童年的自己，如果可能，我将有一个个小小的梦想。那些梦想尽管很渺小、很幼稚，但却是我内心里最朴素的愿望，它会让我找到生命的活力和澎湃。我希望跳上云朵上，让云朵带着我，在天空上遨游。

……

我有一个美丽的梦想：我想抱抱童年的自己，聆听自己童年的心跳、闻到自己童年的味道、看见自己童年的眸子，还有着自己童年时那一个个稚嫩、朴素的思想……

◇ 广西防城港市 2016 年八年级中考模拟题

我陪你一起罚站

　　小时候，因为家境贫寒，不仅衣着穿得十分破旧，而且还补丁加补丁。上学了，许多同学不愿和我玩，好像连老师对我也冷眼相看。上课时，我举手发言，老师总是看也不看我一眼，总喜欢喊那些穿着漂亮的同学。久而久之，我养成自卑、怯弱的性格，几乎总是独来独往，远离喧哗和热闹。

　　进入初中了，新学期开学，老师叫同学们每人都必须穿白衬衫、蓝裤子到学校参加开学典礼。同学们听了，都欢呼雀跃，兴高采烈。我却苦闷极了，我没有这两件衣服。回到家，我翻箱倒柜找白衬衫、蓝裤子，最后，只找到一条母亲的灰裤子、父亲的灰衬衫。

　　我只好穿着这两件不合身的衣服，想蒙混过关。没想到，穿着这两件衣服混在同学中间反差太大了，老师一眼就看出我穿的衣裳不合要求，她用手指着我，严厉地喊着我的名字，叫我站到教室外面去。

　　那一刻，我窘极了，恨不得找个地缝钻进去。我迈着沉重的步子向教室外走去，每迈出一步，都感到十分沉重。站在走廊上，我茫无目的地望着远方，痛苦的眼泪再也忍不住了，"哗哗哗"地流了下来。眼前吹来一阵风，我感到那阵风像锥子一样锥在脸上，钻心的痛。

　　忽然，耳旁响起轻轻一句："我陪你一起罚站！"

　　我扭头一看，惊讶地发现，原来是坐在我前面的小组长崔莹莹。崔莹莹家庭条件很好，她经常穿着色彩艳丽的衣服，她还是学校乐队的小提琴手呢。上小学的时候，我多次看过她在舞台上表演节目。看着她在舞台上如行云流水般地拉着小提琴，我心里充满了羡慕。我常想，崔莹莹不仅衣服穿得漂亮，而且还会拉小提琴，她可真幸福啊！今天一上学，我就看到了坐在前面的崔莹莹，她穿着雪白的白衬衫，衣袖卷起来，很潇洒、很精神。可是，她现在怎么穿着一件短袖花衬衫了，她的白衬衫呢？

我疑惑地问："你的白衬衫呢？"

崔莹莹嫣然一笑道："我把白衬衫换下塞进书包里了，穿着里面的短袖花衬衫了，老师看见了，也将我喊出来罚站了。"

我吃惊地问："为什么呢？我是因为没有白衬衫和蓝裤子，才被老师喊出来罚站，而你有白衬衫啊！"

崔莹莹眺望着远方，轻轻地说了句："我只想陪你一起罚站！"

这句话我听得清清楚楚，心里顿时不禁百感交集，激动万分。

我第一次感到我不再孤单、怯弱，因为不仅有人陪我一起罚站，而且还是我们班的小组长，她还会拉一手漂亮的小提琴，能和她在一起罚站，这是多么幸福的事，我似乎第一次感到幸福离我是如此之近。

眼前吹来一阵风，我感到那阵风，清香扑鼻，沁人心脾。再看一看旁边的崔莹莹，只见她的额前一缕刘海轻轻拂动起来，眸子里闪烁着清澈的光芒。那一刻，我觉得她很美，美得我眼前变得一片朦胧……

不知为什么，从那天开始，我不再自卑、怯弱了，有一种自信心在我心里荡漾，那句"我陪你一起罚站！"始终在耳边回响。还有什么比"我陪你一起罚站！"更有力量呢！当我遇到挫折和委屈时，那轻轻地一句"我陪你一起罚站！"又在耳边回响。虽然我依然没有新衣服穿，但是，我把精力都用在学习上了。我的学习成绩越来越好，身边常常围拢着许多同学，老师也常常表扬我。

不经意间，我看到崔莹莹向我竖起大拇指，脸上露出灿烂的笑容，我的胸脯不觉用力挺了挺……

一年又一年，转眼，马上就要高考了，同学们都进入了紧张的复习阶段。课间休息时，我走到教室外，一个人静静地站在走廊上，眺望着远处。忽然，耳旁响起轻轻一句："我陪你一起罚站！"

好熟悉的一句话啊，我惊讶地看到，崔莹莹不知什么时候站在我的身旁。崔莹莹现在已长成一个高挑、漂亮的女生了，乌黑的秀发从头上披下来，一条花手绢将脑后的秀发扎起来，显得素洁、大方。

看着她，我仿佛陷入一种过往和回忆中。许久，我才一字一句地对崔莹莹说："感谢你！你的一句'我陪你一起罚站！'给了我无穷的信心和力量，甚至可以说改变了我的一生。"

崔莹莹嫣然一笑道："其实我们每一个人都曾自卑、怯弱过，小时候，我曾经也是一个十分自卑、怯弱的女孩子，妈妈对我说，'孩子，无论你表现怎么样，妈妈永远和你在一起。'从妈妈这句话中，我感受到了一种力量和勇气，后来，我渐渐变得自信起来。"

一阵风吹来，崔莹莹额前一缕刘海吹拂起来，眸子里闪烁着清澈的光芒。这一幕，还是那么熟悉，仿佛就在昨天。

崔莹莹忽然举起一只手来，对我说道："让我们击掌相庆，预祝我们考试成功！"

我举起了一只手，跟着说了句："预祝我们考试成功！"然后用力向崔莹莹的手掌击去。

两只手掌发出了清脆的响声，那响声，仿佛像天籁之音，醉在了我的心田里……

河南省鹤壁市 2016 年八年级中考模拟题

一个像夏天，一个像秋天

太阳像一个烧红的大铁盘悬挂在天空上，散发出灼热的光芒。这是一个七月流火的夏天。下午放学了，八年级的沈小小还在操场上绕着圈跑步。汗水早已湿透了沈小小的衣服，脸上红扑扑的。

"沈小小，数学考卷发下来了，我给你拿过来了。"沈小小循声望去，见是班上的女同学许燕燕，她手里拿着一张试卷，正站在操场边向他挥着手。

他跑到许燕燕跟前，做着原地跑动的动作，急切地问道："考得怎么样？"

许燕燕有些嫉妒道："又是120分满分，你太厉害了！不仅学习好，而且每天放学后还在这跑几圈，你的精力总是这么旺盛，可我总是不如你。"许燕燕有些黯然。

"许燕燕，快别这么说，你也可以的，上次测验，你不是考了106分吗？如果你能每天跑几圈，保你学习精力更加充沛。"沈小小一脸真挚地说道。

"我也行？"许燕燕扑闪着一双大大的眼睛，流露出满是期待与疑惑的神色。

"当然行，以后我每天放学后在这跑步，你也来跑，坚持下来，保你健康又聪明。"沈小小调侃道。

许燕燕惊喜地放下书包，说道："那我现在就跟你跑，让我像你一样健康又聪明。"说罢，她跟着沈小小跑了起来。

沈小小侧过头，看到许燕燕脑后扎起来的马尾辫一甩一甩的，像个调皮的小松鼠，落日的余晖照在她身上，像披上了一层金色的羽毛。

才跑了两圈，许燕燕就上气不接下气停了下来，她弯下腰，气喘吁吁地说道："我跑不动了，你跑吧。"

沈小小安慰道："不用急，以后每天坚持跑几圈，你就会越跑越远了。"

许燕燕点点头，那脑后的马尾辫好像也在点头、微笑呢。

从此，每天下午放学，沈小小在操场上跑步时，总看到在他身后不远处，许燕燕也在奔跑着，落日的余晖照在她身上，像披上了一层金色的羽毛，很晃人眼。他边跑边笑道，这个"小松鼠"还挺有毅力呢！

……

时间一晃一晃地过去了，校园里的梧桐树树叶开始稀稀拉拉飘落在地上，脚踩在上面，发出"咝啦、咝啦"的响声。

许燕燕背着书包，抬起头，望着高大的梧桐树，喃喃地说道，秋天到了！

"许燕燕，在看什么呢？"许燕燕循声望去，只见操场上，沈小小正跑得满头大汗。

她懊恼地嚷着："沈小小，你每天都有使不完的劲，我跑步只坚持了短短一个夏季，就偃旗息鼓了。我就像是秋天的落叶，没什么能耐了。"许燕燕声音里有一种哭腔。

说话间，沈小小已跑到了许燕燕跟前，他边做着原地跑动的动作，边俏皮地说道："秋天好啊，秋天是收获的季节，明年中考，你一定能考出好成绩。"

"沈小小，你快别寒碜我了，我到现在解析几何里还有几个地方弄得不太清楚，有时间帮我讲讲好吗?"许燕燕央求道。

"好的，你先到教室去，我马上就来。"沈小小用手背擦了下额头上的汗水，热情地说道。

许燕燕高兴地"嗯"了一声，转身欢快地向教室跑去。……

许燕燕进步很快，数学考试也常常出现了120分满分的成绩。那个戴眼镜瘦瘦高高的数学老师说沈小小反应快，但不够细心；许燕燕做题虽然慢，但细心，很少出现差错。他俩一个像夏天，一个像秋天，如能互补那就更好了。

许燕燕回过头，看到沈小小咧嘴憨憨地笑着，就像咧开嘴的红石榴。她学着沈小小的样子笑，可觉得自己好像在哭。忽然，她发现自己被沈小小看见了，他冲着她挤眉弄眼做怪相……

许燕燕曾开心地对沈小小说，老师说我俩一个像夏天，一个像秋天，这个比喻好，当又一个夏天来临之际，我们将参加中考，共同迎来收获的季节，那一定是一个激动人心的时刻。

沈小小眺望着校园里那排粗壮、高大的梧桐树，激动地说道，你说得对，那一定是一个激动人心，像热情似火的夏季。

一阵风吹来，梧桐树叶又从枝条上落下来，它们在空中翻滚着，那翻滚的姿势很优美，有一道漂亮的弧线，它们好像有些恋恋不舍，最后义无反顾地落在了地上……

贵州省毕节市 2016 年八年级中考模拟题

我挺你，你一定行

语文课上，那个戴着眼镜的女老师，正在讲台上高深莫测地分析一篇课文的段落和中心思想，讲述作者立意的技巧和独特，甚至一个词都要连篇累牍地分析一大串。对于这样的分析和讲解，同学们听了，总是感到昏昏欲睡，百无聊赖，甚至感到是一件痛苦的事。

初二的时候，曾听过一位知名作家来学校讲学。那位作家的一篇文章曾作为学生的考试题目，今天见到作家本人，同学们都感到很兴奋。一位同学在现场提问，那篇文章作家是怎样谋篇段落和中心思想的？

那位作家愣了好一会儿，才尴尬地说道，我写文章时，从没有考虑过什么段落和中心思想，如果那样，我将无从下笔。这位作家又诙谐地说道，如果让我考自己的文章，我很有可能不及格。

作家的一番话，引起台下一阵哄笑声……

这位作家的话，也引起我的共鸣，我一直对课堂上那种分析一篇文章的段落和中心思想不以为然，总感到那些分析和讲解有种牵强附会的空洞和无趣。

这堂课文分析，我听得是昏昏欲睡，我索性从书包里拿出一本小说放在桌下看了起来。不知不觉，我就沉浸在小说跌宕起伏的故事情节中。

突然，我手中的小说被一只手拽了出来，紧接着听到一声断喝："不认真听课，在桌下看小说！"

我吓了一跳，原来是那个戴着眼镜的女老师，她将我手上的小说给没收了。同学们的目光刷地一下全投向了我，那一刻，我窘极了，不知如何是好。

突然，教室里响起一声清脆的声音："老师，我也在看小说，您把我的书也没收吧！"

那声音，好像一声炸雷，在教室里响起。同学们的目光又刷地转向了那声音的方向。

我缓过神来，也向那声音望去，只见说话的是语文科代表张影。张影是老师和同学们公认的好学生，她各方面表现都十分优秀。没想到，这个时候，她竟大逆不道地跳了出来，揭发自己也在看小说，真的让人不可理喻。

那一刻，教室里突然变得一片寂静，同学们又将目光投向了老师，看老师如何收场。

只见老师的脸色红一阵、白一阵的，看得出，老师很生气，面对这突发场面，老师显然也没有心理准备。过了好一会儿，老师才对张影说道："好了，你坐下吧，下不为例。"说罢，老师又将那本小说放到我的桌子上，说道："把小说收起来吧！"老师转身边往讲台上走去，边说道："下面继续分析课文。"

我轻轻地舒了一口气，紧张的心情似乎才渐渐平静下来。

我扭头向张影望去，只见张影也正向我这边张望，当她看到我的目光，冲我眨了眨眼，很俏皮的样子。

看到张影那轻松的表情，我有点忍俊不禁。

讲台上，老师已讲到中心思想，叫同学记下来，说以后考试会考到的……

放学了，我看到张影正走在前面，就紧走几步追了上去。我对她说道："谢谢你，让我脱离了窘境。"

张影冲我嫣然一笑道："我挺你，是因为我也对那种课文分析兴味索然，我想，语文教学应该生动、活泼，这样同学们才爱听，下次有机会我跟老师把我们的真实想法谈一谈，这样对老师改进教学方法，也许会有帮助的。"

我不禁暗暗佩服张影的理性和成熟，她似乎从我上课看小说中，看出了教学需要改进的地方。

张影忽然问道："你看的是什么小说？"

我羞涩地答道："是路遥的《平凡的世界》。"

张影笑道："能借给我看看吗？"

我从书包里拿出那本小说，递给她。我似乎想起了什么，问道："你上课时看的是什么小说。"

张影忽然笑弯了腰，笑得腰肢还一颤一颤的。我尴尬地问："你这是怎么啦？"

张影直起了腰，眼睛里还有泪花闪烁。只听到她揶揄地说了句："什么呀，我什么小说也没看，我拿的是一本笔记本，我当时还担心，如果老师要真没收，可要出洋相了。"

说完，张影拿着我的那本小说，笑着跑到前面去了。

我傻愣愣地站在那，看着张影远去的背影，好久没有回过神来……

一年后，我参加中考。在考场门口，我和张影碰巧见到了。张影伸出手掌，对我说道："我挺你，你一定行！"

仿佛听到阳光的声音，我感到眼前一片灿烂。又是那句熟悉的"我挺你！"我的目光不禁湿润了。这句"我挺你！"仿佛像天籁之音，给了我一种信心和力量。

我情不自禁地也说了句："我挺你，你也一定行！"

我们欢快地跑进考场，空气中，响起一串银铃般的笑声……

◎ 安徽省六安市 2013 年八年级中考模拟题

家人闲坐，灯火可亲

夜幕低垂，万籁俱静。一家人围着个炭炉子，炉子里烤着白薯，空气里弥漫着香甜。父亲不时用铁夹翻动着炉子里的白薯，几个孩子眼巴巴地盯着炉子里的白薯，希望能快点烤熟。小弟几次偷偷地想将炉子里的白薯夹出来吃，都被父亲呵斥住了。父亲说，烤熟了才好吃，半生不熟的吃了涩牙。小弟伸了伸舌头，又眼巴巴地盯着炉子里的白薯。母亲在一旁做着针线活，还唠叨着几个孩子穿衣太费了，几天就磨出个洞。我们听了，都相互怯怯地望了望，露出憨憨的笑容。

终于，白薯烤熟了。父亲从炉子里夹出几只烤白薯分给几个孩子，我们迫不及待地剥皮吃起热气腾腾的烤白薯，刚烤熟的白薯很烫，烫得我们嘴里不停地发出"咝、咝"声，那洋相百出的吃相，却让我们很快乐、很幸福。

那时光，就在家人闲坐在一起时悄悄地流逝，那摇曳的灯光，映照着一家人平静的脸庞……

时光飞逝，当年那一家人围着个炭炉子的兄弟姐妹早已从小屋子里飞出去了，飞出了很远、很远……

终于有一天，我们又回到了那间小屋子里，曾经的青涩年华，如今都已是人到中年，甚至是老年了，父母也已是九十高龄的老人了。家人们围坐在一起，谈起小时候记忆中最深刻、最温暖的印象。大家几乎异口同声地说道，家人闲坐，灯火可亲。

是的，那时生活虽然很苦，几乎没有什么美食和娱乐，但家人围坐在炭炉子边，分享烤白薯的美味，现在想来，那真是天下最美味的食品。大家又伤感地说道，现在，生活虽然越来越好，各种可口的美味千奇百怪，但却再也吃不出当年烤白薯的味道，那味道里，有亲情、有悠闲、有时光流淌的温馨。

有一种亲情的时光，叫家人闲坐，灯火可亲。可不知什么时候，那家人闲坐，灯火可亲的时光，早已离我们远去，远得是那么遥不可及，天涯海角。有时我们需要的并不多，仅仅只需一幅家人闲坐，灯火可亲的画面，就足以抵御尘世中的一切喧嚣，让心灵得以稳稳地安放，安放出一片亲情。

○　安徽省滁州市 2016 年八年级中考模拟题

第七辑
人间最美妙的声音

人间最美妙的声音，不是枪炮声，而是琅琅读书声！每个孩子都有可塑性，有时教育很简单，只需一场春雨，孩子们就能软成一道绚丽的彩虹，闪烁着柔美的光芒。

请让我保有我的茧

　　王小华这学生怎么这么不听话啊，课堂上我已多次强调观看文艺表演的时候不要带别的东西，可他却偏偏带了个魔方，一边在那观看，一边手上不停地快速翻转着，一刻不停。

　　我站在学生后面看得清清楚楚。王小华一会儿将魔方的图案弄乱，一会儿又快速地将魔方的图案复原。旁边几个同学几乎停止了观看台上的表演，目不转睛地盯着王小华手上的魔方，脸上露出惊讶的神色，好像王小华手上的魔方，比台上的节目表演更精彩。

　　我的脸色阴沉下来，一言不发地狠狠地盯着他。有同学发现了我在盯着王小华看，轻轻戳了一下王小华的胳膊，示意我正在看他。王小华回过头来，看到我的表情，滑稽地向我敬了一个礼，然后将魔方放进口袋。

　　看到王小华幽默的表情，我忍俊不禁地想笑出声来。为了不被王小华看出我的失态，我赶紧将头扭向一边走开了。

　　王小华这学生表现什么的都好，就是喜欢玩魔方，从小学三年级的时候，我就发现他喜欢玩魔方，我曾多次提醒他不要玩物丧志。每次他总是歉意地笑笑，将魔方放进口袋里，可过后，他又情不自禁地拿出魔方玩起来。现在都已经上六年级了，可他还依然改不了玩魔方的习惯。我发现，除了他魔方玩得越来越熟练，几乎没有什么意思，我觉得，如果他要是学一种乐器，或者绘画、书法什么的比玩魔方要有意义。我对王小华喜欢玩魔方的爱好，总是不屑一顾，甚至流露出轻蔑和嘲笑的神情。

这天，我下班刚走出校门，忽然听到有人在后面喊我。我回头一看，见是王小华，惊讶地问道："王小华，你有事吗?"

王小华走到我跟前，好像下了很大决心说道："李老师，我理解您担心我玩魔方影响了学习，俗话说，玩物丧志。可是我觉得只要能很好地处理好玩物与学习的关系，并且将玩物结合到学习和生活中去，就未必丧志。我觉得玩魔方锻炼了我的头脑反应和心理素质，魔方有 8 个角色块，12 个棱色块，6 个中心块，它们之间具有相互协调、转换、对应的关系，学习也是如此，各门功课也有个相互协调、转换、对应的关系，只要抓住了它们之间的内在关系，就能达到事半功倍的学习效果。"

王小华一口气将话说完，然后长长地吐了一口气，如释重负地望着我。我仿佛不相信自己的耳朵，没想到，平时话不多的王小华，说起话来竟然滔滔不绝，连珠炮似的，而且说得条理清晰，逻辑严密，让我顿时有种刮目相看的感觉。

一阵风吹来，路旁的柳叶轻轻拂动起来。我用手捋了捋飘向额前的刘海，用手摸了摸他的头，说道："你说得似乎很有道理，可是我还是有点担心你会玩物丧志。"

王小华眼睛里闪烁着清澈的光芒，一字一句地说道："李老师，无论您有怎样的担心，请让我保有我的茧!"说罢，转身跑开了。

我一下愣住了。望着王小华的背影，最后那句话一遍遍地在我耳旁回响……

小升初考试，王小华以优异成绩考取了一所重点中学。临走时，王小华送给了我一个小魔方。他在魔方上，刻上了一行字：请让我保有我的茧。

我将这个小魔方放在了我的办公桌上，清闲下来的时候，我情不自禁地常常将这个小魔方拿在手里玩转起来。渐渐地，我也能将打乱的魔方复原了，并且越来越熟练。我觉得我玩魔方的动作有点像王小华……

　　在教师节文艺表演中，我在台上为大家表演了玩魔方。看到我熟练的动作和技巧，引起大家一片喝彩和赞叹声。我即兴为大家讲述了那个"请让我保有我的茧"的故事。最后，我深情地说道："爱好，永远是每一个人心灵最纯粹的美好。并不只是阳春白雪的爱好，才被称之为美好。那种个人喜欢的别样的爱好，同样能引发传奇的效果。我们的教育，就要能正确呵护好每一个心灵的美好，那个茧，总有一天能开出灿烂的花儿。那花儿，是那么璀璨，直抵人们内心的柔软。"

　　短暂的沉寂之后，响起了一阵热烈的掌声。我看到，有的老师的眼睛里还闪烁出晶莹的泪花……

　　　　　　　　　　　辽宁省本溪市 2016 年八年级中考模拟题

少年的玩具

我发现，班上的子乔太幼稚了，都上七年级了，可他还是像个长不大的孩子。他的书包里总是装着个玩具小飞机、小汽车之类的东西，有一次，他甚至将文具盒拆了，做了个变形金刚。别的同学看见了，也纷纷效仿，请他将自己的文具盒也改装成变形金刚。

我心想，子乔不仅自己贪玩，而且还带坏了班上的风气，这样下去怎么得了，如果再不加以制止，说不定哪一天，他会把桌椅拆了做成超人了。我越想越可怕，恨不得立刻就将子乔叫过来，叫他将那些玩具立刻扔掉，一心一意投入到学习中去。

这天活动课，本该是学生自由活动，做同学们自己喜欢做的事。我却脸色阴沉地走进教室。看到我阴沉着的脸，同学们立刻安静下来，纷纷将目光投向了我，不知道发生了什么事。我走上讲台，叫子乔将书包里的玩具拿到讲台上来。

同学们的目光一下投向了子乔。子乔满脸尴尬地将书包里的玩具拿到了讲台上。我拿起桌上的一个超人，轻蔑地对子乔说道："一个已经是七年级的学生了，书包里还整天装着这么多的玩具，你就像是一个长不大的孩子！"

子乔满脸通红，一脸尴尬和不安。我怒斥道："从今天开始，你如果再弄这些玩具，我就将这些玩具统统扔掉，还要在家长会上向大家宣布你是一个长不大的孩子!"

子乔的脸色由红变白，又由白变红，他将头深深地低下了……

从此，子乔就像变了个人似的，整天沉默寡言，不苟言笑，好像有了与他年龄不相称的深沉。他的书包里再也没有了什么变形金刚等玩具了，书包里只有各种书本。有一次，一个男同学从口袋里掏出一个手工制作的小超人，递给子乔欣赏。子乔像触电似的赶紧摆摆手，转身离开了。

那个曾经活泼可爱、喜欢制作各种玩具的子乔在同学们的视线里已渐行渐远，人们看到的是另一个子乔，一个让他们感到有了陌生和距离的子乔。

每每看到这一幕，我的脸上终于露出欣慰的笑容，觉得子乔终于长大了……

十几年后，我收到一封信，信中写道："李老师，您还记得当年那个总是爱玩玩具的小男孩子乔吗？是的，我就是当年那个子乔。当年因为我爱玩玩具，喜欢做各种玩具，受到了您严厉批评，特别是您那句'你就像是一个长不大的孩子'这句话，让我羞愧万分。我一直认为，那时我已长大，有了一定的责任和担当。可就因为我喜欢和制作玩具，被您说成是'一个长不大的孩子'。

"不知什么原因，我从小就对玩具充满了好奇，我觉得玩具里充满了魔幻般的魅力，强烈地吸引了我去探究里面的知识。自从被您说成是'一个长不大的孩子'后，我的心好像一下变得千疮百孔，满目疮痍。

"可是，在我内心里，那个喜欢玩玩具的梦想一直没有破灭。每当夜深人静，我就躲在屋子里，拿出一个个玩具，我边欣赏边琢磨，那一刻，我的心都快飞起来了，我常常流下幸福的泪水……大学毕业后，我谢绝了许多大公司的邀请，来到广州一家玩具厂，当了一名普通的玩具设计师。在这里，我终于找回了我童年的自己……"

往事如昨，是那么清晰地在眼前浮现。不知不觉，泪水已模糊了我的双眼，信上的每句话，每个字，都重重地敲在我的心上，我情不自禁地喊了声："子乔，老师对不起你，是我让你的心变得沧桑和憔悴，是我扼杀了你童年美好的梦想。"

我从橱柜里拿出当年没收子乔的变形金刚和超人玩具，此时此刻，看着这些玩具，我不禁百感交集，思绪万千……

在学校师生大会上，我举起手上的变形金刚和超人玩具，激动地说道："教育的本质就是引导，我们当老师就要善于发现每一个学生的长处，然后加以引导，使他们永远保有着一颗童心未泯的心，这才是教育的一种最高境界。"

♡　辽宁省营口市 2016 年八年级中考模拟题

死亡学分

丽丽是英国艾斯特里学校一名小学三年级的学生，丽丽9岁的时候，随父母从亚洲移民到英国。丽丽聪明伶俐，能歌善舞，并且会讲一口流利的英语，她很快适应了英国学校的生活。在学校里，丽丽深受老师和同学们的喜爱，同学们亲切地称她是"小百灵鸟"。

丽丽学习很好，从没让父母操过心。第一学期结束后，她的成绩单上每门功课都是5分，只有一门死亡课是1分。丽丽的父母都是计算机专家，对孩子的教育十分关心，他们看到丽丽的成绩单，感到十分吃惊，怎么还有死亡学分？这可是他们从来没有听说过的。

丽丽的母亲赶紧来到学校，向老师询问死亡学分是怎么一回事。

珍妮老师告诉她，死亡课是英国小学生一门必修课，这门课非常重要。死亡，是每一个人都面临的问题，任何人都回避不了，面对死亡，能考查一个学生的综合反应能力。在死亡教学中，我们常常考查学生应该如何避险、如何自救、如何报警等，而在这方面，丽丽的表现却十分欠缺，与别的学生有明显差距。例如，有一次，我让丽丽与几个同学表演外出旅游时，发现有人落水了，应该怎么办？其他几个同学马上开始报警或呼喊，只有丽丽"勇敢"地跳入水中施救。我问丽丽，你会游泳吗？丽丽说不会。我又问，那你为什么要下水救人？丽丽说，这叫"见义勇为!"丽丽的回答吓了我一跳。我告诉她,你这样贸然下水救人,不仅救不了人,而且还有可能使自己丢掉性命,只有学会保护自己,才是一种勇敢行为;还有一次,我组织同学表演过马路游戏。许多同学都懂得红灯停,绿灯行,还要左右观察,快慢有度地走过马路。而丽丽的表现,却不能令人满意。她不仅过马路时和别人说说笑笑,还低头看手机,一点也不懂得观察路面两边的情况,如果这时发生了突发事件,她根本来不及躲闪。

丽丽的母亲听了,大吃一惊,她平时教育女儿就是这样的啊!根本没想到有什么不妥,没想到,这些在英国小学校竟是"水土不服"。

老师又说,有一次,我问同学们,假定有一天,你的爸爸或妈妈突然去世了,你该怎么办?有的同学说,我去找社区儿童救助中心寻求帮助;有的同学说,我去找邻居寻求帮助;还有的同学说,我向老师寻求帮助。我看到丽丽一脸茫然的样子,就问道,如果你遇到这种情况怎么办?丽丽哭泣道,如果出现了那种情况,我也去死,没有了爸爸、妈妈我可怎么活?丽丽的回答让我深感震惊。

珍妮老师说,丽丽在死亡这门课上,显然已与实际生活相脱节,我们教育学生,不仅要学习好,更重要的是要学会生存的能力,而这才是一个学生所必须具备的基本素质。

丽丽的母亲这才明白,女儿的死亡学分为什么不及格,与其说女儿的死亡学分不及格,毋宁说是我们做父母的不及格。教育孩子直面死亡,向死而生,才会使自己活得精彩、活得漂亮。

丽丽的母亲激动地说道:"感谢您教会我死亡这一课,这一课真的很重要,敬畏死亡,才会更好地保护自己,学好这门课,将终身受益。"

辽宁省丹东市 2016 年八年级中考模拟题

冬暖花会开

　　珍妮小姐是墨尔本帕克维尔一所小学 3 年级的英文老师。这学期开学后，她就发现班上原本活泼、开朗的艾尔莎，好像变了个人似的，总是一个人静静地待在一边，几乎从不和班上的同学交往，每天上学、放学，总是一个人默默地走着。

　　看着那孤单、孱弱的身影，不知怎的，好像有一枚银针，深深刺痛了珍妮的心。她多次试图接近艾尔莎，可艾尔莎总是有一种拒人千里之外的冷漠。

　　这天，珍妮买了一个芭比娃娃到艾尔莎家家访。珍妮本以为艾尔莎看到芭比娃娃一定会喜笑颜开，没想到，艾尔莎看到珍妮和她手上的芭比娃娃，脸上毫无表情，她手里摆弄着一辆玩具小汽车，依然是一脸冷漠。

　　那一刻，珍妮的心一下子凉了半截，她不知怎么办才好。

　　妈妈回来了，她看到珍妮小姐来了，和她热情地交谈起来。妈妈不时用眼光瞥向站在门口的艾尔莎，只见艾尔莎低着头，不停地用手摆弄着玩具小汽车，怯怯的样子，妈妈脸上掠过一丝无奈和痛苦。珍妮隐隐感觉到这里面似乎有什么难言之隐。

　　妈妈在送珍妮走出家门时，珍妮鼓足勇气问道，艾尔莎为什么总是闷闷不乐？

妈妈用手抹了抹眼睛，低声说道，以前，艾尔莎是一个十分开朗、乐观的孩子，她喜欢唱歌，那歌声，像林间的百灵鸟一样悦耳、婉转。不幸的是，上学期放寒假的时候，她父亲被一辆小汽车轧死了。从此，她似乎完全变了一个人似的，对什么东西都不感兴趣，一回到家，就拿着个玩具小汽车。听医生说，她这是患了间歇式自闭症，这种病很难治。

珍妮这才明白艾尔莎性格变化的原因，她在深深同情艾尔莎的遭遇后，不禁自责起来。她想，自己是艾尔莎的老师，艾尔莎家里发生了这么大的事，自己却一点不知。

第二天，珍妮走进教室。珍妮对学生们说道，在上课之前，我想先变个小魔术，活跃下课堂气氛。

学生们听说老师要变魔术，立刻兴奋起来。珍妮拿起一本书，对学生们说，我能将这本书变成一辆小汽车。课堂里，响起一阵嘘声，学生们大都表示不相信。珍妮看了一下艾尔莎，发现艾尔莎的脸上闪过一丝惊讶的目光，那丝惊讶的目光虽然稍纵即逝，但没有逃过珍妮的眼睛。

珍妮将书本往空中一晃，说道，变出来了！

学生们哄堂大笑，什么也没有变出来啊，还是一本书。

珍妮狡黠地一笑，打开书本，拿出一张纸展开后，对学生们说，这不是一辆小汽车吗？课堂上又响起一片哄笑声，这是一幅画啊！

珍妮看到，只有艾尔莎的眼睛里露出羡慕的神色。珍妮问道，谁要这幅画？

学生们全都一动不动，珍妮看见，只有艾尔莎悄悄举了下手，又悄悄地放下了。

珍妮说："这幅画就送给艾尔莎，我看到艾尔莎刚才举了手。"

珍妮走到艾尔莎的座位前，将那幅画送给了艾尔莎。艾尔莎脸上闪烁着一缕激动的神情。

从此后，每次上课前，珍妮都要变个小魔术。这些小魔术变来变去，都是书里夹着的一幅画。不同的只是那些画不一样。不仅有各种小汽车，还有小猫小狗小鸟小花……这些图画，有的送给了艾尔莎，有的送给了其他学生。

　　不知从什么时候开始，艾尔莎也喜欢变小魔术了。她画了一些画，然后夹在书本里，像珍妮那样变魔术。她将变出来的那些画，都送给了同学，同学们说艾尔莎画的画美极了。同学们还专门举办了几次艾尔莎图画展。

　　看着画展上，同学们写的热情洋溢的评语，艾尔莎脸上流淌着甜美的笑容，那笑容，像校园里盛开的红牡丹，娇艳欲滴。

　　艾尔莎变了，变得热情开朗了，她走出了心灵的阴影。艾尔莎一点一滴的变化，珍妮都看在了眼里，喜在了心里，她知道，冬暖花会开。她用潜移默化的爱，终于使艾尔莎走出了心灵的寒冷，在冬天里开出了美丽的花来！

◇　辽宁省阜新市 2016 年八年级中考模拟题

"熊孩子"卡尔

卡尔是一个 9 岁的英国小男孩，他的爸爸、妈妈到中国来工作后，他随着爸爸、妈妈也来到了中国生活。

卡尔有一张红红的脸蛋，脸上长着一些小雀斑，一头金黄色的头发，像飘逸的鬃毛。校长告诉我，卡尔从小就在爸爸、妈妈的教育下，能讲一口较为流利的汉语，这样他来中国上学，就能很快地适应新的生活环境。

班上来了个外国男孩子，同学们一下兴奋起来，大家动不动就对他冒出一句："hello，how are you!"卡尔也回一句："fine，thanks! and you?"

第一天上课，班长喊了声："起立!"全班同学刷地一下，像一阵风似的，全都站了起来。我说了句："同学们好!"同学们回答道："老师好!"

可我发现，卡尔坐在座位上，一动不动。他两眼望着全班同学齐刷刷站起来，一脸茫然的样子。

我只好叫班长用英语喊一句："Stand up!"

可卡尔依然一动不动地坐在那，好奇地东张西望后，问道："为什么要起立?"

我哭笑不得地解释道："起立，是表示一堂课开始了，大家都要精力集中，准备认真上课！"

卡尔听了，似乎没有听懂，还是一脸茫然的样子。

我问道："你们英国上课不喊'Stand up'吗？"

卡尔耸耸肩，两手一摊，说道："不喊！"

我对同学们说道："两国国情不同，所以卡尔不站起来，应该可以理解，下面我们开始上课。"那一刻，我感觉自己好像是一名外交官。

一天，上自习课，我让同学们在教室里认真复习功课。过了一会儿，我回到教室，惊讶地发现班上只有几个女同学了。我问："人都到哪里去了？"

一个女孩说道："卡尔领着大家到操场上去踢足球了！"

我气愤地说道："这熊孩子，太不像话了，上自习课，怎么能带大家去踢足球呢？"我气急败坏地往操场上赶去。远远地，就听到操场上传来孩子们一阵阵热闹的叫喊声。我看到，卡尔那一头金色的头发在操场上格外显眼。

我大声喊着卡尔。卡尔气喘吁吁地跑了过来，说道："李老师，你也和我们一起踢回足球吧！"

我气恼地说："简直乱弹琴，你们不在教室里上自习课，跑到操场上踢足球，太不像话了！"

卡尔疑惑地问道："自习课为什么只能在教室里上，不能到操场上踢足球？"

我一时语塞。卡尔拉着我的手，央求道："李老师，别生气了，和我们一起踢回足球吧，大家正在兴头上，这时候回教室，不是太扫大家的兴了吗？"

看到卡尔那清澈的深蓝色的眼睛，好像闪烁着一丝晶莹。瞬间，我仿佛被什么东西击中了内心的柔软，我彻底败下阵来，柔声地说道："好吧，老师和你们一块儿踢会足球。"

卡尔和大家一下欢呼起来，那欢快的欢呼声，在校园的上空久久回荡……

两年后，卡尔和他父母要一起回英国了。临行前，卡尔腼腆地说道："李老师，我有个请求，能让我在教室里，喊一声'起立！坐下'吗?"

望着他那如湖水一般深蓝色的眼睛，我郑重地点了点头。

上课了，我走上讲台，向卡尔示意了一下。卡尔响亮地喊了声："起立!"我亲切地喊道："同学们好!"大家齐声喊道："老师好!"卡尔又响亮地喊了声："坐下!"

同学坐到座位上，卡尔还站那，他深情地说道："感谢大家对我的信任，我终于喊了声'起立！坐下!'了，这真是我最高兴的事，回到英国后，我要对英国老师说，我们以后上课也要喊'起立！坐下!'这句口令，真的像号角，催人奋进、催人向上!"

卡尔走了，这个曾经令我愁眉不展的熊孩子，他这一走，一下子让我心里有种空荡荡的感觉。我发现这熊孩子身上其实有许多优点，他真诚、热情，说话率直，不遮掩、不虚伪；他热爱体育，充满了活力，乐于帮助同学。

卡尔身上所体现出的那些优点，甚至悄悄地改变了我的人生，让我自觉或不自觉地改变着教学方法。他那一头金黄色的头发，像火焰一样，在我心中一直熊熊燃烧……

◇ 黑龙江省鸡西市 2016 年八年级中考模拟题

我扶着您，您携着幼

夕阳的余晖像披上一层金色的羽毛洒在小区的林荫小道上，夕阳透过小道两边的香樟树叶，在地上欢快地跳动着，那跳动的阳光，像一块块碎银，波光粼粼。

我扶着父亲，慢慢地走在这林荫小道上。习惯了，每天傍晚时分，我都要扶着父亲在这林荫小道上散步。空气中，散发着淡淡的馨香，我们边走，父亲边向我轻轻低声说着什么，我不时点着头，脸上露出甜甜的笑容。那一幕，充满了温馨和甜蜜。我多么希望时光就定格在这一刻，成为生命的永恒。

不知从什么时候开始，每当我扶着父亲出去散步，父亲总是有些歉疚地说："我老了，不中用了，给你添麻烦了！"

父亲的话，好像有什么东西一下堵在了我心口，让我喘不过气来。我情不自禁地将父亲的手臂挽得更紧了，我将头轻轻靠在父亲的手臂上，撒娇似的说道："爸，瞧您说的，在我眼里，您还是那么年轻、潇洒，每听您一次叮嘱，我心里就亮堂了许多，我还需要您不断的指点和教诲呢！"

父亲一下乐了，他用手轻轻地刮了我一下鼻梁，含嗔道："这丫头，嘴上就像抹了蜜，说起话来，总是甜蜜蜜的。"

我抬起头，望着父亲，心里陡生一阵嗟叹：岁月催人老。在岁月面前，父亲正在一天一天地老去。但在我心里，父亲依然铁骨铮铮，是条打不倒，压不垮的硬汉，他从没被岁月击倒过，在女儿面前，他就像是一座巍巍高山，让我有了依靠，有了主心骨。

父亲曾是一名新四军战士。在枪林弹雨中，父亲英勇杀敌，屡立战功。他的一条腿上至今还残留着一块日本鬼子的弹片，一到阴雨天还隐隐作痛。但父亲从没有叫疼过。就是在"文革"中，父亲受到不公正的对待，父亲也默默忍受着。他坚定地说，真理是抹不掉的，总有花开天亮的那一天！父亲的坚强和乐观，给了我们儿女一种莫大的鼓舞和信心，让我们看到了希望和美好。

在我的成长岁月里，一直得到父亲无微不至的关心和爱护，当我人生遇到困厄和迷惘时，他总是给我善意地谈论自己的意见和看法，让我有种拨云见日的灿烂和美丽。在我眼里，父亲就像是一部"百科全书"，能为我释疑解惑。

我扶着父亲，慢慢行走在林荫小道上。我不时仰脸望着父亲，还像我小时候那样，脸上露出天真的神情。那情景，仿佛就在昨天。

我多希望能让我一直扶着父亲，父亲携着幼，耳旁不时响起父亲娓娓述说声，我不时轻轻"哎"一声。那脆脆的一声"哎"，仿佛惊动了树叶，树叶慌乱地摇摆起来，发出沙沙声响。就在那沙沙声响下，父亲携着幼，我在幸福地一天一天长大……

◯ 黑龙江省伊春市 2015 年八年级中考模拟题

一场春雨就能软成彩虹

"鲍勃，你站起来，我在上课的时候，你为什么总在下面和人说话?"安娜站在讲台上，气愤地批评一个叫鲍勃的小男孩。

那个被叫作鲍勃的小男孩听到老师在叫他，满不在乎地和旁边叫希莉的小姑娘击了一下手掌，然后扭动着身体站了起来。他站起来后，还挤眉弄眼，向几个男生做着鬼脸。

安娜老师看到鲍勃还是这样嬉皮笑脸，更加气愤，她走到鲍勃跟前，伸出手，要拉他到教室后面站着。鲍勃将安娜的手甩开，一脸漠然地说："我自己会走。"说罢，耸耸肩，走到教室后面站着了。

安娜脸色铁青，转身向讲台上走去，可刚走了没几步，身后就传来一阵同学们的嬉笑声。她回头一看，只见鲍勃站在教室后面，摆出各种健美造型，他的古怪滑稽的样子，引起同学们又一阵哄笑。

安娜看着鲍勃这个调皮的样子，忽然也忍俊不禁地给逗笑了。她无奈地摇了摇头，含嗔道："拿你简直没有办法，如果让你罚站在教室外面，你恐怕都要飞起来了，还是回到座位上去吧。"

听到安娜这么一说，鲍勃微微一愣，似乎感到有些突然，这么快就让自己回到座位上去，这还是第一次呢。鲍勃向安娜用手打出个大大的V，然后兴高采烈地跑到座位上去。刚坐下，他又和希莉小姑娘击了一下手掌，希莉小姑娘向他露出傻傻的笑容，露出了两颗漂亮的小虎牙。

安娜自从去年带三年级这个班后，就发现这个叫鲍勃的小男孩很调皮，他长得高高的，身体很结实，总是一副玩世不恭的样子。别看鲍勃很调皮，可他似乎很有号召力，在他身边总是围绕着几个男生和女生，只要他一个手势、一个眼神，那几个人立刻随他而去。安娜不明白，为什么鲍勃这么调皮，却还有这么大的魅力，总是有一些男生女生围着他转呢？

因为这个班有了鲍勃这么一个小调皮，安娜没少花心思，她用尽了各种批评手段，可鲍勃依然我行我素，一副桀骜不驯的样子。安娜感到很无奈。今天，鲍勃在课堂上这种表现，让她又气又恼，但又有一点隐隐的喜欢，她也说不清这是为什么？

放学后，她将希莉喊到办公室，她想问问希莉，鲍勃这么调皮，而她们为什么总喜欢和鲍勃在一起？

没想到，希莉的回答，让安娜大吃一惊，她说："鲍勃虽然有些调皮，但他乐意帮助别人，看到别人有什么困难，他总是热情相助，所以我们都喜欢和他在一起。"

安娜脸上露出惊讶的神情，她说："能说具体一点吗？"

希莉说："一天，在上学的路上，我不小心摔倒了，脚也崴了，我蹲在路边直哭。这时，正从后面走来的鲍勃，他二话没说，背起我就往学校里走去；有一次，在放学的路上，有几个高年级的同学欺侮我们班上几个男同学，鲍勃看见了，勇敢地冲了上去，三拳两脚，就将他们给打跑了；还有一次……"

希莉一口气说了鲍勃许多好，安娜听了，不禁暗暗自责起来，她想，自己作为鲍勃的老师，对发生的这些事却一点也不知道，真的是一种失职行为。她轻轻拥抱着希莉，说道："谢谢希莉同学告诉了我关于鲍勃的一些情况，鲍勃其实是一个非常好的孩子。"希莉腼腆一笑，露出了两颗漂亮的小虎牙。

上课了，安娜走上讲台，对同学们说道："在上课之前，我想说一件事，鲍勃是一个非常好的孩子，他平时关心同学，乐意帮助别人，我提议让鲍勃当生活委员怎么样？"同学们听了安娜的提议，都举手表示同意。安娜看到，鲍勃坐在座位上，脸上露出一丝羞涩红晕，而他这种羞涩的表情，是安娜第一次看见。

安娜发现，从那天开始，鲍勃似乎像变了一个人似的，上课再也不和别人讲话了，还积极举手发言。一次，安娜组织同学到彼斯堡古城游玩，回来的时候，突然下起了大雨，鲍勃将同学们一个个护送走出一个陡坡，雨水将鲍勃全身都淋湿了，可他依然非常镇静地搀扶着一个个同学，鼓励同学们不要怕。看到安娜走了过来，鲍勃扶住安娜的手说："老师别怕，有我保护着您！"安娜握住鲍勃的手，感到他的手湿漉漉的，但那手心分明传递着一种温暖。

看到同学们一个个都走出了危险地段，鲍勃用手抹了一下脸上的雨水，脸上露出了幸福的笑容。

不一会儿，雨停了，安娜看到，天边露出一道绚丽的彩虹。那彩虹，折射出七彩光芒。她看到，鲍勃沐浴在金色的光芒下，就像天空上那道绚丽的彩虹。

那一刻，似乎有某种东西，触动了安娜内心的柔软。她想，每个孩子都有可塑性，有时教育很简单，只需一场春雨，孩子们就能软成一道绚丽的彩虹，闪烁着柔美的光芒。

◊ 黑龙江省七台河市 2016 年八年级中考模拟题

第八辑
两条相交的平行线

这是两条相交的平行线。无论分开有多远，都会
与你遥遥相望，一直在关注你，祝福你！梦想的
脸面，不分高低贵贱，永远散发着圣洁的光芒，
照耀着我们一路向前！

"小男孩"与"小女孩"

　　小时候，母亲常常给我讲丹麦作家安徒生的童话《皇帝的新装》。这个故事，我听了一遍又一遍，可总感到没听够，一次次缠着母亲，要她给我讲《皇帝的新装》。

　　听后，我总是一次次地问母亲，那个小男孩为什么能看出那个皇帝没有穿新衣服？

　　母亲说，那个小男孩因为诚实，不说假话，所以才说出了他看到的真实情况。

　　我还是没听明白，难道全城的人，只有那个小男孩诚实，其他大人就不诚实？是不是只有小孩诚实，人长大了，就会变得不诚实？

　　心里始终装着这个疑团，我在懵懵懂懂中，一天一天地长大。

　　上学时，一次，在学习鲁迅先生《过客》的文章中。看到里面有这样一个细节的描写：一个叫过客的人，他不知道自己从哪里来，又要到哪里去，一直在路上奔走，很辛苦、很艰难。有一天，快到黄昏的时候，他碰到了一个老翁，就问这个老翁："前面是什么？"老翁说是坟墓。他又问："坟墓之后呢？"老翁说："不知道。"

　　这时，老翁旁边有个小女孩说道："不，不，不是的，旁边还有许多野百合花、野蔷薇，我经常去玩。"

老翁惊讶地问道，我怎么没有发现过？

看到这里，我一下子想起小时候，妈妈常常给我讲的安徒生的童话《皇帝的新装》里的那个小男孩。我发现，鲁迅笔下的小女孩，与安徒生笔下的小男孩，他们都有个相同之处，那就是诚实。他们都有着一双清澈的眼睛，能看见外面真实的世界。

一次，和我坐一排的好朋友王小强考试的时候在考卷下面压着一张小字条偷看，我发现了，考完后，我向老师举报了。老师皱起眉头，说道："你当时为什么不讲，现在讲了，又没有证据，你叫我怎么办？你这不是为难我吗？"

我的眼泪一下子就流了下来，我本来是将我看到的真实情况报告给老师，没想到，却遭到老师一顿数落，弄得我心如刀割，痛苦不堪。

回到家，我将心中的委屈对母亲说了。母亲听了，脸一下子阴沉了下来，她严厉地批评道，你怎么这么傻啊，这种事你看到了，不仅要装着没看见，更不应该跟老师讲啊，如果王小强知道了，你们还怎么在一起做好朋友啊！

没想到母亲也这么说我，从小她不是就教育我要诚实吗？要向《皇帝的新装》里那个小男孩学习，看到什么，说什么，做一个诚实的人，她今天是怎么啦？

再看到王小强，我总感到很别扭，似乎欠了他什么的，一直感到对不起他，我总感到我就是《红灯记》里那个叛徒"王连举"。后来，我终于找了个理由，和王小强调整了座位，我心头的那种"罪恶"感似乎才有所减轻。

一次，和母亲上街。突然看到街上有两个人在打架。我拉起母亲的胳膊，对母亲说道，快走，我们就佯装什么也没看见，这种事，多一事，还不如少一事。

母亲欣喜地抚摩着我的头说，孩子，你越来越聪明了，你真的长大了。

我挺了挺胸脯，脸上露出自豪的神情，那一刻，我觉得真的长成大人了。

突然，我的脑海里浮现出一个"小男孩"和一个"小女孩"，他们都有一双清澈明亮的眼睛，他们稚嫩的声音在耳旁回响："可是他什么衣服也没有穿啊！""不，不，不是的，旁边还有许多野百合花、野蔷薇，我经常去玩。"

我的眼睛里忽然涌出了两行滚烫的泪水，母亲发现了，惊讶地问道，孩子，你怎么哭啦？

我抹着脸颊上的泪水，哽咽道，我哭自己长大了！

○ 黑龙江省大庆市 2014 年八年级中考模拟题

我看你有戏

从小，我就是一个十分孱弱、自卑的孩子，上课从不敢发言。被老师喊起来，从嘴里冒出来的声音，像蚊子哼。看到老师那揶揄的眼神，我变得越发胆怯和自卑。

我最怕的还是每学期结束的时候音乐课考试。音乐课考试要同学一个个站起来唱歌，音乐老师在前面伴奏。平时上课发言都不敢大声，这下，要当着全班同学的面放声歌唱，那真的像要了我的命。

音乐一响，我就急吼吼地唱起来。老师看我心急火燎地唱着，好像在跟别人抢什么东西，索性停止了伴奏，瞪着眼睛看着我，说："你这是在和谁赛跑啊，一口气唱这么多，我根本没法伴奏了。"

老师还算开恩，勉勉强强地给了我一个及格分。这个成绩，在我所有课程中，是最差的。

每次父亲看着我拿回来的成绩单，当看到唱歌成绩时，苦笑了一声："这也不能全怪你，我就不会唱歌，你随我了。"

初一的时候，我到了一所中学。我们的班主任是一个年轻的女教师。她很漂亮，也很活泼，她上课，总是有一种朝气和阳光。

一天，她说在班上要组织一次演讲比赛，然后推荐优秀演讲者参加年级比赛，优胜者还将参加全校演讲比赛。

听到这个消息，同学们都很兴奋，许多同学踊跃报名。看着那些踊跃报名的同学，我心想，他们胆子真大，敢参加演讲比赛。

忽然，我听到老师喊我的名字。我不知所措地站了起来，不知道老师喊我干什么。看到我茫然的样子，老师笑道："你怎么不报名？我看到你写的作文很有情感，如果写演讲稿，也一定会演讲的好。"

我脸一下子红了，感觉脸颊很烫，像是发烧。没想到，老师竟然想让我参加演讲，要知道，小学的时候，我就因为胆怯，上课时几乎还没有发过言，更别说在众目睽睽之下，参加演讲比赛了。

我憋了很大勇气，说了一句："我不会演讲！"

老师一脸真诚地说道："我们每一个人都不是天生就会演讲的，多锻炼几次，你就会越讲越好了。"末了，她又说了句，"参加吧，我看你有戏！"

就这一句，不知怎的，让我的心一下子燃起火一样的激情，我竟鬼使神差地点了点头。

看着老师满意地记下了我的名字，我心里又有些懊悔，心想，我逞什么能呢？下课了，我向老师走去，我想告诉老师，我真的不会演讲，请她将我的名字划掉。没想到，老师看到我走来，竟开口先说道："不要胆怯，勇敢点，我看你有戏！"说罢，还用力拍了拍我的肩膀。这下我再也说不出口了，我只是木讷地点了点头。

演讲稿写好了，我每天对着镜子练习演讲，一个动作、一个眼神，我都反复地练习。我还邀请爸爸、妈妈听我演讲，看我有什么不足的地方。

爸爸、妈妈听了我演讲，感到十分惊讶，他们说："没想到，你演讲得这么好。"

听到父母的鼓励，我的信心更足了。

班上的演讲比赛开始了。我怀着忐忑不安的心情走上讲台，我将我平时在家不知练习了多少遍的演讲，声情并茂地演讲起来。当我演讲到最后一句，"谢谢大家"时，全班顿时响起了一阵热烈的掌声。这掌声，我听起来，是那么动听、悦耳，这是我第一次听到有那么多的人为我鼓掌，我感到心中溢满了甜蜜。

班上的演讲结束后，我被推荐到年级参加演讲比赛。我更加感到惶恐不安，我本以为能参加班上的演讲就很不容易了，没想到还要参加全年级演讲比赛，我一个劲地摆手，说道："我不行！我不行！"

没想到，老师又对我亲切地说了句："我看你有戏！"

就这一句，又燃起了我内心的一股激情和信心。

令人意想不到的是，最后，我又被年级推荐出来，参加了学校演讲，最后还获了奖。一个生性孱弱、胆怯的我，在演讲台上越走越远。演讲的巨大成功，也为我带来了自信，从此，我逐步克服了孱弱、胆怯的心理，变成为一个阳光、热情的人。

我永远也忘不了老师对我说的那句话："我看你有戏！"这句话，一直在我耳边回响。当我人生遇到挫折和困厄时，那句"我看你有戏！"就又在我耳旁响起。这句话，给了我一种信心和力量。是的，永远不要看轻自己，你只要努力，就一定会有戏！

♡　吉林省四平市 2015 年八年级中考模拟题

梦想的脸面

那是小学三年级的时候，一次，老师在课堂上问同学们有什么梦想？

说到梦想，同学们立刻就叽叽喳喳起来，有的同学说将来想当科学家；有的同学说将来想当老师；有的同学说将来想当警察……同学们的梦想很活跃，老师听了同学的梦想，夸赞说，同学们梦想都很精彩，只要刻苦努力，将来一定能够实现。

老师看到座位上的一个名叫黄小强的同学，一直没有说话，就问，黄小强，你的梦想是什么呢？

印象中黄小强同学很瘦小，家里条件似乎不太好，穿的衣服总是很破旧，冬天了，还穿着一双凉鞋，书包好像是一只布口袋做的，上面没有带子，每天上学放学都将书包抱在怀里。

当听到老师问他有什么梦想，黄小强站了起来，桌子晃动了一下，那没有带子的布口袋，突然从抽屉里滑落了下来，书本、笔滚落了一地，旁边的同学哄笑起来，后面的同学不知发生了什么事，还站了起来，侧着身，往这边看着。

黄小强的脸一下子红了，他不知所措地望着老师。老师微笑着让他把书包捡起来。

黄小强将书包捡了起来后，认真地说道，我的梦想是当一名入殓化妆师。

同学们似乎没有听明白，有人问道，什么是入殓化妆师？

黄小强说，入殓化妆师就是给去世的人做最后一次化妆的人，也有叫入殓师。

同学们听了，都露出惊讶的神色，还有的发出嘘声和尖叫声，有的女同学们还吓得捂起了脸。

黄小强一下子感到很窘迫，他不知道为什么自己的梦想把大家给吓着了？

老师微笑道，小强同学，请你说说为什么有这个梦想？

黄小强眼睛里一下子噙满了泪水，他说，去年我爷爷去世了。从小，我就是爷爷带大的，我和爷爷的感情很深。在殡仪馆向爷爷告别时，我看到一个入殓师将爷爷化妆得很慈祥、很温暖，就像爷爷生前一样。那一刻，我对这位入殓师充满了敬重，也就在那一刻，我萌发了长大了也当一名入殓师的梦想，将去世的人，装扮得安详、温暖，我想，这是给他们的亲人最大的安慰。

黄小强说到这里，全班一下子安静下来，同学们的脸上都露出一种凝重的神色，有的女同学还用手轻轻地擦拭着眼角。

老师深情地说道，小强同学，你的这个梦想很了不起，也很伟大，让逝者走得安详、走得庄重，这是伟大的职业，希望你长大了，能梦想成真！

老师又对同学们说道，同学们，有梦想，就会有希望，梦想的脸面，不分高低贵贱，它永远散发着圣洁的光芒，照耀着我们一路向前。

许多年过去了，我不知道黄小强同学以后是否实现了自己的梦想。但老师在课堂上说的那句："梦想的脸面，不分高低贵贱，永远散发着圣洁的光芒，照耀着我们一路向前，"却常常在我耳边回响，让我看到了人生的一种希望和坚强。

吉林省吉林市 2015 年八年级中考模拟题

不落心外的雨

王小强同学是在四年级的时候，从外地转入我们这个学校的。他那天来报到给我留下了一个深刻的印象：他递给我转学报告等材料后，我看到他各科的学习成绩都很好，就随口问了句："你还有什么爱好没有？"

王小强羞涩地笑了笑："我爱好写作。"说完，他从包里拿出几本剪贴本说："这是我在一些报刊上发表文章的剪贴。"

我接过剪贴本，饶有兴趣地看了起来，看着看着，我不由暗暗钦佩王小强的细心和认真。他将在报刊上发表的文章剪下来，注上发表报刊的名称、日期，很详细。我心想，这小男孩真不简单，才这么点大就发表了这么多文章，真了不起，坚持下去，将来一定会有所成就。

王小强还腼腆地告诉我，他在新浪网上开了一个博客。我在百度上搜了一下，果然看到了他的博客，他的博客文章很活泼、风趣，已经有10多万人次的点击率，几千个粉丝了，上面还有许多粉丝热情洋溢的留言。

我惊喜地说："老师正计划将班上的写作爱好者组成一个课外兴趣学习小组，这个兴趣学习小组的组长就由你来担任，你有兴趣吗？"

王小强高兴地答应了。

为了培养学生的课外学习兴趣，我将班上学生的各自不同的爱好，分别组成了美术课外兴趣学习小组、音乐课外兴趣学习小组、英语课外兴趣学习小组……现在，又成立了写作课外兴趣学习小组，这样班上的每个学生，都有了自己喜欢的学习兴趣小组，这对丰富学生的课外生活，摒弃不良的生活习俗，大有裨益。

王小强的写作课外兴趣学习小组共有 8 名同学。平时，这些学生都比较喜欢写作，但是，还从来没有人像王小强那样在报刊上发表文章，看到王小强取得那么大的成绩，大家都很崇拜他，与其他班上同学闲聊起来，说起王小强，常常竖起大拇指，赞不绝口。

王小强将他的写作经验和体会，毫无保留地给大家讲出来，在王小强耐心地讲解和辅导下，写作课外兴趣学习小组的同学们进步都很大，不久，就有好几名同学写的文章在报纸上发表了。同时，他们也像王小强那样，开了一个自己的博客。他们经常互相阅读。星期日，王小强还组织大家到厂矿、乡村采风，开阔了大家的视野，提高了写作素材。这个写作课外兴趣学习小组活动开展得有声有色。

王小强的写作课外兴趣学习小组成绩，引起了其他课外兴趣学习小组同学的关注。渐渐地，有同学退出自己原来的兴趣学习小组，要求加入到王小强的写作课外兴趣学习小组里来了。别的兴趣学习小组，都有了一种不稳定的状况，甚至有了一种嫉妒的心理。

这一切，都没有逃过我的眼睛，心里有了一种深深地忧虑。我想，兴趣是每一个人的爱好，没有高雅贵贱的区别，只要是健康、有益的兴趣爱好，就应该积极鼓励，而不应该这山望着那山高，丢掉了自己最本真的兴趣爱好，否则，对自己的进步不利。组织课外兴趣学习小组本身，就是调动同学们的学习兴趣，如果是互相攀比、嫉妒，那就有悖于组织课外兴趣学习小组的初衷了。

我在班会上对同学们说道，每一滴雨，都有着自己的生命，它们不会因别的雨点大，或者别的雨点小，或者别的雨点落在富贵人家，自己落在污泥浊水中而自惭形秽。没有，每一滴雨都不落心外，它们从天空中，无论落在哪，溅起的水花，像盛开的花朵，绽放在尘世中。我们每一个人，也像一滴小雨点，都有自己的个性和爱好，这才是最真实的自己。

孩子们都很聪明，悟性也很高，我欣喜地发现，大家参加课外兴趣学习小组，不再盲从和冲动了，各小组之间，还经常互相交流学习，取长补短，极大地丰富了同学们的课外文化生活。在同学们心中，都有一滴不落心外的雨，那滴雨，溅起的水花，是那么的美丽、那么的醉人。

同学们在黑板报上写道：不落心外的雨，是雨的性格和品质。拥有一滴雨的胸襟和坦荡，更让人肃然起敬。做一滴雨吧，雨总是专注的、谦逊的；雨，从不落心外。

○ **吉林省白城市 2016 年八年级中考模拟题**

两条相交的平行线

高考失利后，父亲准备让我再复读一年，争取来年再考一次。而我却对复读失去了信心，我和村里的几个年轻后生悄悄地商量好了，准备结伴到深圳去打工，争取早一点赚到大钱。

当父亲得知我的打算后，坚决不同意，他说，再复读一年，如果实在考不上，再出去打工也不迟。

从小对父亲一直言听计从的我，这一次和父亲彻底水火不相容了。我们父子间爆发了第一次冲突，谁也说服不了谁，两人打起了冷战。夜深沉，听到从父亲房间里传出来的鼾声，我悄悄丢下一封信，然后翻出院墙，一口气向村口奔去。

在村口，我与几个年轻后生会合后，就像从笼子里放飞的小鸟，那么快乐和兴奋。星星在天上调皮地眨着眼睛，田野里，小虫在此起彼伏的啼鸣，草茎上已湿漉漉的，轻拂在脚踝上，感到凉飕飕的。我边走边想，爸爸，再见了，我要远走高飞了。

让我们始料不及的是，由于没有学历，在人才济济的深圳，很难找到工作，最后，我在一家企业生产流水线找到一份装配工的活，不仅劳动强度很大，而且工资也很低。但我咬咬牙，暗下决心，一定要混出个人样来，不能让父亲小瞧了我。

一年后，艰苦的生活环境，很快就消磨了我当初出走的那股锐气，我开始懊悔当初说走就走的冲动，我想，如果当初听了父亲的话，留下来复读一年，也许我现在已经坐在大学课堂了。

　　父亲托人捎来一封信，信中说：孩子，当初你执意要出去闯一闯，甚至不惜以断绝父子关系相要挟，我感到很好笑，你真能断绝关系吗？这世上有两条平行线，永远会相交，那就是父与子，他俩永远是两条相交的平行线。平行后，必定再相交；相交后，再平行，这就是父与子。

　　看到这里，我一下哭了。我的脑海里，忽然跳出两条古怪的相交平行线，这两条相交平行线若即若离，肌肤相亲……

　　我打点好行装，踏上回程的列车。望着渐行渐远的深圳，我抹去眼里的泪水，喃喃地说道，深圳，我只是暂时离开，我还会回来的，我俩也是两条相交的平行线。

　　父亲看到我回来了，眼睛里露出惊喜的目光，他用力拍了拍我的肩膀，喜悦地说道："小子，一年不见，身体壮实多了。"

　　我羞愧地说道："一年来，我经历了许多，也悟出了许多，我想再回到学校复读一年，爸，您同意吗？"

　　父亲爽朗地笑道："孩子，无论是什么决定，我都支持你！"

　　我感动地一下紧紧拥抱了父亲，我觉得父亲也变了，变得开明多了，岁月让我们都在悄悄地发生着改变。

　　我又背起了书包走进教室，与其他同学不同的是，我不仅岁数大些，而且手上有一层厚厚的茧子，脸上甚至多了一种沧桑。坐在宽敞明亮的教室里，我很快就安下心来，专心致志地投入到学习中。

　　一年后，我终于如愿考取南方一所重点大学。阳光像披上了金色的羽毛照在大地上，闪耀着金色的光芒。父亲送我走出村口，父亲边走边笑吟吟地望着我，好像看也看不够。终于，他开口说道："孩子，我俩这两条相交的线又要平行了。记住，无论分开有多远，我都会与你遥遥相望，一直在关注你，祝福你。"

我忽然流下了眼泪。我望着父亲，不禁百感交集，心潮起伏。我们父子这两条相交的线又要平行，不知何时才能再相交？

大学毕业后，我很快在深圳一家外贸公司找到一份工作。那一刻，我有一种重回故里的感动。我绕了一大圈，又回到了这里，我与这里又一次相交。

我常常走到办公大楼宽大的落地玻璃窗前，眺望着故乡的方向，我仿佛看到另一条平行线，虽然与我远隔千山万水，却始终与我保持着平行的方向，并随时与我相交。因为我长得再大，飞得再远，他也一刻不曾忽视我这根线条，因为我是他的儿子。

不知不觉，我的眼里噙满了泪水……

　　　　　　　　　　　　　　　　　○　　吉林省松原市 2015 年八年级中考模拟题

一块澎湃的小石子

"周小华，等一下，老师想请你帮个忙，好吗？"看到刚刚从我身边一闪而过的周小华，我脱口而出喊了声。

周小华停下了脚步，有些惊讶地问道："李老师，您找我有什么事？"

"下午放学后，能到办公室帮老师登记下这次考试成绩吗？老师发现你钢笔字写得很工整。"我微笑着对他说道。

周小华听了，仿佛不相信自己耳朵似的，惊讶地望着我。

我走到他跟前，摸了他一下头，说道："怎么，不愿意？"

"不是的，我没有想到老师能让我做这么重要的事。"

我有些内疚地说道："其实老师早就有这个想法了，你的钢笔字写得很好，现在许多同学的钢笔字写得很难看，能写出一笔漂亮的钢笔字真的很难得。"

周小华这才相信，我说的是真心话，他用力地点了点头，眼睛里闪烁着兴奋的光芒。

周小华学习成绩不太好，已经上小学 3 年级了，几门功课考试几乎每次都勉强及格，老师和家长想了很多办法效果也不太明显，看得出，他有种自卑心理，看到老师，总是想回避，不愿和老师多说话。不过，虽然学习成绩不太好，但是他的钢笔字写得却很漂亮，每次看他写的作业，都是一种美的享受。

下午放学后，周小华来到我的办公室，我将考试试卷拿出来，又拿出一本登记本，对他说道："老师马上要去开个会，你就坐在老师的座位上，把每个同学的考试成绩登记在本子上就行了。"

说完，我就匆匆开会去了。

开完会，我回到办公室，发现周小华已经走了，再一看，他已将考试成绩登记好了。我仔细看了看，周小华登记得非常详细、认真，一点没有差错。忽然，我的目光停留在周小华名字的成绩上。只见周小华的名字和那个 61 分与其他笔迹明显不一样，他的名字和那成绩很潦草，上面似乎还有些湿润，我心里不禁一颤。

日子就这样一天天地过去了。不知不觉，我发现周小华各门功课考试成绩都在一点点的进步，一次数学考试还进入班上前 6 名。到了六年级，他已进入全班第 3 名了。这种不知不觉的变化，让我很惊喜。

小升初考试结束了，周小华以优异成绩考上了重点中学。周小华能考上重点中学，既在我预料之外，也在我预料之中。

今天，是这批学生小学期间最后一课，我请周小华谈谈学习体会。

周小华走上讲台，转身向我问道："李老师，您还记得三年级的时候，您让我登记了一次班上同学的考试成绩吗？"

周小华突然问了我这么一件事，我感到有些疑惑，我笑道："是有这么一回事，那次你登记得很详细，给我留下了深刻的印象，你这么一说，我一下子想起来了。"

周小华微笑着点了点头，转身对同学们说道："我以前学习成绩一直不好，在班上的成绩可以说是倒数，老师批评，家长着急，他们想了许多办法，我还是一副无所谓的样子。三年级的时候，李老师让我到办公室帮他登记下考试成绩。要知道，在那之前，从来没有人让我为班上做点事，我好像什么都不如别人，久而久之，我产生了严重的自卑心理，极力与老师和同学们保持着一种疏远状态。当李老师喊我帮他登记下同学考试成绩时，就像一块小石子在我心海掀起澎湃的浪潮，我感到无比激动。在登记的时候，我看到我的考试成绩惨不忍睹，那一刻，我哭了。泪水打湿了登记本，也打湿了我的心……从此，我暗暗铆足了劲，自觉地刻苦学习，就这样，一步一步地走了过来。如果要我说学习有什么体会的话，我想说的是，每一个学生都是好学生，他们都有一种内在的动力，有时连篇累牍地说教，不如在他们心海里轻轻地投下一块小石子。不要小瞧这块小石子，说不定在他们心海里激起澎湃的浪花，这朵浪花，甚至能改变他们的一生。"

周小华声情并茂的一番话，引起大家一阵热烈的掌声，同学们的脸上浮现出激动的神情。我看着台上的周小华，不知不觉，眼睛里变得湿润了……

从此，我知道这样一个朴素的道理：当好一名合格的老师并不难，我们只要善于发现每个学生的闪光点，然后在他们内心里投下一块小石子，说不定，在他们心灵里，就会激起澎湃的浪花。这朵浪花，足以照亮他们未来前进的道路。

◯　吉林省松原市 2016 年八年级中考模拟题

提着皮影上场

　　乡下的二舅有一个绝活——演皮影戏。每到农闲的时候，二舅就挑着他的两个大箱子，箱子里面装着皮影的道具，奔波在十里八乡，为乡亲们表演皮影戏。

　　二舅的皮影戏很受乡亲们欢迎。当月上柳梢，二舅支起他的皮影道具，在一阵小锣敲打声中，二舅的皮影表演就算正式开始了。二舅的两只手，一边拿着皮影道具，在幕后灵巧的摆动着，一边口中说着剧情。观众在幕前，透过灯光投下来的影子，看得聚精会神。

　　那时，我还小，每当二舅到乡下演皮影戏的时候，常常带着我。我曾不解地问二舅，您在表演皮影时，我在幕后观看一点意思也没有，而将头伸到幕前观看，却感到您表演得惟妙惟肖，这是为什么？

　　二舅意味深长地说道，看皮影的乐趣，就在于看它那模糊的影子，一旦没有了影子，就只剩下这丑陋的道具了。说罢，二舅又言犹未尽地说道，生活中，我们每一个人都是提着皮影上场，如果戳破了那道影子，你也就看到的是一副毫无生机的道具。爱护别人的那道影子，对他人也是一种尊重和礼貌，这也是一种做人的素质和底线。

　　二舅的话，我还是听得懵懵懂懂的。

　　一次，村里两户人家不知为了什么闹起了矛盾，继而在家门口互相谩骂起来，火药味越来越浓。二舅走到一户人家，悄悄地拉了拉那人的衣袖，不知轻轻地说了什么，那人听了，立刻停止了争吵，用手摸了摸脑袋，不好意思地回到屋子里去了。另一户人家看到那人突然停止了争吵，并且回到屋子里去了，感到很纳闷。

二舅又走到那户人家，对那人低声耳语一番，那人听了，也赶紧回到屋子里去了。

一场剑拔弩张的争吵就这样平息了。

我疑惑地问二舅，您对人家说了什么，他们怎么一下都不争吵了？二舅说，我对他们说，我们都是提着皮影上场的，别戳破了别人的那道影子。他们听了，就都停止了争吵。

我感到好惊讶，没想到，这句话竟有这么大的能量。

长大后，我到外面闯荡去了。临行前，二舅一再叮嘱我，出门在外，与人交往，一定别戳破了别人的那道影子，我们都是提着皮影上场的。爱护别人的那道影子，也是保护好自己的影子。

二舅三言两语，总是离不开他的皮影。二舅虽然只是一个乡下的老农，没有多少文化，但是，在皮影表演的江湖中，他悟出了人生与皮影的辩证关系，并一直将这种辩证关系，很好地运用在生活中，并且取得了出奇的效果。

人在江湖上行走，永远别戳破了别人的那道影子，你才会赢得别人的尊重。

◯　吉林省长春市 2013 年八年级中考模拟题

别走进对方的死角

晚饭后，我和母亲拉起了家常。说着说着，说起了我的同学小黄。小黄这个人母亲很熟悉，以前我回家时，他经常和我一道，母亲还留他在我家吃过几次饭。

说到同学小黄，母亲关切地问："小黄怎么很长时间没有到我们家来了？"

我脸上露出一丝揶揄的神色，讪讪一笑道："小黄谈了一个对象，那个女的不仅比他大七八岁，而且还带着一个小孩，真不知道他是怎么想的。我多次好心地劝他，叫他不要迷失了自己，有那么多的好女孩他不喜欢，却偏偏爱上一个拖油瓶的，真不知他是中了哪门子邪了？每次劝他，小黄总是嗫嚅着，好像有什么不便说的隐私。劝多了，小黄好像还有点不高兴，对我有些疏远了。这人真有意思，怎么是这样一个人？真把别人的好心，当成驴肝肺了。不行，下次我还要好好劝劝他，我要问清楚，那女的究竟哪个地方值得他这么去爱。"

母亲听了，皱起了眉头，她的脸一下子变得严肃起来，只听见她说道："你不应该走进对方的死角，每一个人内心里都有一个死角，你这样贸然地走进别人的死角，是对别人尊严的一种亵渎和蔑视，当然会引起他的反感。他这样与你疏远一段距离，就是对你提出委婉的批评和告诫。

其实，无论多好的朋友，都不要走进对方的死角，那个死角，只能一个人细细咀嚼和品味，别人擅自进入，就是一种不恭和冒犯。"

听母亲这么一说，我感到十分地惊讶，我怎么没有想到这一点，我以为我和他是好朋友，就应该有什么说什么，没有什么好隐瞒的，没想到，别人的内心里还有一个死角？

母亲看着我不解的目光，用一种不容置疑的口气说道："其实，我们母子之间也有一个死角，我的死角，你就是作为一个儿子也不能随便进入；你也有你的死角，你的死角，我作为母亲，我也不能擅自进入。这不仅是一种尊重，更是一种文明。"

母亲的一番话，像一把锤子，重重地敲打在我的心口上，我的心口感到隐隐地作疼。猛然间，生活中发生的一幕幕事情，像电影蒙太奇一样，在我眼前闪现。生活中，我常常自以为是，看到发生在别人身上有什么不可理喻的事，自己就像个先知先觉的大师，对人家"指点迷津"、"说三道四"。殊不知，在自己自以为"世人皆醉，唯我独醒"中，却走进了对方的死角，触痛了别人内心最忌讳的敏感与柔软。

别走进对方的死角，才能赢得别人的尊重与好感。死角，是易碎品，稍不注意，就将别人的死角碰碎，碰碎的死角，再也拼接不起来了。呵护别人的死角，也是为了更好地保护自己的死角。

诺贝尔文学奖获得者莫言先生在他的《你若懂我，那该多好》一文中写道：每个人都有一个死角，自己走不出来，别人也闯不进去。我把最深沉的秘密放在那里，你不懂我，我不怪你。

◇　安徽省安庆市 2011 年八年级中考模拟题

拾穗的脚步

迈着匆匆的脚步回到乡下，已是晌午时分。午后的阳光，火辣辣的，没有一丝凉意。正是稻子收割的季节，空气中，散发着刚收割下来的稻谷的清香气息，沁人心脾。

路过一块田地，我忽然看见母亲却还在收割好的稻田里拾稻穗。那一刻，我忽然僵住了，站在田埂上，直愣愣地看着稻田里正在拾稻穗的母亲。母亲的身上洒满了金色的阳光，泛着金色的光芒，斑斑驳驳的，很晃人眼。母亲七十多岁了，可是她却在家待不住，她牵挂的是收割好的稻田那些散落的稻穗。那些黄澄澄的谷粒，在她心里，就像金子般的散发着炫目的光泽，熠熠生辉。

只见母亲一手挎着一只篮子，目光在地上四周仔细寻找着。母亲岁数大了，眼睛早已模糊了，可是，我不明白，为什么母亲到了田里，看到那些散落在田地里的稻穗，却一目了然，看的分外明亮。而我却看不见那些洒落在稻田里的稻穗，看到的只是一簇簇稻茬。

我想起自己小时候，每当到了稻子收割的季节，母亲就会叫我到收割好的稻田里拾稻穗。我兴奋地撒着欢，在稻谷飘香的稻田里四处奔跑。说是到田里拾稻穗，可是，疯了一天，却没捡回几根稻穗，多的是身上被刮破了道道血痕和泥泞。

母亲拎着满满一篮子拾来的稻穗，看到这一幕，脸上总是露出一丝嗔怪和爱怜，说道："你看看，稻穗没拾几根，身上倒刮破了这么多血痕，快让我帮你擦擦药水。"

我睁着一双懵懂的眼睛，对母亲说道："我怎么看不见稻田里有掉落的稻穗，您是怎么看见的？"

母亲含嗔道："你拾穗的脚步太慌乱了，只知道在稻田里疯跑，哪能拾到掉落的稻穗？"

母亲的话，让我好生困惑：我拾穗的脚步太慌乱了？

此时，看着母亲顶着这么烈的太阳出来拾稻穗，我心里不禁有些埋怨。稻田里散落的这几根稻穗拾它干什么，现在生活比过去要好多了，家里米缸里，又不缺这几粒谷子，待在家里休息多好。

母亲不经意地抬起头，发现我站在田埂上，脸上露出欣喜地神色，她大声地招呼道："孩子，你什么时候回来的啊？"

我答道："刚回来，正在看您拾稻穗呢！"

母亲笑道："那你下来，和我一块拾下稻穗！"

听了母亲的话，我不由得抬头看了看天空，心里直犯嘀咕，在这么烈的太阳下拾稻穗，真是活受罪。可是，看着母亲那殷殷期待的目光，我迟疑了一会儿，才悻悻然走下田地里。

母亲笑着说道："孩子，我们再将剩下的一半稻田走完，就回家。"

母亲边说边弯下腰，拾起一根散落在稻田里的稻穗。我眼睛漫无目标地看着，似乎看不到一根稻穗。

母亲看着我眉头紧锁，心浮气躁的样子，说道："孩子，不要急，拾穗的脚步不能慌乱，要将心沉淀下来，才能发现散落在田地里的那些稻穗，步伐总是急急躁躁，恨不得一下走到头，这哪能看到那些稻穗。"

拾穗的脚步？母亲又一次说起这句话，让我心里微微一愣，恍如昨日。我不禁注意到母亲的脚步：只见母亲的脚步，始终不急不躁，有种踏实和稳健。尽管艳阳高照，太阳照在人身上，口干舌燥，可母亲依然不受干扰，她的心全部沉浸在这拾穗中。如果用"心无旁骛"这成语来形容，那是再恰当不过了。

我跟在母亲的身后，学着母亲拾穗的脚步。走着、走着，我忽然感到，太阳，已不再那么火辣；口舌，也不再那么干燥；心情，也不再那么郁闷，似乎还有一丝清凉润入心田，眼前变得明媚、清澈起来。一会儿，我手里也握着一小把稻穗了。

生活中，我的脚步早已变得匆忙、慌乱。一直在向前奔跑，须臾不敢停留，以为美景总是在前方。当再次体会到母亲拾穗的脚步，我忽然有了一种豁然开朗的美好。

我缺少的不是勇往直前的勇气，缺少的是这种拾穗的脚步。从容、淡定、心态平和，才是我人生最宝贵的财富。

◇　福建省三明市 2010 年中考模拟题

自由行走的花

田埂上，那不知名的小野花沿着田埂两侧竞相开着，粉红、鹅黄、浅蓝……那指甲大小的小野花，轻轻摇曳着婀娜的身姿，在旷野中，仿佛在顾盼生姿。

也就六七岁光景吧，那还是个少年不识愁滋味的年龄。我在窄窄的田埂上欢快地跑着，田埂边，那些不知名的小野花不时轻轻拂过我的腿边，痒酥酥的，好像伸出柔软的手臂要深情地挽留我。

我一路顺手摘下一朵朵小野花，不一会儿，我手里就握了一大把小野花，那些聚拢在一起的小野花，像一朵盛开的硕大花朵，姹紫嫣红。我抬眼，看到田埂上有望不到尽头的小野花，它们在风中轻轻摇曳着，好像在不住地点头、微笑。

我回过头去，对跟在身后的母亲说道，妈，这田埂上的小野花，为什么这么多？

母亲手里拿着农具，从后面赶了上来。听了我的问话，母亲指着田埂上的那些小野花说道，这些小野花是自由行走的，哪里有田野，它们就会走到哪里开放。行走，是它们的生命，它们在行走中，感受到了春天、感受到了生命的坚强。

我惊讶地看着田埂上的这些小野花，原来这些田埂上铺天盖地的小野花，是在自由行走着，它们将自己的脚扎根在土壤里，在悄悄地行走着，行走在这一望无际的田野里。于是，才有了这番惊心动魄，才有了这望不到尽头的姹紫嫣红。

那是孩提时的记忆，那些在田埂上行走的小野花，在我心中似乎一直充满激情澎湃着，我仿佛听到小野花自由行走的脚步声，那铿锵的脚步声，在田野上像滚滚春雷，在耳边经久回响。

从此，每当我走到哪里，看到田埂边那些小野花，我就会会心一笑，我想起母亲说过的话，这些小野花行走到这里啦！

那年，我来到西藏高原旅游。在高原的一处山坡上，我看到开满山坡的小野花。那些小野花，开得惊心动魄，开得灿烂、开得浓烈。这些小野花和我家乡的小野花几乎是一样的，如果要说有什么不同，这些小野花的花瓣上似乎多了一丝高原红。

我忘情地扑在这些小野花上，侧耳细听，我似乎听到了这些小野花正迈着铿锵的脚步，它们从远处，一路走来，无论什么气候和环境，只要有一寸泥土，它们就能走过来，然后露出自己的笑脸，再一路走下去，走向广阔无垠的大地。它们跋山涉水，永不停息。

那一刻，我哭了，我哭这些小野花的勇敢和毅力。它们似乎就是我家乡田埂边的那些小野花，当我一路辗转来到这里，它们也早就来到了这里。它们马不停蹄地，又甩开腿，又在一路向前。在行走中，它们将自己那片嫣红，尽情地展现给大地、这片蓝天。

我想起了我家乡的一个叫翔的少年。翔在 11 岁的时候得了一种病——强直性脊柱炎，这种病发展下去，他的身体在逐渐僵硬，最后连双腿直立行走都很困难。医生断言，他的这种病随着病情加重，他将很难挪开步子，甚至下地都很困难。

当我从翔家窗前经过时，常常看到翔正站在窗前，默默地看着窗外，眼睛里流露出深深的渴望与留恋。我心想，翔也许今生今世就禁锢在家里了，再也难以走出家门了。

没想到，翔最后成了我们家乡走出最远的一个人。他背着个吉他，成了一名流浪歌手。他走到哪里，就把他的歌声和欢乐留在了哪里。在行走中，他还赢得了一位美丽姑娘的爱情。姑娘背着他已僵硬的身体，继续走下去。姑娘深情地说道，我要背着他一直走下去。行走，就是我们的爱情。

翔伏在姑娘纤弱的背上，从一座城市走向另一座城市。他的脚步，依附在姑娘的腿上，但走得依然铿锵、依然豪迈。他的歌声，感动了无数的人。

母亲在来信中说，翔这孩子，就像田埂边竞相开放的那一朵朵小野花，走到哪，开到哪，他成了乡亲们的自豪和骄傲。

从此，我知道，人生中有一种行走，尽管他们没有健壮的体魄和双腿，但依然可以豪迈地行走在大地上。他们就像田埂边那一朵朵小野花，在尽情地展现生命的美丽和妖娆。

◇　安徽省宣城市 2013 年八年级中考模拟题

母亲是加油站

那年高考结束后，一向十分自信的我竟落榜了。我心灰意冷，感到前途一片渺茫。我打点好一个简单的行囊，和村里几个后生约好，准备去南方打工。

母亲从田里回来，看到我就要出远门的样子，赶紧将肩膀上的农具放下，说了声："孩子，你等一下！"说罢，她急急忙忙走进屋内。

不一会儿，她手上拿出几本书，塞进我的行囊里，叮嘱道："有时间将这些课本再重新温习一下。记住，学习是一辈子的事！就像我们农民种庄稼，每天都要到田间劳作，否则农作物就要荒废了！"

不知怎的，母亲的一番话，让我阴暗的心里，倏然间，仿佛透进了一丝亮光，我的眼前顿时一阵明亮。

外出打工期间，无论工作多么辛苦，一有时间，我就拿出母亲塞给我的那几本课本看了起来。冥冥之中，似乎有一股力量，在支撑着我，我的心里越来越亮堂……

第二年，我再次走进考场，这次终于金榜题名。

我兴奋地向母亲报告这一喜讯。母亲欣喜地说道："你田里的庄稼终于丰收了。记住，学习是一辈子的事！就像我们农民种庄稼，只有每天都到田间辛苦劳作，才会有一个又一个的丰收年！"

我不禁莞尔。顿觉母亲这种比喻真的很形象、很生动，让人多了一份思考和醒悟……

　　大学毕业后，我四处奔波，投出去的简历一份又一份，可工作却很难找。我又感到心灰意冷，愁容满面。

　　我郁郁寡欢地回到了家，垂头丧气，好像霜打了似的。母亲从田里劳作回来，见此情景，揶揄道："不就工作暂时没落实吗？这有什么好唉声叹气的，就像一阵台风刮来，田里的农作物被打趴下了。可台风一过，你只要精心打理，保证来年又是个好收成。"

　　母亲的一番形象、生动的比喻，让我陡生出一缕信心和力量……

　　我在村办电子器具厂找到一份工作。老厂长兴奋地说道："你们有知识、有文化的人来了，我们这个村办小厂一定会大有希望。还是你母亲说得好，再好的牲口，也要有一个好把式，才会越跑越有劲啊！"

　　我听了，心里像洒满一缕阳光。母亲总是用形象、生动的比喻，将生活中出现的困难和挫折，说得浅显、易懂，妙趣横生，让人听了，不觉精神振奋，有一种奋发向上的感觉。

　　一次，阅读书籍，看到著名作家贾平凹在他的散文《我不是好儿子》一文中写道：母亲的伟大不仅仅在于生下儿子，还在于她并不指望儿子的回报，不管儿子离她多远又回来多少，她永远使儿子有亲情，有力量，有根有本。人生的旅途上，母亲是加油站。

　　看到这里，我的目光顿时变得朦胧起来。这话说得多好啊，母亲是加油站！是啊，在我的人生旅途上，每当我心灰意冷，愁容满面时，母亲总是给了我一种信心和力量。母亲就是我人生的加油站，她给了我永往直前的力量和勇气。

　　　　　　　　　　　　◇　安徽省池州市 2013 年八年级中考模拟题

第九辑
长夏开在枝头上

柳枝上，知了在欢快地叫着，长夏开在枝头上，
开在了我的心坎上。我看到，又有一批山里的孩
子走进学校。我知道，我的心已留在了这开在枝
头上的长夏里……

直线不一定是最短

初中的时候，班上有一个名叫郝强的男生。郝强学习成绩中等，文质彬彬，他的作文写得一般。就是这样一个作文写得一般的人，却偏偏爱好文学，他喜欢写诗歌、散文，可每次考试，作文分数并不高。

他的书包里总是装着几本文学书。我到过他家，发现他的书架上摆放着许多文学书籍，有许多我还没听说过。我随手拿起一本翻了翻，发现书上画了许多杠杠，有的字上还注了拼音。

郝强腼腆地对我说，他就喜欢文学，他想将来有一天，自己也能写出一本这样的书。

我没有吭声，只是感觉有些好笑。心想，你作文都没有我写得好，以后还想当作家？我虽然没有看过你买的这些文学书，但我背了不少范文，按照套路，考试的时候总能用得着。数学老师不早就告诉过我们，两点之间最短的距离是直线吗？学习也要会走直线，这样才能花最少的时间，取得最大的成绩。我感觉郝强学习太死了，不会走直线，尽走曲线，那多费时费力。

高中毕业后，郝强考得并不理想，只考了一个二本。听说，他还是作文没考好。我感觉很悲哀，一个喜欢文学的人，最后还是写不好作文。我们在车站分手时，他兴奋地告诉我，他考上的这所大学，是他梦寐以求的理想大学，在大学里，他能更加系统、扎实地学习文学理论知识，这对他写作会有很好的帮助。

我只是拍了拍他的肩膀。心想，你怎么还念念不忘你的写作梦想？你喜欢写作，可你写得并不好，为什么还要坚持？

我和郝强渐渐失去了联系。有同学见面，当聊到郝强时，我们都不由感慨道，郝强太不会走直线了，他真是一根筋，那么固执地爱好写作。有同学说，听说他现在还在写，真不知道他能写出什么结果来。

一晃，又一晃，二十多年过去了。一天，我接到郝强托人带给我的一个请柬，要我参加他的一个新书发布会。我一下子愣住了，郝强，多熟悉的一个名字啊。记忆的闸门一下子打开了。那个爱好写作的青涩男孩一下子在眼前浮现，怎么？这几十年来，郝强一直在写作啊。我不禁感慨万千，心潮起伏。

在新书发布会上，这才知道，郝强早已是一名著名作家了，他出版了十几本书，许多报刊上还开辟了他的专栏。发布会上来了许多读者。我不禁自惭形秽，这么多年来，我已很少看书读报了，那背诵过的几篇范文，也早已忘记了。

郝强在新书发布会上深情地说了这么一段话：中学时，我就爱上了写作，可是，我的作文却怎么也写不好。有的人说我不会走直线，叫我背几篇范文，就可以应付考试了，因为从小数学老师就告诉我们，两点之间，最短的距离是直线。可是，他们似乎忘了还有这样一个定理：在一个斜面上，摆两条轨迹，一条是直线，一条是曲线，起点到终点相同。两个质量、大小一样的小球，同时从起点向下滑落，曲线的小球反而先到达，这就是著名的"最速曲线"定理。我阅读了大量的文学作品，这对我以后的写作，打下了坚实的基础。

那一刻，我才明白，无论遇到多么大的挫折和困难，郝强也不忘阅读，这种方法，虽然不能立竿见影，但却扎实、有力，他走的那条曲线，让我肃然起敬。

○ **安徽省亳州市 2016 年八年级中考模拟题**

春风十里不如你

1

初中二年级的时候，我从一所乡下中学转到城里一所中学上学。一个长期生活在乡下的孩子，到城里这所漂亮的中学上学，一下子让我有种不知所措的感觉，心里充满了惆怅和不安：这里的课程进度不一样、说话口音不一样，就连玩的都不一样。每天的作业都被老师退回来重写，急得我心急火燎的，眼泪都快掉下了。

放学了，教室里，只有我一个人留下来还在重写退回来的作业。看到空荡荡的教室里只剩下我一个人在写作业，操场上，转来一阵阵同学们的喧闹声，我更加手忙脚乱，擦了写，写了擦，"刺啦"一声，作业本被擦破了。我的眼泪一下子流了下来，我感到无比灰心和沮丧。

教室的门被推开了，一串银铃般的歌声传来，蹦蹦跳跳跑进一个女生。女生手里拿着一副羽毛球拍，辫子也散了，脸上汗渍渍的。女生看到教室里只有我一个人还在愁眉苦脸地写作业，愣了一下，然后直接朝我走来。她大大咧咧地走到我的课桌前，弯下腰，看了看我写的作业，嫣然一笑道："老师是这样要求的，你才来，还没有明白过来，我跟你讲讲，你就知道了。"说罢，她在我旁边的座位上坐下了。

一缕清爽的微风，夹着一丝汗渍味迎面扑来，我边听，边忙不迭地点头。她伏在我身边，不时用手指指点点。我刷刷地写着，很快就写完了。

我直起身来，感到一阵从没有过的轻松，这是我这些天来最幸福的一天。

"哦，忘了自我介绍了，我叫黄影水，坐在第三组第3排，你不用介绍了，刚才我看到你作业本上的名字了，你叫李木子，你有木，我有水，'五行'里有'金、木、水、土'之说。"说完，黄影水用手捂起嘴角，嫣然一笑。

从指缝间，我看到，黄影水有一颗小虎牙，很俏皮的样子。

2

不知怎的，自从有了黄影水"仗义相助"，从此，我便有了一种自信和力量，不再感到自卑和无助。每天放学后，她也留在班上写作业，我知道，她这是在陪我，如果我有不懂的地方，她好及时地帮我解答。

让我感到过意不去的是，黄影水已很长时间没有打羽毛球了。

很快，我的学习跟上了同学的步伐，作业已很少出现差错了，还有，我的口音同学们也不取笑了，他们好像也适应并能听懂了。

一天放学后，教室里又只剩下我俩在做作业。不知什么时候，黄影水坐到了我旁边，她捧着一把杏子说："我家院子里的杏树结的杏子，给你尝尝。"

我拿起一颗杏子，用力咬了一口，突然，我皱着眉，龇牙咧嘴，表情很难受的样子。

黄影水用手捂着嘴，咯咯笑着，那一笑，又露出了一颗小虎牙，很俏皮的样子。黄影水笑吟吟道："真没想到，你还怕酸啊，我怎么一点也没觉得这杏子酸?"说完，她拿起一颗杏子放进嘴里，很香甜地吃着。

我心想，她一定有一种不怕酸的免疫抗体。

不过，我对她家院子里的杏树倒挺感兴趣。羡慕地问："你家杏树上结的多吗？"

"多呀，哪天我带你到我家去摘杏子。"

"那太好啦！我还没摘过杏子呢！"

"不过我有个条件，要到我家去摘杏子，下次必须要考进班上前6名。"黄影水眉毛往上一扬，满是傲气。

我心里一惊，脸上流露出胆怯的神色，

"怎么？不敢挑战啊！"她脸上闪烁着一缕轻蔑和不屑的神色。

我硬着头皮挺起了胸膛，说道："哪个不敢？我一定考进前6名，我要把你家杏树上的杏子全摘光，让你哭鼻子！"

"那我就让你吃好多杏子，让你酸掉牙！"说完，黄影水用手捂着嘴嫣然一笑。

从指缝间，我看到，她有一颗小虎牙，很俏皮的样子。

3

黄影水的"激将法"很管用，第二学期，我终于考进班上前5名，与黄影水只差2名。当老师宣布成绩时，我扭头冲黄影水眨了眨眼睛，有种胜利者的姿态。

下课了，黄影水泪眼蒙眬地对我说："对不起，我家的杏树只剩下光秃秃的枝杈了，要到明年才能长出杏子呢！"

她抹了一把眼泪，好像很愧疚的样子。她从口袋里掏出一把东西说："这是我妈晒的杏子干，味道也好呢！"

我心有余悸地拿起一枚杏子干，一尝，发现这杏子干比新鲜杏子好吃多了，甜甜的、酸酸的，很有嚼头。我将她手中的杏子干一把抓了过来，问道："还有吗？"

黄影水眼睛里露出惊喜的神色，马上又从口袋里用力摸索了一会儿，将手摊开，沮丧地说道："只有这几枚杏子干了。"转瞬，她欢喜地说道，"我家还有好多杏子干，以后我天天都带给你吃。"

我津津有味吃着杏子干，说道："这杏子干吃了还提精神，对学习一定会有帮助。"

"嗯，听你这么一说，好像是有这种功能，以后每晚学习，我就嚼一枚杏子干。对了，明年春风吹过，那棵杏树又会结许多杏子了，到时，我让我妈晒好多杏子干，让你吃个够。"

黄影水用手捂着嘴，灿烂地笑着。

从指缝间，我看到，她那颗小虎牙，很俏皮的样子。

我的目光忽然有些湿润，我想说，黄影水，春风十里不如你，当春风吹过，我们将参加中考了，我将会把你的善良和友情带进考场，因为那里有一种信心和力量。我会永远记着那甜甜的、酸酸的杏子，还有一颗好看的小虎牙。

○ 江西省上饶市 2016 年八年级中考模拟题

我们很好

    每次打电话回家，问父母身体怎么样？家里有没有什么事？已是九十多岁的父母，在电话里总是欢喜地答道："我们很好！"

    一句"我们很好"，顷刻间，就让我无端焦虑的心，变得平和、安静下来。

    "我们很好"，一句简单的话，远胜过千言万语，就让我理解了父母生活中的全部内涵和真相。没有什么比得上"我们很好"这句话，更隽永和更深刻了。它让我们有种端坐云端的幸福和美好。那就是，父母的安康，就是我们做儿女的最大的幸福。

    前几天抽空回了趟家。一进家，见母亲还睡在床上，床头柜上，摆满了瓶瓶盒盒的药，周遭萦绕着一种浓浓的阴郁和沉闷。我不安地问母亲："怎么啦，不舒服吗？"

    母亲抬了抬身子，做出努力的样子，微笑道："我很好，只不过想休息一下。"

    见回避不了，父亲在外悄悄地告诉我："这几天，你母亲生病了，一直在社区医院吊水、吃药。"我说："那你们为什么不告诉我一声呢？"父亲说："我们很好，一点小困难，我们能够克服！"

    瞬间，我的眼睛变得一片朦胧。就是在这种情况下，父母还是那句话："我们很好！"此情此景，这句话，听了让人好心痛、好心酸，一下子直抵内心的柔软。我忽然感到，"我们很好！"这句话，可是父母平时对我们说得最多的一句话。那是为了让我们儿女心安、不要牵挂、好好生活，这就是对他们最大的安慰和孝。

有一首歌叫"我很好！"歌中唱道"我现在很好，可以重新起跑，伤痕也是一种骄傲，就算明天整个城市要倾倒，也让我爱到最后一秒。"歌声中，有一种伤感，有一种缠绵，有一种涟漪，更有一种力透心扉的决绝和凛然。

原来，一句"我们很好！"就可以将尘世间的一切，都幻化成最坚强的勇敢和坚强，诠释出一种最美的语言和行动，那就是：温暖和爱。

○ 江西省景德镇市 2015 年八年级中考模拟题

一本"鬼画桃符"的作业

　　尹老师气冲冲地将一本作业本扔到我面前，气愤地说道："李老师，你们班上的崔小向太不认真了，作业做得像鬼画桃符，你叫他罚写100篇!"

　　尹老师掷地有声的一句话，吓了我一跳。昨天我生病，尹老师代我上了两节课，没想到，崔小向的作业却做成了尹老师口中的"鬼画桃符"，这让我很惊讶。我们老师有个口头禅，常常批评学生作业做得不认真叫"鬼画桃符"。崔小向这学生学习成绩很好，每次作业都很认真，从没有出现过像"鬼画桃符"的情况，没想到，仅因为我昨天没来，他就将作业做成了"鬼画桃符"，真的要好好批评他下。

　　我心情复杂地拿起崔小向的作业本，翻开一看，眼前不觉一亮，只见作业做得整整齐齐，字迹工整，只是在每道题的旁边，又画蛇添足似的配了一幅小狗小猫小鱼小虫等卡通图画。再仔细一看，发现这些画与每道题都相映成趣，妙趣横生，很有创意，这些画，似乎将呆板的作业变得生动有趣起来。看着看着，我忽然忍俊不禁地笑出声来，还自言自语道："这些小插图画得真有趣，这是我看到的最有创意的作业了。"

　　尹老师听到了，她惊讶地望着我，嘟哝了一句："真不可思议，鬼画桃符的作业，还看出了新意?"

我一惊，赶紧掩饰起自己的失态，谦和地说道："作业做成这样，是在画蛇添足，我马上去找崔小向问问。"

尹老师的脸色这才有些缓和下来，嘴里还在嘀咕着："作业上画上图，我这是第一次见到过，又不是美术作业。"

尹老师是位老教师，说起来她还是我的老师呢，当我小时候上学时她还教过我，她是一位对教学十分认真的老师。十几年后，我又回到了母校，当了一名中学老师，并且和她搭档，从她身上，我学到了许多教学经验，我常常感激尹老师的传帮带做得好，让我很快地适应了教学岗位。

不过，我发现尹老师在教学中，还存在着一些教条思想，总是按部就班，很难有创新思维。我觉得现在的中学生与我们那个年代的中学生思想相比，他们的思想更活跃，而且很有个性，有时我都被他们的奇思妙想所惊叹，触发了我的教学灵感，并不断加以改进和创新教学。我觉得在教学中，只有增进创新意识，才能更好地适应当今教育的发展需要。

几天后，我搞了一个小小的作业评比活动。我将学生们的作业全贴在教室后面的墙报上，让全班同学自己参与，评选自己认为做得最漂亮的作业。这项活动一展开，得到学生们积极响应。

放学了，同学们还聚在教室后面，一本本作业认真欣赏着，写下自己认为做得最漂亮的作业。看到同学们聚精会神地评选着，我心里暖洋洋的，我觉得这项教学创意很有意思，让同学们用自己的眼光去看，也许比我们老师的眼光去看，更新颖、更独特。

评选结果出来了。让我惊奇的是，崔小向的那配上插图的作业本，成为同学们点赞最多的作业本，被同学们一致评为最有创意、最漂亮的作业本。

尹老师看到同学们的评选结果，大为惊讶。她一遍遍地喃喃自语道："怎么会是这样？怎么会是这样？"尹老师久久伫立在那里，仿佛像个木雕似的……

从那以后，尹老师好像变了个人似的，一扫以往不苟言笑的面孔，脸上常常带着暖暖的笑容。她常常与学生们在一起交流、沟通，课堂上还常常与学生们来个互动，气氛十分融洽。诙谐幽默的话语，不经意地就从她口中流出，增添了一种喜剧效果。课堂上，荡漾着一股股春的暖流，学生们也渐渐地喜欢上了这个头发花白的老师。

尹老师还常常和我在一起探讨教学心得，她看到我的教学笔记，竟如获至宝，借阅了一次又一次，她说："李老师，你的教学笔记让我大开眼界。是的，教学不能仅凭老经验、老方法，也要跟上时代潮流，不断创新，才能适应新的教学要求。"

我尤感欣慰的是，一本被她称为"鬼画桃符"的作业，竟让尹老师改变了思想观念，引进了新的教学理念，我仿佛又看到了曾经那个青春洋溢的尹老师，我在她孜孜不倦的教诲下，在一天天地长大……

江西省九江市 2016 年八年级中考模拟题

美丽的朗读

几十年来，我一直喜欢朗读，每当看到一篇好文章，我总会情不自禁地大声地朗读起来。朗读，使我忘记了周遭的繁杂和聒噪，身心变得平静和清澈起来，沉浸到文章的美好意境中。

喜欢上朗读，还是孩提时养成的习惯。记得那时刚上学，一天，父亲看到我拿着语文课本在默默地看着，就说道："看课文要大声朗读起来！"

我疑惑地问道："怎么朗读？"

父亲拿起我的语文课本，对着课文声情并茂地朗读起来。看着父亲神情庄重，抑扬顿挫地朗读着，我忽然发现，父亲的声音听起来是那么悦耳、动听，仿佛有一种浑厚的磁音深深地吸引着我。没想到，父亲还有这么好听的声音，让我充满崇拜和羡慕。

我学着父亲的样子，也像模像样地朗读起来。父亲夸赞道："对，就这样大声地朗读，朗读不仅可以加深对课文的理解，也能加强记忆，遇到不懂的字，也会通过查字典认识。朗读，也是一种文化的传播，它使受众者，得到一种美的享受和熏陶。"

父亲的一番话，让我一下对朗读产生了浓厚的兴趣，我继续大声地朗读起来。父亲听着我的朗读，还不时纠正道："这里需要停顿下，这里语气需要加重些，这里需要一气呵成"……嘿，没想到朗读还有这么多的技巧和要求，我对朗读一下莫名喜欢上了。原来有一种美好的学习方法叫——朗读。

从此上学，我每天最喜欢的是上"早读课"。每次老师在班上听到同学们朗读声，常常表扬我，说我朗读的声音字正腔圆，铿锵有力。老师还让我当领读者。学校举办朗读比赛，我被大家推荐出来参加比赛。后来，在比赛中，我取得了优异成绩。

到了中学，没有了早读课，我就每天清晨跑到小树林里大声朗读课文。朗读，成了我每天生活的一个习惯。我发现，朗读，无声地加深了我对课文的理解，提高了我的学习成绩，培养了我的自信心。

长大后，喜欢朗读，一直陪伴着我。每当看到一篇好文章，我都会情不自禁地大声朗读起来。如今，在我的影响下，我们全家人都喜欢上了朗读，每天晚上休息，就成了我们全家人的朗读时间，常常一人朗读，其他人认真聆听。接着，另一个人继续朗读。朗读，已成为我们全家人的一种文化生活。

朗读是一种美丽，朗读也是一种文化。在朗读中，我们享受着一种别样的幸福和快乐，体验到人间的真善美。

○ 四川省乐山市 2016 年八年级中考模拟题

穿过岁月遇见你

那年，我刚转到这所学校上中学，一个陌生的环境，使我心里一时感到很不适应，特别是我带着浓重的乡下口音，一张口，就让我自惭形秽，我很难开口，我怕同学们笑话。一种自卑心理无形中显现出来，让我有一种挫败的感觉。

一次，英语老师让我站起来读课文。我刚开口，立刻引起班上的同学哄堂大笑。我一下子窘得无地自容，刚刚树立起来的一点自信心，顷刻间，被击得粉碎。我再也读不下去了，我僵在那，感到时间都凝固了，不知如何应对这种局面。

突然，教室里响起一句悦耳的声音："李木子，你朗读得很清晰，我支持你！"这声音，在哄笑的课堂里，像吹来一缕和煦的春风，在教室里回荡。

我惊讶地循声望去，只见是一个眉清目秀的女生端坐在座位上，脸庞白白净净的，一双清澈的眼睛，分外明亮。她正向我这边看着，还向我竖起了大拇指。这女生叫什么名字我还不知道，更重要的是，在那个年代，男女同学是不讲话的，当时，在众目睽睽之下，她为我说话，是需要多么大的勇气啊！

女生的那句话，仿佛是一枚炸弹爆炸，班上顿时变得鸦雀无声，刚才还哄笑的那些男生女生一个个向那女同学望去，他们满脸都是惊讶的神色。面对投来的那么多疑惑的目光，那女生一脸平静地望着老师，仿佛把问题抛给了老师，让老师来做个解答。

面对班上发生的炸堂现象，正感到束手无策的老师，仿佛也有了一个力量支撑，她严肃地对全班同学说道："张影同学说得很对，刚才李木子同学朗读得很好，请李木子同学继续朗读下去。"

听了老师的话，我才知道，那个女生叫张影，这个名字，立刻深深地印在我的脑海里，心里似乎有了一股力量在支撑着，刚刚熄灭下去的一丝火焰，又重新燃烧起来了。我清了清嗓子，又重新开始朗读起来。这次，班上再也没有同学哄笑了，相反，教室里却有一种出奇的安静，我的那浓重乡音，在教室里回荡。

那堂课上发生的事，可以说是一次转折点。从此，再也没有同学嘲笑我那浓重的乡下口音了，我也敢和同学们大声说话了，脸上荡漾着自信。不过，在我心里始终有着张影的身影，目光常常追寻着她的身影。上课时，看到她神情专注的听课、学习，我都觉得她很美，那种美，让我心中有一种怦然心动的感觉。

可是，自从那天她在课堂上大胆地帮我说了那句话，并没有和我再私下说过一句话，有时我看到她从我身边走过，脸上露出一种浅浅的微笑。我一直想对说句感谢的话，可是，我一直没有勇气。

日子就这样一天天地过去了，一直到高考结束，我也没能和她说过一句话，但在心里，我们似乎都想说一句话，但因为矜持和内敛，我们谁也没有能够再大胆地跨过一步。但冥冥之中，我似乎能够感到，我们似乎都想说上几句话，或者问候一声。

几年后，我终于打破沉默，开始向同学打听张影的下落，可是，几乎没有人知道她现在在哪。有一个同学告诉了我一个她过去住的地方，我如获至宝，利用放假，专程前往她家住的那个地方，可是，眼前是一片拆迁工地，找不到一点影子。

　　转眼三十多年过去了，无论生活发生何种改变，我一直记得那节课上的情景。我常常穿过岁月遇见你，我真诚地对你说道："张影，谢谢你！你的那句'李木子，你朗读得很清晰，我支持你！'这句话，可以说是改变了我一生。几十年来，我经历了许多的人和事，但是，无论生活发生何种改变，当想起这句话，就给了我无穷的力量和信心，还有什么比'我支持你！'更令人鼓舞和信心呢！"

　　我想，穿过岁月遇见你，我们一定没有了矜持和羞涩，我们一定会像今天的中学生一样，那么开朗、那么热情，我们会击掌欢呼，我们会打出大大的 V 式手势，我们会发手机短信，我们会刷微信，加 QQ……总之，当今中学生会的事，我们都会，也就不会有我今天的遗憾和嗟叹了。

　　不过，那也是留给我们那个年代的青涩年华的一段故事，那段故事，虽然波澜不惊，但在我们心里却留下了最唯美的回忆。

　　穿过岁月遇见你。那课堂、那哄笑声、那清亮的声音，又再次在耳边响起。仿佛如昨，历历在目……

〇　2017 年中考语文复习（道客卫卫网）

长夏开在枝头上

天边泛出了鱼肚白，薄雾弥漫在校园上空，像披上了一层纱，缥缈、婀娜；大地似乎才刚刚苏醒，校园柳树上的知了，就迫不及待地此伏彼起地欢叫起来，仿佛在竞相享受这长夏的盛宴。

习惯了，我早早地来到教室将门打开，然后站在教室门口，等待学生的到来。这是我在这山村小学度过的第二个夏季，那柳枝上知了的叫声，让我感到这里的夏天在枝头上，是那么热烈和缠绵，心儿仿佛也被这知了的叫声唤醒。

一年前我刚来到这里的时候，这里已是进入到夏天的尾巴了，还没有感受到这里长夏的热烈和缠绵，今年，我才真正地感受到这山村的长夏是那么隆重和热烈，像大海的波涛，一波连着一波的。

不知不觉，我来这里支教已有一年了，我带的六年级 19 名学生都已毕业了，他们都顺利地进入初中。令我感到欣喜的是，这 19 名学生中，有 6 人考取了县城重点中学。对这些学生，我有着深深的不舍。一年来，我与这 19 名学生结下了深厚的情谊，他们就像是我的弟弟、妹妹。我多想，这开在枝头上的长夏，就一直定格在这里，不要流逝，因为这里留下了我太多的成长。

大学毕业后，我谢绝了父亲给我在南方那座大城市找到的一份工作，悄悄打起了一个背包，来到这所山区小学，当了一名支教老师。刚来到这里的时候，班上 19 名学生只有 11 名学生。听学习委员范小青说，有 8 名同学，他们准备随家长到城里去打工。我听了大吃一惊，还有一年，他们就要参加小升初考试了，在这个关键时刻，他们怎么能丢下书包去打工呢？范小青和另外两个小姑娘怯生生地告诉我，她们准备过两天也跟家长到城里去打工，因为已经有半个多月没有老师给她们上课了。

我急忙告诉她们，我就是来给她们上课的老师，一直要上到她们明年考入初中。范小青和另外 10 个孩子脸上露出惊喜的光芒。那光芒，是我看到过最清澈、最明亮的光芒，顷刻间，仿佛有什么东西击中了我内心的柔软，目光有些湿润。我急忙让范小青带我到村口去拦截另外 8 名同学。

我很庆幸，刚走到村口，我就拦截到一个男生，他正要和他父亲外出打工。看着他那稚嫩的面孔，柔弱的肩膀，我冲动地一下子将那男生紧紧地拥在怀里，好像一松手，那男生就会飞掉了。

那天，我在村口一共拦截到了 6 名学生，还有 2 名学生因听同学讲，学校来了一名新老师，那 2 名男生再也不愿跟父母外出打工了，他们自己回到了学校。

19 名学生全回来了，我开始教他们语文、数学、英语、体育……几天下来，孩子们就喜欢上了我这像大姐姐一样的老师，孩子们悟性很高，学习都很刻苦，他们每天很早就来到了学校，很晚才离开学校，他们仿佛都懂得知识对他们的重要性。时间对他们来说，显得是那么珍贵，因为还有一年不到的时间，他们就要参加小升初考试了，他们中，有几个学习成绩很好，估计考取重点中学问题不大。范小青学习特别好，我常想，如果我晚来几天，她可能就要随父母外出打工了，她将来的命运很有可能大不一样。

那天，我正在上课，突然，教室的门被重重推开了，一股寒风裹挟着一个人冲了进来。那个中年男人扛着农具，一身尘土闯进了教室。他将正在座位上学习的黄小树一把抓住，然后往门外拉。黄小树抓住桌角，拼命反抗着。

我赶忙拦住他，问他要干什么？

那男人急匆匆地说，我要将儿子送到窑厂去上班，那里每天搬砖能挣一块二毛钱，比在这浪费时间划算多了。

我带着哭腔道，黄小树是块学习的料，他的前途不是在窑厂搬砖头，明年他就要小升初了，他很有可能考进重点中学，您再等等，如果考不上，您再让他去搬砖头吧！

突然，令人震惊的一幕发生了。全班的学生哇的一声全哭了，他们全部离开了座位，拉着黄小树，哭喊道，叔叔，黄小树不能去搬砖头啊，明年他就要和我们一起考初中了！

凝重的气氛，仿佛让人透不过气来。黄小树的父亲眼睛也红了，他终于松开自己的手，一句话也没说，默默地走出了教室。

我看到，他转身离开的时候，用力抹了一把眼睛，那背影，显得很沉重、很沧桑……

时间一天一天地过去了，不知不觉，知了开始在柳树上欢快地鸣叫起来，这年的夏季仿佛来的格外早，我的心，也仿佛像知了一样，变得欢快起来。

喜讯传来了，全班19名学生，有6人考进了县重点中学。当得知这一喜讯后，我激动地哭了：我哭这一年的辛劳，终于有了回报。

忽然，晨雾中，传来孩子们欢快地欢呼声，他们张开双臂欢快地向我跑来。我看到了一张张熟悉的面孔，他们好像比一年前长高了，变成熟了。黄小树跑到我跟前，腼腆地说道，李老师，我爸爸说，您是一个好的老师，他还说，您说得对，我的前途不是在窑厂搬砖头！

我摸着他的脑袋，欣喜道，是你的聪明告诉我，你的前途不是在窑厂搬砖头，你将来会搬动更有用的东西！

孩子们笑了，那欢快的笑声，像甜蜜的琼浆，我深深地陶醉了……

柳枝上，知了在欢快地叫着，长夏开在枝头上，开在了我的心坎上……

我看到，又有一批山里的孩子走进学校。我知道，我的心已留在了这开在枝头上的长夏里……

♡　　四川省雅安市 2014 年八年级中考模拟题

桃树绿了，桃花红了

　　校园后面有一片桃树林，这片桃树大概有二三十棵。之所以要说它是"林"，大概是因为在这校园里竟有这么多的桃树，不能不令人惊叹，就这样，大家习惯将它们称之为桃树林了。

　　这片桃树林是校园里一处最美丽的风景线。同学们总爱三五成群地来到这片桃树林，或漫步、或看书、或交谈，抑或摆出各种姿势，拍下青春的倩影。

　　秋天的时候，桃树绿了，开始是嫩绿，最后是一片深绿；春天的时候，桃树开花了，那粉红的桃花，娇艳欲滴；到了夏天，桃树上结满了又大又红的桃，分外诱人。

　　李倩倩就爱来到这片桃树林。中学五年了，每天放学后，李倩倩总爱与同学结伴或者一个人来到这片桃树林，徜徉在这片桃树林，心灵仿佛变得格外清澈和靓丽。不经意间，发丝被桃树枝缠住，好像要挽留她的脚步。她将桃树枝从发丝上慢慢地分解开来，又将发丝理顺，驻足凝望这棵桃树，心中升腾起一缕莫名的惆怅。

　　现在还是秋天，光秃秃的枝杈上，有一种萧条的感觉。她轻轻地折断一根细细的枝丫，发现横断处有青青的嫩绿。她喃喃地说道，噢，对不起，打搅了，桃树还在熟睡呢！她轻轻地拍打着树干，目光中满是温柔，就像轻轻地拍打着一个熟睡的婴儿。

踏在松软的土地上，她的脚步放的很慢、很慢，仿佛生怕惊动了桃树的美梦，亵渎了这份静谧。

李倩倩已上高二了。个头好像见风长，呼啦啦地往上蹿，稚嫩嫩的她，个头一下子窜到170公分，圆润饱满的脸上，像桃花一样粉红、娇艳。衣服穿在身上有一种紧绷绷的感觉，显出了一种曲线美。她常常笑自己，怎么喝白开水都长个？

她想将来考个生物系，专门从事动植物的研究。从小，她就喜欢小猫、小狗什么的。她养了一只猫，已经12年了，据说，猫活到这个年龄已属于高龄了。那只猫对李倩倩很有感情，她在看书时，它就会依偎在她的脚边，她感到脚上有一种毛茸茸的温暖；当她遇到不高兴的时候，猫就会看着她的脸，眼睛里有泪花闪烁；当她高兴时，猫就会撒着欢，上蹿下跳，尽情表演，令人忍俊不禁。

班长王华华对她说过，他将来也想报考生物系。他说，他也养了一只猫，不过猫龄才3年。他说过，他要将这只猫养成一只超级大肥猫。在桃树林里，他给她看过他手机里拍摄的照片，果然那只猫很肥，懒洋洋的样子，煞是可爱。

日子就这样悄悄地划过，天气渐渐地变暖了。一阵风吹来，她忽然发现，桃树的枝条上吐出了点点绿色，嫩绿嫩绿的，像是一个个小脑袋，探头探脑的。她笑了，她知道，用不了多久，这桃树就会开满了粉红色的桃花。这桃花，红得惊心动魄、红的满目生辉。

忽然，她看到前面的桃树林里有一个人的身影，这身影很熟悉。再细看，不禁莞尔一笑，王华华不知什么时候也在这桃树林里。只见他正用卷尺在一棵桃树的枝干上量着，然后在小本子上记录着什么。

他在干什么呢？她蹑手蹑脚地走了过去，然后，大声地喊了一声："王华华！"

王华华一惊，手上的卷尺也掉在了地上。王华华回过头，见是李倩倩，脸上顿时露出惊喜的神色。他笑道，我在记录这棵桃树的生长情况，我已经观察这棵桃树5年了，你看，这是我记录这棵桃树的情况。

李倩倩疑惑地接过王华华递过来的笔记本，她发现本子上记录着许多数据。从树干、绿叶、桃花、桃子、枯叶，一年四季都有记录，甚至一年结了多少个桃，他都有记录。再一看，她发现这棵桃树还被他编了号。

李倩倩不禁怦然心动。没想到，他不仅功课学的好，而且心细如发，将这棵桃树的生长情况记录得这么详细。

她抬起头来，大胆地注视着这张棱角分明的脸。阳光透过桃树的枝叶照在王华华的脸上，很晃人眼。她赞叹道，你真心细，记录得这么详细、认真，将来一定能成为一个生物专家。

听到她的夸赞，王华华显得有些腼腆和羞涩，他说，瞧你说的，将来是什么，我还不知道呢！听一位果农介绍说，要提高桃树的挂果的数量和个头，不仅要搞好桃花的授粉时间，而且还要搞好嫁接、修枝。于是，我就搞了这么一个小试验。几年下来，发现这棵桃树的挂果，果然高于其他果树的挂果，如果将这一方法推广开来，这片桃树一定会结出更多又大又甜的桃子。王华华越说越兴奋，脸庞因兴奋显得更加红润。

李倩倩全神贯注地听着，目光中流露出深深地钦佩。她将头一歪，冲着他，嫣然一笑道，我也想搞一个试验，你教我好吗？

王华华听了，说道，当然可以啊，这下我有了一个志同道合的同学了。

阳光透过桃树的枝杈，照在两人身上，像披上了一层金色的羽毛，周遭萦绕着一种暖洋洋的感觉。

"那就选这棵做我的桃树试验吧！"李倩倩指着王华华那棵桃树旁边的一棵桃树。说完，她从书包里掏出一根红丝带系在了这棵桃树上。

"啊，这系上红丝带的桃树真好看！也给我这棵系上一根红丝带好吗?"王华华不禁脱口而出地赞叹道。

"当然可以啦!"李倩倩从包里又拿出一根红丝带系在王华华的那棵桃树上。

两棵树上的红丝带像跳动的火焰,映红了两张笑脸……

从此,那桃树林、那桃树林中系着红丝带的两棵桃树,成为李倩倩心中深深的牵挂。她想,今年她那棵桃树一定会结满了又大又甜的桃子,不,还有王华华的那棵桃树,我还要和他比一比,看谁的桃树挂的桃多。

想着想着,李倩倩就情不自禁地露出一缕幸福的微笑。笑得很纯真、很甜蜜……

春天到了,李倩倩和王华华放学后来到这片桃树林,仿佛一夜之间,这片桃树林就开满了桃花,粉红粉红的花蕾,迫不及待地想要开放。

两人站在他俩试验的桃树下,仰望着花团锦簇的桃花,脸上露出幸福和憧憬的神情。一阵风吹来,两人身上落下点点花瓣,一点一点,像粉红色的羽毛……

桃树挂果了,越挂越多。两人站在桃树下,伸出手指,仔仔细细地数着:一个、二个、三个……数完了这棵又数另一棵。忽然,李倩倩跳了起来,她拍着手,高声地叫道,我比你多三个!比你多三个!兴奋的呼喊声,仿佛惊动了桃树林,桃树叶发出沙沙的响声,好像也在为他俩拍手、欢呼呢!

看着李倩倩欢呼雀跃的样子,王华华的目光中溢满了幸福的柔情,他想,蜜桃成熟的时候,那里有李倩倩的梦想,也有自己的一片梦想,那个梦想一定会变得分外美丽。

想着、想着,王华华笑了,笑得很甜蜜、很幸福……

湖北省孝感市 2015 年八年级中考模拟题

第十辑
你看你看月亮的脸

谢谢你！是你让我明白了一个浅显而深刻的道理，生活中，永远没有一个标准答案。那些丰富多彩的答案，就蕴藏在你们细致的观察和丰富的想象中。

蝴蝶要眨几次眼睛才学会飞行

夜色渐浓。肖老师还在办公室里批改着语文试卷。肖老师边批改，脸上边露出满意的笑容。她为学生的聪明、认真而感到高兴。

当她批改到王小朋的试卷时，脸色顿时由晴转阴，只见她在试卷上用力打了个叉，由于用力过大，试卷都被戳穿了，殷红的墨水渗透了试卷的背面。只听见肖老师嘀咕道："这王小朋也太笨了，这道题我都讲了三四遍了，他怎么还做错？"

肖老师情不自禁地在试卷的下方写上了一行字：小朋啊，这样一道简单的题你还要做多少次才能做对？

因为脑海里一直想着王小朋，肖老师的脸上很长时间也见不到笑容了……

试卷发下去了，同学们拿着试卷聚精会神看了起来，许多同学还互相比对着试卷。肖老师下意识往王小朋这边看去，只见王小朋的眼睛停留在试卷上一动不动，同座位的同学想看下他的试卷，他立刻将试卷合了起来，脸色通红。

下课了，同学们三三两两走出教室，王小朋一个人默默地走到窗前，他目不转睛地眺望着窗外。

不知什么时候，肖老师走到他的身边。肖老师笑道："在看什么呢？"

王小朋看见是老师，用手指着窗外说道："我在看那树枝上的一只蝴蝶。"

肖老师顺着王小朋手指的方向一看，果然有一只蝴蝶在翩翩起舞。肖老师含嗔道："这么大了，一只蝴蝶好像也没看过？"

王小朋说道："看到这只蝴蝶，我忽然想到一个问题。"

"什么问题？"肖老师疑惑地问道。

王小朋若有所思地回答道："蝴蝶要眨几次眼睛才会飞行。"

肖老师扑哧一下笑出声来，她有些揶揄说道："你瞎琢磨这个干什么？应该把精力用在为什么老做错题上。"

王小朋自言自语道："我在想我老做错题和蝴蝶要眨几次眼睛才会飞行有没有什么必然联系。"

肖老师一下愣住了，她抬头看着窗外树枝上的那只蝴蝶，好像也陷入了沉思，只听到她也喃喃自语道："是啊，蝴蝶要眨几次眼睛才学会飞行……"

又是一堂活动课，同学们在教室里有的在做作业、有的在互相交流着……这时，肖老师推门进来了。

忽然，同学们都停下了手上的事，目光全都投向了黑板，只见肖老师在黑板上写下一行字：蝴蝶要眨几次眼睛才学会飞行。

同学们情不自禁地面面相觑，不知道老师是什么意思，有的还忍俊不禁地笑出声来。

肖老师开口说道："同学们，今天我们讨论一个有趣的问题，蝴蝶要眨几次眼睛才学会飞行？"

同学们听了，立刻纷纷议论开来。有个叫崔子涵的女同学站起来回答道："我看过《动物世界》，上面好像说过蝴蝶要眨6次眼睛才学会飞行。"另一个叫许静的同学回答道："听我奶奶说过，蝴蝶的眼睛要眨8次才学会飞行。"又有一个叫李平平的同学说："我看过一次科普读物，上面好像说蝴蝶要眨 9 次眼睛才学会飞行……"同学们说出各种答案，最多的说蝴蝶要眨 21 次眼睛才学会飞行。

听了同学们的回答，肖老师心中涌动起一股股暖流。她感慨万千地说道："谢谢同学们，听了你们的回答，给了我很大的启示，蝴蝶要飞翔，必须要反复眨动自己的眼睛后，才能够自由地飞翔。同样的道理，同学们在学习中，有时也需要反复地眨动自己的眼睛后，才会避免差错，欲速则不达。"

说到这里，肖老师看了看王小朋，她发现，王小朋眼睛里闪烁着兴奋的光芒，腰杆明显地挺直了许多。

肖老师最后说道："我也曾经反复眨动自己的眼睛后才学会了飞翔，就是到现在，我有时对一个问题，也需要反复思考，才会做出正确的解答。"

同学们会心地笑了。大家情不自禁地夸张地眨着自己的眼睛，伸出两只手，上下摆动着，像一只只美丽的蝴蝶扇动着翅膀……

♡　湖北省黄石市 2015 年八年级中考模拟题

拍打阳光的碎末

教室外有几棵高大的白杨树，阳光穿过白杨树的枝叶透过窗户照进教室里，同学的身上、桌上、地上洒下阳光的碎末。这些碎末泛着亮光，随着窗外枝叶被风吹动，不停地跳动着。有时同学们看到，讲台上老师的身上、脸上也跳动着阳光的碎末。看到那些阳光的碎末，严肃的课堂，仿佛流淌着一种轻松和愉悦的气息。

下课了，同学们三三两两走下座位，有的同学用手拍打着同学身上跳动的阳光碎末，同学笑嘻嘻地极力躲闪着；有的拍打着桌上跳动的阳光碎末，发出乒乒乓乓的响声；有的追逐着脚下跳动的阳光碎末，引来笑声一片……

那个拍打跳动阳光碎末的青涩，一直不曾忘却。很多年后，当我们这些同学再次相聚时，当我们说起那时在学校里最令人难忘的印象，同学们几乎异口同声地答道，拍打阳光跳动的碎末。

回答后，教室里竟变得一片寂静。很久，传来女人的抽泣声，女人边抽泣边说道，这么多年来，她再也没有拍打过阳光跳动的碎末那份单纯和情趣了。阳光跳动的碎末，她似乎再也没看见了，不是没有，而是没有那份拍打的兴致和单纯。

一个简单的拍打阳光跳动的碎末，竟成为一种遥远的过往，甚至再也难以回忆起来。

那一刻，人们的心中似乎变得有些沉重，脑海里那个在课堂上拍打阳光跳动碎末的镜头，一遍遍在脑海里闪现，挥之不去……

回乡下看望母亲。推开院门，看到母亲坐在院子葡萄架下的小凳子上，手里拿着一只苍蝇拍，在身边拍拍打打的。她边笑呵呵地拍打，嘴里还边说着，就你！就你！

我说，妈，您在打苍蝇啦！

母亲抬起头，笑道，这里哪有苍蝇？我在拍打阳光的碎末。

我听了，感到很好笑，说道，妈，您多大了，还有这份童心？

母亲说道，每天我都在这拍打下阳光的碎末，这是我的一种生活，我觉得拍打阳光的碎末很有情趣，它给我带来一种简单和快乐。

我听了，脸上露出疑惑的神情。

母亲抬起头，问道，孩子，你平时也拍打阳光的碎末吗？

我皱着眉，瓮声瓮气地说道，我哪有那份闲情去拍打阳光的碎末，每天从早忙到晚，就是有阳光的碎末在我眼前不停地跳动，我也看不见呀。那还是我小时候上学拍打过，以后再也没有过了。

母亲听了，轻轻地叹了一口气，说道，没想到，你把阳光的碎末都弄丢了。来，坐在我旁边的小凳上，你也来拍打下阳光的碎末。说罢，母亲将手中的苍蝇拍递了过来。

我接过苍蝇拍，坐在小凳子上。我看到，阳光透过葡萄架的枝叶，在地上洒下片片点点的阳光碎末，这些阳光碎末在不停地跳动着。我用苍蝇拍拍打这些阳光碎末，拍来拍去，却总也拍不到。

母亲看着哈哈地笑着，还不停地说着，这儿、这儿，快拍、快拍！

母亲似乎有些急了，她抢过我手中的苍蝇拍，往我身上、头上拍打着，我左闪右躲着，笑出声来。母亲边拍打着，边说道，你这身上这么多的阳光碎末，你怎么瞧不见？

母亲忽然又拍打着自己身上，说道，你瞧，我这身上也到处都是阳光的碎末呢。

恍惚间，那个孩提时代在课堂上拍打阳光碎末的情景，又在眼前浮现。我忽然感到，我和母亲就是当年的那些同学，我们在嘻嘻哈哈拍打着阳光的碎末，也拍打着童年的欢声和笑语。

母亲停下手，意味深长地说道，孩子，这个童年的游戏不应该丢弃，无论长多大，生活阅历有多丰富，变得多么深沉和成熟，永远不应该忘记这份快乐。在拍打中，它会让你在单纯、简单中，找到生活快乐的源泉。快乐永远不复杂，快乐就是时时看到阳光的碎末，然后追逐它们、拍打它们，你的胸中才会永远洒满阳光。

我久久地凝视着母亲，没想到，我那没有多少文化的母亲，竟说出这么充满智慧和哲理的语言，给人带来一种启迪和思考。

我将手伸向母亲，说道，妈，您将这把苍蝇拍送给我好吗？

母亲笑道，你要它干什么？

我说，我也要时时拍打阳光的碎末，在拍打中，去感受和体验更多的生活快乐和情趣。

母亲笑道："这才是我希望看到的儿子，无论生活如何变化，永远是那么的简单、那么的单纯、那么的天真！"

○ 四川省资阳市 2014 年八年级中考模拟题

留一扇心门给自己

听说朋友小王下岗了，我心里感到很震惊。我和小王曾是大学同学，在大学里，小王学习成绩很好，还是一名班长，学生会的副主席，大家都说小王今后一定会前途无量。大学毕业后，小王进了一家企业，从事技术工作。

大学毕业后，我们许多同学过得都很风光，有的赚得个盆满钵满；有的还走上了领导岗位。没想到，几年不见，小王不仅人生没有多大的起色，还下了岗。这不禁令我感慨生活的不公和无奈。

我给他打了个电话，一番嘘寒问暖后，我告诉他，我马上过去看望他。我想，这个时候，小王内心里一定很难过，很需要别人的安慰，听说我要过去看望他，他一定非常高兴，他一定会当面向我发一通牢骚和怨气。

没想到，小王听了，却婉言谢绝了。他说，让我一个人静静吧，这个时候，我不想别人过多的打扰。

小王的回答，让我一下愣住了。没想到，他此时需要的并不是朋友的安慰，而是需要自己静下心。小王的回答，让我一遍遍地回味着。

时间一天一天地过去了，心里常常惦记着小王，不知小王现在怎么样了？

一天，接到小王的电话，小王告诉我，他创办的装潢公司开业了，请我过去参观下。

我听了，再次愣住了。没想到，小王下岗后，不仅没有一蹶不振，反而逆风而上，创办了一家装潢公司，他的这一举动，让我始料不及。

小王的装潢公司很简单，总共只有3个人，但是，小王对他的装潢公司充满了希望。他说，当初下岗后，他谢绝了许多朋友为他开启的一扇扇门，如果进了那些门，也许他过得会顺风些。但他静下心来，好好地审视了自己，他觉得还是自己创业比较适合他的性格。于是，在妻子和家人的支持下，他成立了这家装潢公司，目前还属于起步阶段，但他相信，只要肯吃苦耐劳，一定会越来越好！

小王的目光里闪烁着一丝坚定和无悔，有一种激情似乎在他内心里熊熊燃烧着。我紧紧握着小王的手，不禁感慨万千。

和妻子闹了点矛盾，双方正处在冷战中。母亲得知后，急急忙忙赶了过来，她想劝劝儿媳妇，不要和我生气。没想到，妻子像什么也没有发生过似的，只听到淡淡地对母亲说道，她不想再提那件事了，她需要静静地想一想。

母亲听了，一下子愣住了。母亲没想到，媳妇见到她，没有一把鼻涕、一把眼泪"控诉"着她儿子的不是，而是一片云淡风轻的样子。那一刻，母亲心里仿佛有什么东西重重地放了下来，婆媳之间很快地唠叨起其他一些事情来。

几天后，妻子主动找到我，她诚恳地说道，前几天和我闹矛盾，她仔细地想了想，觉得主要原因还在她，她有些任性和固执，一味地将自己的意愿强加于我，使我感到难以接受，下次她要改改这种任性和固执的脾气了。

我惊讶地望着妻子，没想到，妻子静静地思考后，看到的是自己的不足。静静地思考，会产生另一番美丽的景致。

收看央视《开门大吉》节目，看到这样一个细节：一位嘉宾在台上七扇大门很顺利地全部打开，获得了 2 万元奖励资金，只剩下最后一扇大门。如果打开最后这一扇门，她将获得 3 万元奖励资金。不过观众相信，凭借这位嘉宾的实力，她完全有实力打开最后一扇门，而且她还有一项现场求助没用。

这时，完全出乎观众预料，这位嘉宾放弃了打开最后一扇门的机会。在一片惋惜声中，这位嘉宾笑着说道，留一扇心门给自己，这扇心门永不打开，让心灵在自己空间里舞蹈，会更有一番韵味。

主持人小尼赞赏道，说得非常好！其实我们每一个人都应该留一扇门给自己，让自己的心灵得到沉淀和思考，这更是人生的一种睿智和聪明。

湖北省咸宁市 2016 年八年级中考模拟题

直线用手画才自由

　　小时候在乡村小学上学，那时候，条件十分简陋。教我们的数学老师是一个五十多岁的腿有残疾的老师，走路一跛一跛的。

　　尽管身体有残疾，条件很艰苦，但老师教学十分认真。每天早早地来到学校，又是最后一个离开。学校门前，那条弯弯曲曲的小路上，常常看到他一跛一跛地行走着。

　　上数轴课时，他用手在黑板上画上一条直线，然后开始讲数轴。我很惊讶，他这条直线画得很直，就像对着直尺画上去的。不过，我也很疑惑，他为什么不用直尺画直线？

　　一次下课，我按捺不住好奇地问道，老师，您为什么不用直尺画直线，而用手直接画直线呢？

　　老师笑道，学校经费紧张，整个学校只有一把直尺，我将那把直尺给了那位年轻的老师用，我习惯了直线用手画，直线用手画才自由。

　　我感到很奇怪，怎么直线用手画才自由？

　　老师看到我疑惑的目光，用手摸了摸我的头，说道，用心去画每一条直线，时间长了，你就会发现，用手去画直线，同样画得直，而且得心应手。

　　我记住了老师的话，每天在草稿纸上练习画直线，我惊讶地发现，渐渐地，我的直线画得也很直了，而且得心应手，想画多长就画多长。更为惊讶的是，我们班上的同学都会用手画直线。那条条直线，仿佛画出了每一个同学放飞的心灵。

小学毕业了，我就要到很远的县城去上中学了。老师送给了我一本笔记本。他在扉页上写了这样一句话：直线用手画才自由。

我看了，感到很好笑，我早就学会了直线用手画的这一技巧，难道以后还要学用手画直线？我下意识地用手按了按书包，里面有母亲刚给我买的一把直尺，很漂亮。

老师似乎看到了我疑惑的神色，用手拍了拍我的肩膀，意味深长地说道，生活中，我们常常面对着各种选择和考验，会时时考量着我们对人生的抉择。有时我们需要直线用手画才自由的一种坚持和自由。

老师说完，转身离开了。我抬眼望去，只见老师一跛一跛地走在学校门前那条弯弯曲曲的小路上。看着他的身影，我似乎看到他走的是一条直线……

一晃，又一晃。很快，中学就要毕业了，我开始面临着高考专业选择。我回到乡下那所小学。几年过去了，这所小学还是那个样子，几乎没有什么变化。我曾经坐过的那张课桌和凳子还在。我发现，那张凳子少了一条腿，凳子的一角，垫在几块砖头上。

远远地，我看到他正一跛一跛地往教室走去。我在教室后面找到了一个座位坐下，听他讲课。恍惚间，我仿佛又回到了从前，那时，我像教室里的这些孩子一般大，听他给我们上课，看他用手画直线。

下课了，我问道，老师，我应该考个什么样的专业才有前途？

老师没有回答。他拿起一根粉笔，转身在黑板上画了一条直线。那直线，画得还是那么直。我仿佛听到那直线发出的一种铿锵和豪迈声，似催征的战鼓，发出激动人心的声响。

老师走到窗边，眺望着远方。我顺着老师的目光看去，映入眼帘的是校门前那条弯弯曲曲的小路。只听到老师喃喃地说道，我老了，那条小路我快要走不动了。在那条弯弯曲曲的小路上，我希望能看到年轻人的身影，将那条弯弯曲曲的路走直了，走成一条直线。

我看到，老师的目光里，闪烁着一丝浑浊的泪花。我心里猛地一颤，在遥远的天幕中，似乎有一种声音在我耳旁呼唤，如帛撕裂声，撞击着我的心扉……

我报考了一所普通的师范学校。有同学问我为什么不报考个热门专业，将来能留在大城市，拿高薪。

我眺望着远处的山峦，喃喃地说道，有一个老师曾经告诉我，直线用手画才自由。老师一直用这句话教导我，似乎想告诉我一个什么事理。现在我终于明白了，我想将那条乡村小学门前的那条弯弯曲曲的路，走成一条直线。

　　湖北省随州市 2014 年八年级中考模拟题

你看你看月亮的脸

师范学校毕业后，我来到一所小学，当了一名三年级的语文老师。第一次走上讲台，看着讲台下那一张张充满稚气的脸，好像就是昨天的我。真快啊，转眼，我也成了一名老师了。

很快，我就和这些学生们熟悉了，并成了要好的朋友。和这些孩子在一起，我就像他们的大哥哥、大姐姐，心中充满了甜蜜和快乐。

一次，我给学生们布置了一篇作文，题目是《月亮》。我想考察一下学生们观察事物的能力。第二天，同学们将作文交了上来。我在批改作文时，发现了一个奇怪的现象，同学们在描写月亮时，有的描写月亮是一轮红红的月亮挂在夜空中；有的描写月亮是蓝蓝的月亮散发出幽幽的光芒；有的描写月亮是黄黄的光芒在月亮周围由浅变浓，渐渐地变成一轮黄月亮……

看了这样的描写，我感到很惊讶，这些小学生怎么能这样乱描写呢？月亮不就是银白色的吗？学生时代，我曾经就将"一轮银白色的月亮悬挂在天空中"、"月亮升到冷清清的天空，白晃晃的一片晶莹"、"一轮圆月，像一盏明灯，高悬在天幕上"这样的句子抄写在小本子上。那个小本子上面我抄写了好多好句子，写作文时，经常将这些好句子抄写到作文上。老师夸我描写得很准确、细致，有时还当作范文在班上朗读。这样的句子我记得清清楚楚，难以忘怀。

我在那些同学描写月亮的句子上，都打了个大大的问号。作文本发下后，我专门讲了这样的例子，我还将我学生时代抄写描写月亮的句子讲给同学们听。许多同学听了，有种恍然大悟的样子，有的还饶有兴趣地将我讲的那种描写月亮的句子记在本子上。看到同学们认真的学习态度，我心里很高兴。

下课了，有个名叫黄小灿的男生走到我跟前，轻轻地对我说了句："李老师，我想单独和您说件事！"

看到黄小灿一脸认真的样子，我好奇地跟着黄小灿来到走廊上。我和蔼地问道："黄小灿，有什么事？"

黄小灿抬起头，一脸认真地对我说道："李老师，我觉得您刚才在课堂上讲的那些描写月亮的句子是不全面的，月亮不仅仅是银白色的，有时真的会出现红红的月亮、蓝蓝的月亮、黄黄月亮，甚至还有浅绿色、暗灰色、深褐色……"

听了黄小灿的一席话，我吓了一跳，我怎么从来没有感觉到有这种颜色的月亮？看到我疑惑的神情，黄小灿又说道："李老师，如果你不相信，晚上的时候，您可以仔细地观察下天上的月亮，就可以发现月亮是有不同的颜色。"

我愣了好久，一时不知所措。过了一会儿，似乎才回过神来，我笑了笑，笑得似乎有些尴尬和勉强。我摸了摸黄小灿的头，轻轻地说了句："好的。"

看着黄小灿蹦蹦跳跳进了教室，我心里好像有了心思，脑海里不时跳出一轮月亮，那月亮一会儿红、一会儿蓝、一会儿绿……不知不觉，我感觉脸颊上有些发烫……

这天我觉得过得特别慢，让我有些心神不定。天终于黑了下来，我迫不及待地站在夜空下，仰望着苍茫的夜空，盼望着月亮能早一点出来。

渐渐地，那月亮出来了，那月亮浅浅的、淡淡的，像鹅黄，嫩绿，浅白……一点一点，像水墨丹青，袅袅娜娜洇散开来。夜色越来越浓，那月亮，似乎也在一点一点地变幻着，那变幻的月光，在我心里像一团火焰在燃烧……

从此，每当到了夜晚，我都养成了习惯——看月亮。令人惊讶的是，我真的看到了黄小灿同学说的那种月亮的颜色，那一刻，我有种羞愧和欣慰，还有一种豁然开朗的美好。

又是一堂写作课。在写作前，我将黄小灿同学对我说的那句话对同学们说了，同学们听了，都露出惊讶的神情。我对黄小灿说道："谢谢你！是你让我明白了一个浅显而深刻的道理，生活中，永远没有一个标准答案。那些丰富多彩的答案，就蕴藏在你们细致的观察和丰富的想象中，在你们细致的观察和丰富的想象中，你会感到你的思绪如天空般宽广、无垠。如果你说月亮的颜色，除了银白色，还有红色、绿色、黄色……那么，我要说，我可爱的同学们，说不定，将来你也会成为下一个诺贝尔文学奖得主了。"

同学们都开心地笑了，笑得很灿烂、很明媚。看着那一张张可爱的笑脸，我也笑了，还笑出了眼泪……

我发现，同学们作文开始写得更加丰富多彩了，那充满智慧的语言和想象，让我看到了一颗颗纯洁、美丽的心灵，在广阔无垠的天空中自由飞翔……

山东省济宁市 2016 年八年级中考模拟题

兜了一圈的阳光

我打着哈欠，慵懒地走出屋子。一缕朝霞照在头顶，我下意识地眯起眼，用手遮挡在额前，我看见母亲已在院子磨豆浆了。清晨的朝霞，在母亲身上投下柔和的光芒，在磨豆浆的热气下，氤氲着袅袅娜娜的一缕光晕。磨盘下的水桶里已磨出大半桶的浆汁，看得出母亲已在这磨了很长的时间了。

母亲有一个做豆制品的好手艺，她磨出的豆浆，经过一套工序，可以做出豆腐、豆干、豆腐果、千张，还有豆腐脑。贫困的生活里，因母亲的这个手艺，竟多出了一份明媚。

我喝了一碗母亲刚刚做好的豆腐脑，吃完几块母亲烙的饼，然后背起书包上学去了。走出院子，我下意识地回过头，看见母亲身上披满了朝霞，好像沐浴在一片金色的光芒中。不知怎的，母亲身上那金色的光芒，一直在我脑海里闪现。

傍晚，我放学回来，一进院子，就看到母亲还在院子里忙碌。我惊讶地发现，母亲身上落满了金色的晚霞，闪烁着璀璨的光芒。我不禁脱口而出道："妈，我早上上学的时候，就看到您身上披满了朝霞，现在放学回来，看到您身上还是落满了金色的晚霞，好像阳光一直在围着您身上转呢。"

母亲抬起头来笑道，孩子，你说得很对，这兜了一圈的阳光又回来了，人啊，有时就是在兜圈子，跳出这个圈子，就成不了自己了。

兜了一圈阳光又回来了？我很好奇地问道。

是啊，我从小就学会了做豆腐，那时，你奶奶做的豆腐，在这十里八乡可有名啦！在你奶奶言传身教下，我也做得了一手漂亮的豆制品，被乡亲们亲切地称呼为"豆腐西施"。后来，我丢下了这门手艺，去学裁缝了。不成想，遇到了现在艰苦年代，为了解决一大家人的吃饭问题，我又重新操起了做豆制品这个旧行当，这个旧行当可起了大作用了，使我们这个家在这艰苦的年代，有了继续生活下去的希望和勇气，同时，还帮助了许多乡邻。我常说，我这是兜了一圈阳光又回来了，看来，人这一生就是在这兜圈子，就像这阳光，从朝霞到晚霞，兜了一圈又一圈。

听母亲这么一说，我对母亲这兜了一圈阳光做豆制品的手艺，不禁肃然起敬起来。我拿起一个豆腐果，对着天空中的那片晚霞，我仿佛看到了阳光的光圈，那光圈熠熠生辉，耀眼夺目。

那时，我对无线电半导体产生了兴趣。虽然生活很艰苦，有时买个二极管、三极管都很困难，但是，我仍然省吃俭用，买来一些废旧的电子元器件，就是在那种十分困难和简陋的条件下，我竟组装出一台半导体收音机，轰动了整个村子。

每天村里的小伙伴都聚在我家，聆听从这半导体收音机发出的声音。走在村子的路上，常常听到村民们指指点点议论道，这娃真不简单，竟会装半导体收音机，真了不起。

一次，生产队的大喇叭不响了，眼看就要到了广播时间了，那个广播站的技术员还没有修好，生产队长急得找到了我，问我能不能修好？

我去了，一检查，发现原来是一个二极管原件坏了，我换上一根新的二极管，广播立刻就响了。生产队长高兴地奖励给我 5 斤大米，还拍着我的肩膀说道，小朋友可真不简单啊，会这门技术有出息，将来一定不愁没饭吃。

我高兴极啦，这5斤大米在当时，够全家人吃半个月的了。

后来，我考上了大学，在城市里生活下来了，那个少年时的无线电爱好，也早就束之高阁了。

一晃，又一晃，许多年过去了。年届50岁，我遭遇到人生滑铁卢，因所在的企业破产，我下岗了。我一下子感到束手无策，不知该如何走出困境。

母亲听说我下岗了，不顾已是80高龄的人了，专程从乡下赶了过来，她还给我带来了她亲手做的豆制品。

她看到无精打采的我，问道，孩子，你这样可不是个办法，应该想想办法去做点事。

我哭丧着脸说道，我能干什么呢？在机关待了那么多年，什么也没学会，只会做一些行政事务性的工作。

母亲听了，许久没有说话，停了好一会儿，母亲淡淡地说了句，兜了一圈阳光又回来了！

我不解地问道，什么兜了一圈阳光又回来了？

母亲说道，你还记得你小时候，我对你说过的话，人这一生就是在这兜圈子，就像这阳光，从朝霞到晚霞，兜了一圈又一圈。我小时候学会做豆制品，后来到了艰苦年代，我又重新操起了这门手艺，幸亏有了这门手艺，使我们全家度过了那个艰苦年代。

我努力挤出了一丝笑容，说道，我想起来了，您是说过这句话。忽然，我好像想起了什么，我一拍大腿，笑道，有了，我小时候不是会无线电吗？现在不是又有了用武之地吗？妈，您说得对，兜了一圈阳光又回来了。

母亲笑了，笑得很舒心、很明媚。

不久，我的家电维修部开业了。由于我技术好，价格合理，家电维修部的生意十分兴隆，每月的营业收益远远超过我过去工作的收入，更重要的是，我过得十分开心，少了许多的烦心事。每天维修部打开门，我迎来了天边第一缕朝霞，傍晚关门的时候，我沐浴着一身晚霞。

我常常感叹道：兜了一圈阳光又回来了。

○　山东省东营市 2014 年八年级中考模拟题

纸飞机也可以有梦想

下课了，同学们有的跑到教室外面，有的在教室里打打闹闹，教室里顿时热闹起来，只有安尔一个人还坐在座位上安静地折着纸飞机。

10岁的安尔会折许多种纸飞机，他折的纸飞机往窗外轻轻一掷，就能在天空中悠悠地盘旋着，飞出一道优美的弧线。那悠悠地盘旋的纸飞机，常常引起操场上的同学仰头观看，并发出啧啧赞叹声。

珍妮小姐一带这个班，就发现了安尔这个同学与其他同学有点不一样，当别的同学纷纷三三两两在一起玩耍时，他总是一个人安安静静地坐在座位上折着纸飞机。后来，珍妮小姐听说安尔是一个孤独症孩子，总是一个人玩，几乎从来不跟老师和同学说话。

珍妮听了，心里一阵疼痛，胸口好像堵得慌，一时喘不过气来。原来，珍妮也曾经是一个孤独症孩子，后来，她遇到了人生中的一个好老师，是她用充满爱的心灵，使她一步一步走出了封闭的世界，向世界敞开了自己的心扉。

她想，如果当初不是遇到了那位好老师，她现在肯定还在自己的封闭世界里。当她走出那个封闭的世界，才知道外面的世界是多么的精彩、多么的妖娆。在这片姹紫嫣红的世界里，她幸福地拥抱着这个世界，并且一直走到现在，成为一名小学老师。

她再次深情地望着安尔，看到安尔一个人坐在座位上，安静地折着纸飞机。她知道，在他那个安静的世界里，他一定感到很幸福、很快乐。可是，那个世界是那么孤独、那么单调，没有色彩、没有喧闹，与外面的世界格格不入。

　　她看着安尔，目光中充满了柔情，仿佛要融化这个世界。

　　她走到安尔的座位前，拿起安尔折的一架纸飞机，她发现，安尔折的纸飞机，非常逼真，连驾驶舱里面的飞行员都显示出来了。珍妮小姐拿着这架纸飞机，眼睛里露出惊喜的光芒，说道："安尔，你这纸飞机折的太好了，能将这架纸飞机送给我吗？"

　　安尔抬起头来，眼神里掠过一丝喜悦的光芒，这道掠过的光芒，像一道闪电。安尔羞涩地点了点头。

　　珍妮俯下身子，在安尔的额头上轻轻吻了一下。安尔的脸刷的红了，红到了脖颈。珍妮心想，安尔也懂得害羞的，他也是一个情感十分丰富的孩子，只要能积极引导，他一定能走出他那个封闭的世界。

　　珍妮走到窗户前，将手上的纸飞机往天空中轻轻一掷，纸飞机在天空悠悠地盘旋起来。珍妮拍起手，大声地惊呼道："安尔快来看，你的纸飞机飞起来了，飞得好高好远。"

　　安尔听到喊声，起身离开座位，走到窗前。许多同学听到喊声，也跑到窗前，拍起手，欢快地叫道："安尔的飞机飞得真高真远！"

　　安尔望着天空中那悠悠盘旋的纸飞机，脸上露出一丝羞涩的红晕。

　　珍妮小姐转身对同学们说："同学们，安尔聪明不聪明啊？"

　　同学们响亮地回答道："聪明！"

　　安尔的脸上更红了。

　　珍妮小姐和同学们一个个走到安尔的跟前，轻轻地拥抱着他，一个个俯在他的耳边说道："安尔，你真了不起！"

　　珍妮小姐看到，安尔的眼睛里闪烁着一丝晶亮的东西，那丝晶亮，像一颗珍珠。

珍妮小姐专门开设了一门手工劳动课，看哪个同学折的手工艺品最精致、最灵巧。同学们折的手工艺品可多啦，有小鸟、小鸡、小鸭、小马……但同学们一致认为，安尔折的纸飞机最精致、最灵巧。

珍妮小姐给安尔胸前戴了个大红花，还聘请安尔给大家当手工课的老师，请他教大家折纸飞机。安尔显得局促不安，脸更红了。同学们都拍起手掌，高呼道："安尔，给我们当老师！安尔，给我们当老师！"

在大家热情鼓励和欢迎下，安尔走上讲台，开始教大家折纸飞机。安尔教得可认真啦，他将一张纸拿在手里，每一次折痕、每一次翻转，他都讲得格外认真，那一刻，人们才似乎看清，原来安尔和他们一样，也是一个情感十分丰富的人啊。

在安尔的影响下，全班同学都喜欢上折纸活动，教室的墙上，贴满了同学们折的各种手工制品，大家常常在一起，互相交流折纸的体会，大家感到很幸福、很快乐。

不知不觉，安尔融入全班集体生活中了，大家在一起学习、跑步、打球、做游戏，当然，大家最乐意的事，还是在一起折纸飞机，许多同学折的纸飞机，像安尔折的一样，飞得又高又远。

同学们说："是安尔的影响，使我们爱上了折纸飞机。"安尔说："是同学们热情、友好，让我融入到这个集体中来，让我这架纸飞机也有了梦想。"

操场上，安尔和同学们一起欢快地掷着纸飞机，那一架架五颜六色的飞机，在蔚蓝的天空下，悠悠的盘旋着，划出一道道优美的弧线。安尔和同学们欢快地跳跃着，幸福的笑容在他们纯真的脸上荡漾。

操场边，珍妮小姐远远地看着这一幕，不知不觉，眼里流下了幸福的泪水。她拿起手中的一架纸飞机，向空中用力抛去，那架纸飞机盘旋着，很快就融入那些飞机中去了。

珍妮小姐幸福地笑了，笑得很甜、很美……

山东省德州市 2016 年八年级中考模拟题

第十一辑
脱了蟹壳才有肉

永远不要轻易地去评论一个人，哪怕那个人对你
很不友好。当脱下他的蟹壳，也许你会看到另一
种灿烂。只有放下心中那一个个无厘头的记恨，
人才会活得干净、活得洒脱。

你真是个好孩子

"黑柳彻子，你站起来，你真是个不听话的孩子，你就喜欢看着窗外。"讲台上，一个年轻的女老师突然发出严厉地喊声，班上的同学全都扭过头去，看着那个叫黑柳彻子的人。

一个六七岁的小姑娘听到老师叫她，一脸茫然地从座位上站了起来，眼睛还不时瞥向窗外。

老师怒气冲冲地走到小姑娘的跟前，顺着小姑娘的视线向窗外看去，只有窗外一片寂静，什么也没有。老师不解地问："这窗外什么也没有，你为什么总喜欢看窗外？"

小姑娘稚嫩地回答道："不，我看到了操场上有几只小鸟在飞来飞去，还有阳光照在树叶上闪烁着金色的光芒，我还感受到风从操场上刮过的声音。"小姑娘话刚说完，全班响起一阵哄笑声，有几个小男生还兴奋地用手敲打着桌面。

老师气急败坏地怒吼道："黑柳彻子，你还敢和老师犟嘴，明天将你妈喊来，如果再这样下去，就将你开除。"

小姑娘眨着一双天真无邪的大眼睛望着老师，脆脆地答道："好，我回家告诉我妈，叫她明天就到学校来一趟。"

看着小姑娘满不在乎的样子，老师怒气冲冲往讲台上走去，边走还边嘀咕："真是个傻丫头，等把你开除了，你哭着求我也没用。"

黑柳彻子上小学二年级，对学校的一切都感到很新奇，什么东西在她眼里，都要观察个不停。那个年轻的女老师，已将她的妈妈喊来多次了，可效果一点也不明显。这次，老师又一次叫她将她妈妈喊来，小姑娘已经非常老道了。

放学了，小姑娘蹦蹦跳跳走出校外，忽然，她看到母亲站在校门口一棵树下在向她招手。小姑娘欢喜地喊了一声妈妈，然后张开双臂向母亲跑去。

母亲蹲下身子，紧紧地拥抱着女儿。小姑娘忽然发现母亲哭了，吃惊地问道："妈妈，您怎么哭了?"

母亲用手抹着眼泪说道："彻子，妈跟您商量一件事，我们换一所学校上学好吗?"

小姑娘问道："新学校有操场吗?"

妈妈用手又抹了下眼泪，说道："有啊!"

小姑娘问道："操场上有小鸟，还有树叶闪烁着金色的光芒吗?"

妈妈又答道："有!"

小姑娘高兴地拍着手叫道："只要有操场、小鸟和树叶闪烁着金色的光芒，那我就去。"

母亲听了，眼泪又哗哗地流了下来。其实母亲不忍心告诉女儿，她是被学校开除了，她要为女儿重新找一所学校。

母亲带女儿到了一所名叫巴学园的小学校。小姑娘一进校园，就看到了宽阔平整的操场，操场四周，还有小树，小树上的叶子闪烁着金色的光芒，小姑娘张开双臂高声欢呼着，在操场上欢快地奔跑起来。

小女孩欢快地笑声，吸引了操场上一个满头银发老伯伯的眼光，老伯伯用手招呼道："小姑娘过来，你叫什么名字啊?"

小姑娘跑到老人的跟前，笑道："伯伯好，我叫黑柳彻子，是刚转到这所学校的。"

老人笑着问："我们这所学校好吗?"

小姑娘仰起头，眨着一双清澈、明亮的眼睛说道："好，这所学校里有操场、小鸟，还有树叶上闪烁着金色的光芒，是我理想的学校。"

老伯伯欢喜地用手在小姑娘的头上摸了一下说道："你真是个好孩子!"

小姑娘听了，愣愣地望着老伯伯，眼泪突然流了下来。老人吃惊地问道："小姑娘，你怎么哭啦?"

小姑娘抹了一把眼泪，哽咽道："我第一次听人说我是个好孩子，在以前那所学校里，老师都叫我是个傻丫头，一点也不喜欢我。"

老伯伯搀起小姑娘的手说："不要哭了，我说你是个好孩子! 就一定是个好孩子，走，我带你到新班报到去。"

小姑娘高兴地拉着老伯伯的手，回过头高声喊道："妈妈，伯伯带我去报到了，您先走吧!"

妈妈叮嘱道："黑柳彻子，你要听伯伯的话，不要调皮啊!"

老伯伯高声地说道："您放心吧，彻子是个好孩子!"

母亲听了，眼泪一下子流了下来，她掏出纸巾，擦拭着脸上的泪水。

老伯伯带着彻子来到班上。老师热情地招呼："小林校长，您好!"

彻子惊讶地抬起头问道："您是小林校长?"

老伯伯笑了笑，对老师说道："这是新来的学生，名叫黑柳彻子，她是个好孩子!"

老师弯下腰，在彻子的额头上亲了一下说道："嗯，彻子是个好孩子!"说罢，老师站起身，对同学们说道："让我们大家欢迎新同学黑柳彻子，她和你们一样，也是个好孩子!"

同学们都热情地鼓起掌来。一个女同学站起身说道："老师，让黑柳彻子和我坐一起吧!"

彻子看到，小姑娘掉了两颗门牙，说话还有点漏气，不禁一乐，心想，和我去年一样，去年我也掉了两颗门牙，说话也有点漏气，今年刚刚长好。

　　老师说道："好吧，彻子，你就和纯子坐一桌吧！"

　　彻子情不自禁地看了看窗外，她看到，窗外阳光明媚，树上的叶子闪烁着金色的光芒。

　　彻子在巴学园开始了一种崭新的生活，她感到快乐极了，她和纯子，还有好多小同学成为好朋友。她和纯子还是学校小红花文艺表演队的，她们常常在学校表演节目。她还学会了日本民间舞蹈，老师说她跳得很到位，展现了日本民间舞蹈的柔、飘、轻的特点。纯子听到了，天天缠着她，也要学习民间舞蹈。

　　下课了，彻子来到窗前眺望着窗外。她看到，操场上有许多同学，操场四周，还有小树，小树上的叶子闪烁着金色的光芒。忽然，她看到一个熟悉的身影，她惊喜地喊了声："小林校长！"话音刚落，她就飞奔着冲出教室。

　　她一口气跑到操场，脆脆地喊了声："小林校长！"

　　小林校长转过身子，脸上露出宽厚的笑容："是彻子啊，你好！"

　　彻子心里感到一阵温暖，她想，这么长时间了，小林校长看到她，竟还能一口叫出她的名字，真了不起。她问道："小林校长，您在这看什么呢？"

　　小林校长说道："我在看从操场上空偶尔飞过的几只小鸟，它们留下一道道优美的弧线；操场边的树叶在轻轻摆动，闪烁着波光粼粼的光芒，这里可真是美极啦！"

　　彻子惊讶地问道："小林校长，您也喜欢看这些东西？"

　　"喜欢看啊，我没事的时候，就喜欢站在这里看云卷云舒、看阳光拍打树叶发出的沙沙声、看小鸟追逐的欢唱声……这些景致，每天都不一样，每天都能给我带来全新的感受和体验。"

彻子眼睛里闪烁着晶莹的泪花，她心里产生了一种共鸣的东西……

时间过得真快啊，黑柳彻子在巴学园度过了难忘的少年时光。那个喜欢静静地伏在窗前看窗外景致的小姑娘，渐渐长成大人了。她常常伏在窗前，看着窗外的景致，陷入无尽的遐想中……

那是一个温暖的午后，黑柳彻子又伏在窗前，眺望着窗外的景致，忽然，少年时的巴学园、那从操场上偶尔飞过小鸟的倩影、那闪烁着金色光芒的树叶，还有小林校长，小林校长对她说的那句"你真是个好孩子"……这一切，就像电影蒙太奇一样，在她眼前闪现。

不知不觉，她的目光变得一片朦胧。突然，有一种灵感冲动，她转身坐在写字台前，铺开稿纸，写下了一行字：窗边的小豆豆。随后，她一口气写了下去，写了一个名叫小豆豆的小姑娘，在巴学园的快乐成长旅程。

书稿很快写完了，她将书稿投到出版社。很快，这本名叫《窗边的小豆豆》的书出版了。这本书一出版，立刻轰动了日本，人们被书中的故事深深打动了，书一版再版，成为日本有史以来发行量最大的书籍。这本书并被翻译成世界许多种国家的文字，成为世界发行量最大的书籍，人们说，这本书就像是一面镜子，发现了我们在教育问题上所遇到的困惑和痛苦的根源。

1984 年，联合国官员在读完英文版的《窗边的小豆豆》后，认为这个人这么了解孩子的心理，再也没有比她更适合的人选了，因而她被任命为联合国儿童基金会亲善大使。

黑柳彻子在接受美国纽约时报记者采访时说道："小豆豆就是我自己，小时候，我曾被学校开除，被老师说成是问题学生，后来，我转学到了巴学园，在这所学校里，我感受到了平等、关爱、尊重和理解，特别是小林校长对我说得那句话，'你真是个好孩子！'让我记住了一辈子，也使我成长为一个充满自信、快乐和勇敢的人。教育并不复杂，有时仅仅一句'你真是个好孩子！'就能彻底改变一个人。"

○ 山东省泰安市 2015 年八年级中考模拟题

有只虫掏空了芯

母亲将放在碗橱里的一副筷子拿出来，准备换一副新筷子。这副筷子是母亲去年到皖南山区旅游时买的，买回来后，母亲一直舍不得用，母亲说，这副筷子质地很好，是用当地山里竹子做的，市场上很难买到的。今天母亲之所以要换一副新筷子，是因为舅舅要来家里做客。

母亲说，舅舅好几年没来我们家里了，舅舅家离这儿远，来一次不容易，换一副新筷子，是种喜庆。

记得以往只是在过年时，母亲要买一副新筷子换上，今天才晓得，原来在母亲心里，有远道而来的客人上门，母亲也喜欢换一副新筷子。

母亲将新筷子拿出来准备洗一洗，忽然，母亲发现从这副筷子下面掉下一些粉末。母亲遗憾地说道，有根筷子被只虫掏空了芯，不能用了。

我问道，您怎么知道有根筷子被只虫掏空了芯？

母亲说道，你看，这是虫将筷子掏空了芯掉下的粉末。说罢，母亲将这副筷子平摊在桌子上，一根根筷子仔细检查着。一会儿，母亲将一根筷子拿起来，对我说道，你看，这根筷子上有个针孔大的小眼，那只小虫就是从这儿钻进去的，它在里面慢慢地将这根筷子掏空了芯。

母亲将这根筷子轻轻一掰，这根筷子就折断了，果然，在这根筷子里，被掏空成一条长长的沟槽，有一条乳白色的小虫在沟槽里蠕动着。

我惊讶地说道，这只小虫真厉害啊，这么弱小、柔软的身体，竟能将这坚硬的筷子掏空了芯！

母亲说道，这只虫看起来很弱小，但是它却有一双肉眼看不见坚硬的牙齿，它不仅能将一根筷子掏空了芯，时间长了，还能将这副筷子一根根地全掏空了芯，甚至能将农家房舍上的大梁掏空了芯，最后，使房顶坍塌下来。

我听了，不禁伸了伸舌头，惊讶这种小虫体内竟蕴藏着这么巨大的力量。

母亲又有些庆幸地说道，这副筷子虽然少了一根筷子，不过，幸亏发现得早，否则这副筷子会被这只小虫全部掏空了芯。

好长时间过去了，不经意间，那只乳白色蠕动着柔软身体的小虫还常常在脑海里闪现，心里不禁多了一份感慨和唏嘘。

一天，母亲对我说，她要去医院看看黄嫂，听说黄嫂生病住院了，要我陪她一起去。

我疑惑地问道，哪个黄嫂？

母亲说，"就是我们以前的老邻居黄嫂啊，这一分别就有二十多年了，听说她生病住院了，我急得恨不得马上见到她。"说起黄嫂，好像一下子打开母亲记忆的闸门，目光中闪现出无限柔情。

说起黄嫂，我一下子也想起来了，不过，我的脸色突然阴沉了下来，鼻孔里重重地"哼"一声，说道："我才不去呢，那个黄嫂太坏了，我小时候，一次和几个小朋友到她家院子里偷摘树上的枣子，被她逮住了，她凶神恶煞般地叫嚷，要告诉我家大人，说树上的枣子还没有成熟就偷吃，会拉肚子的。我从来没有发现黄嫂这么凶，不就偷吃你家树上几粒酸枣么，这么凶巴巴的干什么？当时，我发誓，永远不会再理她了，为这事，我气了二十多年，现在她生病住院了，我才不会看她呢！"

我愤愤地把话刚说完，只听到"咣当"一声，母亲手中的茶杯掉在了地上，她直直地看着我，好像不认识我似的，过了好久，母亲才弯下腰，边捡起地上打碎的茶杯碎片，边喃喃地说道，真没想到，你被一只小虫掏空了"芯"，现在只剩下一个躯壳了。

我不解地问道，什么时候我被一只小虫掏空了"芯"？

母亲直起身子，手里捧着打碎的茶杯碎片，说道："那件很小的事，你竟记恨了黄嫂二十多年，这种无厘头的记恨，不是像被一只小虫掏空了'芯'吗？再说了，人家黄嫂也是为了你好，那枣子还没长熟你就偷吃，不仅涩牙，而且还会拉肚子，黄嫂说得一点没有错。那时，每年等她家枣子长熟了，黄嫂都会拎一小篮子枣子到我家送给你吃，这你怎么不记得了？"

听母亲这么一说，我还真想起来了，那时，每年等她家枣子长熟了，黄嫂都会拎一小篮子枣送到我家来，那篮子里的枣子，个个圆润饱满，红艳艳的。吃上一口，香甜脆嫩，丝滑绵绵。

母亲有点愤愤地说道，你现在想不想让我将你心里的那只小虫子掏出来？再不掏出来，你可就被那只小虫给毁了。

我嗫嚅道，"我想让您将那只小虫掏出来！"

母亲说，"那好，你马上和我一起去到医院看望黄嫂，对黄嫂多说一些安慰的话，那只小虫就会被掏出来了。"

那一刻，我全明白了，禁不住闪烁着激动地泪花，说道，"谢谢妈妈！"我懂了，只有放下心中那一个个无厘头的记恨，人才会活得干净、活得洒脱。有时我们之所以感到活得很累、很躁，只是因为心中隐藏着一只小虫，它们在不断地噬咬自己，渐渐地，使自己变成了一只躯壳，稍有风吹草动，就会轰然倒下。

母亲欣慰地笑了，笑得很明媚、很灿烂。

缠绕在发丝间的温暖

从小，我的辫子都是父亲帮我编的。父亲虽然是个干农活的庄稼人，但他的一双手却很灵巧，我的两根麻花辫总是编得错落有致，毫无旁逸斜出。辫梢扎起的那两只蝴蝶结，就像两只蝴蝶要飞起来，充满了灵动和俏皮。

老师常常抚摩着我的两根麻花辫，问道："你的辫子编得真好看，是谁帮你编的呀？"

我头一歪，骄傲地回答道："是我爸爸！"

老师听了，惊讶地赞叹道："你爸爸真聪明，竟然能将小姑娘的辫子编得这么好看。"

听了老师的夸赞，我感到格外自豪和骄傲。

村子里的奶奶、大嫂，看到我一蹦一跳地从她们面前走过，总是忍不住地问道："闺女，你这两根辫子是谁编的呀？这么好看！"

我头一歪，骄傲地回答道："是我爸爸！"

身后传来一阵啧啧赞叹声。听到那些啧啧赞叹声，我心里就是像喝了蜜一样甜蜜。

每天早上，父亲就会对我说道："闺女，坐下来，帮你编下辫子吧！"

我喜滋滋地搬来一张小凳子，坐在父亲身边。清晨的空气湿漉漉的，吸一口，都有一种甜丝丝的味道。

父亲坐在我身后，嘴里咬着一把梳子，将我的头发弄散后，开始用梳子轻轻地梳理着。梳好了头发，父亲又将梳子咬在嘴里，用手帮我编起辫子。有时候父亲停下来，从嘴里又拿下梳子，帮我把几根发丝重新梳理后，才又编起辫子。

　　每次帮我编辫子，父亲就像是在雕琢一件艺术品，一丝不苟。当有人喊他下地时，他总是头也不抬地说道："不急呢，我在帮我闺女编辫子呢。"

　　后来，我渐渐长大了，也学会了编辫子。可是每次我编辫子，总是十分松散，一天下来，辫子早就散了。

　　父亲下地回来，看到了，总是轻轻地叹了一口气，说道："这丫头，辫子早就散了也不知道，过来，我帮你把辫子重新编一编。"

　　我脸一红，伸了伸舌头，赶紧搬来一张小凳子，坐在父亲身边。

　　阳光从竹篱笆的缝隙里投进来的影子，早已倾斜了，只剩下短短的尾巴。空气中，散发着一种淡淡的汗渍味。我眯着眼，享受着从父亲手掌上传递过来的一种幸福和甜蜜……

　　大三时，我领着一个男孩回来了。晚上，父亲多喝了几杯酒，脸色通红，眼睛里布满了红红的血丝。父亲两眼紧紧地盯着男孩的脸，男孩被那两道目光看的脸色一阵发白。

　　父亲说道："小子，你以后要和我闺女在一起，你必须要学会帮我闺女编辫子，这是我唯一的要求。"

　　语气里，有一种威严和霸气。

　　男孩听了，脸刷的红了，他不知所措地望着我和父亲。我含嗔地瞪了男孩一眼，说道："给我编辫子啊。"

　　男孩好像醒悟过来，赶紧高声地说道："一定！一定！"

　　父亲听了，端起酒杯，笑着对男孩说道："好，这我就放心了。"

　　我看到，父亲端酒杯的手在微微颤抖……

　　当得知父亲病重的消息，我一下子惊呆了。过了好一会儿，我才缓过神来，赶紧慌慌张张往医院赶去。

父亲的身体在我心里，像铁板一块，硬朗得很，怎么说生病就生病了？

父亲躺在病床上，脸色蜡黄，一点血色也没有。看到我来了，父亲努力地欠了欠身子，想坐起来，可是他的努力失败了。父亲靠在病床上，显得十分虚弱。

我一下子扑在病床上，急促地喊道："爸爸，您怎么病成这样也不早点说？"

父亲的脸上露出一丝凄婉的笑容，喃喃地说道："这丫头，这么大了，怎么还像个孩子？"

医生将我拉出病房，神情凝重地对我说道："你父亲病情状况很不好，已经下了病危通知书。"

顿时，我再也忍不住了，泪水不禁夺眶而出……

我擦干眼泪，红肿着双眼，轻轻地走进病房。我紧紧地握着父亲粗糙的手，好像一松手父亲就会飞走了。

父亲看着我，忽然好像发现了什么似的，说道："闺女，你辫子松了，我帮你编一下吧！"

我轻轻地"哎"了一声，坐在床沿边。眼眶里，噙满了泪水。

父亲不知哪来的一股子力量，竟坐起了身子。他从枕头下摸出一把梳子，将梳子咬在嘴里，将我的头发弄散开来，用梳子轻轻梳好后，开始慢慢地编着辫子。

我微闭着眼，好像时光又回到了从前。那时，芳草萋萋，树叶婆娑，空气湿漉漉的，吸一口，都有一种甜丝丝的味道。

此时此刻，我多希望时光不再走动，就停留在这一刻，让父亲的手指在我发丝间轻轻缠绕，感受着从他指尖中传递出来的丝丝温暖……

广东省汕头市 2014 年八年级中考模拟题

指间流沙

沙滩上，一个胖乎乎的小男孩在用小手堆砌着一座城堡。海水拍打着岸边，卷起朵朵洁白的浪花。阳光、沙滩、海浪、白帆，还有沙滩上那用小手堆砌城堡的小男孩，这一幕，构成了一幅温馨、甜美的画面。

小男孩用小手用力抓着沙，堆砌着他的城堡。城堡塌了下来，再继续，一点也不气馁。在他小小的心灵里，有一个愿望：他要把他的城堡打造成牢不可破的宫殿。

可是，尽管小男孩每一次都用力抓起沙，想抓得满满的，那沙却从指间缝隙处，像一串线似的，丝丝缕缕地漏掉了。等到他将手中握的沙放到小沙丘上，只剩下一点点了。

小男孩急得眼睛里流出了泪水，他对身旁的妈妈说道："妈妈，我手里的沙怎么抓不住啊，全从指间流掉了。"

妈妈蹲下身子，抚摸着小男孩的头，目光中充满了温柔，她和蔼地说道："孩子，每次你总想抓很多的沙，沙就会从指间流掉了，你换一种方法看看，每次手中握的少点，这沙就不会流出来了。

于是，小男孩将手中的沙握的少点，他一看，果然指间的沙流的少多了。他惊喜地说道："妈妈说得对，每次握少点，沙就不会流出来了。"

年轻的母亲温柔地抚摩着小男孩的头，脸上露出赞许的神色。母亲对小男孩又说道："流沙是远古时，人们计算时间的一种方法。那时没有钟表，古人却从指间缓缓流出的沙，计算出了时间的长短。你长大了，就会知道许多流沙的道理。"

小男孩用力抓起一捧沙，举起来，对着阳光，看指间里流出的沙。那流出的沙，像一根细线，缓缓流出……

孩提时，在海边的沙滩上，母亲对我说的指间流沙那一幕，成为我脑海里最温暖的记忆。脑海里，常常浮现出指间流出的沙。那流出的沙，像一根细线，缓缓流出……

流沙的时间里，小男孩渐渐地长大了……

上学了，看到同学们，有的会拉琴、有的会画画、有的会唱歌、有的会游泳……我见了，羡慕极啦！回到家，也央求母亲让我报名学习这些技能和特长。

母亲听了，皱起了眉头，说道："你怎么一下子能学这么多？只需学一两项就可以了，学多了，你不会有那么多精力的。"

可是，我不听，又哭又闹的。经不住我胡搅蛮缠，母亲轻轻地叹了一口气，只好为我报了几个兴趣爱好培训班。

开始，我的积极性可高了，有时一晚上要赶赴两三个培训地点，忙得不可开交。

可这种热情只持续了几个晚上，那个热度全没了。又过了一段时间，我只参加画画培训班，其他的全停了下来。

母亲意味深长地说道："怎么？你刚开始那种积极性哪去了？"

我脸红了，嗫嗫嚅嚅地回答不上。母亲说道："这和指间流沙是一个道理，你总想一把抓很多的沙，结果手中的沙都从指间流掉了。根据自己的兴趣和爱好，只有学一两项，你才会学得精、学得好。"

指间流沙？好熟悉的话啊！顿时，海滩上，那个胖乎乎的小男孩用手抓沙堆砌城堡的一幕，又在眼前浮现。那从指间缝里流掉的沙子，像一串线似的，缠缠绵绵……

大学毕业后，我很快地找到了一份工作。我意气风发地回到家，对母亲慷慨激昂地说道："我马上还要学做生意、学炒股、开网店，还要考托福……要干的事太多啦！现在是我大显身手的好时候，妈，您就等着享福吧。"

我本以为母亲听了我的话，会大为赞赏和鼓励的。没想到，母亲听了，眉头紧锁，一点也没有为儿子高兴，只是淡淡地说了句："又是指间流沙！"

母亲轻轻地一句，仿佛像一声雷声，在我耳旁轰响。海滩上，那个胖乎乎的小男孩用手抓沙堆城堡的一幕，又在眼前浮现。那从指间里流出的沙子，像一串线似的，缠缠绵绵……

我愣了好长时间，就这样怔怔地看着母亲，瞬间，仿佛有种醍醐灌顶的顿悟。

母亲用"指间流沙"这个事例，一直在给予我正确地引导和教育。一个人，无论干什么事，都要量力而行。掌心只有方寸大，紧紧地握住只是属于自己的一方沙，才能握得紧、握得牢。

我不好意思地抓了抓脑袋，脸上露出了羞愧的神情，低声地说道："妈，我懂了，我的掌心只有方寸这么大，不可能一下子抓住那么多，努力地干好本职工作，做出一番成绩来，才是最重要的。"

母亲的脸上露出欣慰的笑容。她为我整了整衣襟，喃喃地说道："孩子，生活中，那些看不见的沙，时时在考验着你。抓住手中的沙，不让多余的沙流出来，才是一种智慧和聪明。"

⚪ 广东省佛山市 2013 年八年级中考模拟题

脱了蟹壳才有肉

孩提时，记得我第一次吃螃蟹。母亲将螃蟹烧熟后端到桌子上，我看到那些泛着金色光芒的螃蟹，身子硬邦邦、坑坑洼洼的，还张牙舞爪地伸出坚硬的细胳膊细腿。我兴味索然地说道，这螃蟹一点肉也没有，肯定不好吃。

母亲拿起一只螃蟹，对我说道，螃蟹外观看起来很清瘦，看不到肉，只是因为它有一个坚硬的外壳，只有脱了蟹壳才有肉。母亲说罢，剥开一只螃蟹的外壳，里面果然有一层厚厚的嫩肉；咬开那些细胳膊细腿，里面也有一条白嫩嫩的肉条，上面一点刺也没有。将蟹肉蘸上醋，放进嘴里，顿觉味美鲜嫩，余香绵绵。我不禁连声说道，真好吃！

从此，每当到了丹桂飘香的季节，我就嚷着叫母亲给我买螃蟹吃。母亲每次将烧好的螃蟹端上桌，总是对我说道，脱了蟹壳才有肉。

渐渐地，我吃螃蟹越来越有经验了，脱壳吃肉，一气呵成。

上学了，我认识了许多同学，许多人成为我的好朋友。但有一个绰号叫"调皮大王"的同学，我很瞧不起他，觉得他不好好学习，只会调皮捣蛋。我常对母亲说起"调皮大王"，口气里满是轻蔑和不屑。

母亲听了，皱了皱眉头，说道，脱了蟹壳才有肉。一个人不能只看他表面，他内在的东西才是最重要的。

母亲淡淡一句话，让我一下子愣住了。心想，一个人也有一层坚硬的蟹壳吗？

一天放学，"调皮大王"斜挎着书包，和几个同学正在路上嘻嘻哈哈走着。突然，他闪电般冲到前面去，将前面一个女生用力推到一边。刹那间，一辆小车擦着"调皮大王"的身子开了过去。好险啊，如果不是"调皮大王"将那个女生用力推到一边，女生一定会被那辆小车撞倒。

女生惊愕了好一会儿，才明白过来。她眼含泪花走到"调皮大王"跟前，不停地说着感激的话，还轻轻地拥抱了他。

我惊讶地发现，平时总是一副玩世不恭样子的"调皮大王"，此刻竟面带羞涩，局促不安起来，像个小姑娘。

从此，"调皮大王"像变了个人似的，不再调皮捣蛋了，他学习刻苦，还经常帮同学做好事，后来，他还考上了一所名牌大学。

工作后，一次回家看望母亲，母亲问起我的工作情况。我说单位里的一个老科长好像对我有看法，处处为难我，不停地叫我干这干那，真不是个东西。

母亲静静地听着，当她听到我的语气里满是牢骚和怨言，淡淡地问了我一句，你脱下他的蟹壳了吗？

我听了一愣，好熟悉的一句话啊。孩提吃螃蟹时，母亲对我说得那句话，又在耳旁响起。母亲又说道，你还记得你小时候上学，你们班上的那个"调皮大王"吗？当别的同学遇到危险，是他挺身而出，救了人家小姑娘。如果当时要是你，你能像"调皮大王"一样挺身而出吗？

母亲的一席话，说得我耳根子发热、脸发烫，心里像十五只吊桶打水——七上八下。

后来，老科长要退休了，我被提拔为科长。老科长告别时，握着我的手，深情地说道，年轻人，当初我对你严格，给你压担子，甚至有点不近人情，就是想让你早点成熟起来，现在我的这个目的达到了。

那一刻，我不禁五味杂陈，眼里闪烁着激动的泪花。原来当初老科长对我严厉有加，是想让我早点成熟起来，独当一面啊。当脱下他的蟹壳，我才看清了他柔软的内心。

感谢母亲，教会了我待人处事的一个基本道理。永远不要轻易地去评论一个人，哪怕那个人对你很不友好。当脱下他的蟹壳，也许你会看到另一种灿烂。

◎　广东省江门市 2016 年八年级中考模拟题

生活不是五言七律

父亲是名中学教师，父亲最大的爱好是喜欢近体诗，没事的时候，总是喜欢吟咏几句五言七律来。有时触景生情，也即兴吟哦几句，他吟咏律诗的押韵、平仄、对仗，都彰显出很深的文化底蕴。

旁人听了，总是赞不绝口。父亲也是喜不自禁，很是得意的样子。

从小，耳濡目染，我对父亲吟咏的五言七律钦佩不已，虽然我听不太懂，但那朗朗上口的像歌曲一样的诗句，让我很容易记住。我感到，父亲的生活中充满了诗情画意，他积极、乐观，从没有表现出灰心丧气的样子。

"文革"时，父亲被当作封资修的臭老九，被打倒了。每天开批斗会、游街，受尽凌辱。没想到，遭受到了这么大的打击，父亲回到家，依然兴致勃勃的即兴吟哦几句五言七律。

看着父亲无所畏惧的样子，母亲抹着眼泪，嗔怨道，都被批倒批臭了，怎么还有雅兴吟咏你的五言七律？

父亲笑道，他们批他们的，我吟我的五言七律，这是我的生活，他们剥夺不了我的五言七律。

父亲一席话，让母亲忧郁的脸上，绽放出一缕明媚，冰冷的屋子，好像一下子有了一些温暖。

我倚在门框边，懵懂地望着父亲，心想，五言七律真好，父亲有了五言七律就什么也不怕了，我要有五言七律就好了，就能像父亲一样，什么都不怕了。

在父亲的影响下，我也喜欢上五言七律。杜甫、李商隐、杜牧的五言七律，我随口就能吟诵起来。有时自己也能模仿着诌上几句。

父亲边颔首微笑，边指点着一两下。经父亲这么一指点，诗词的韵味果然不一样了，我从心里更加钦佩父亲了。

在学校里，我还在主席台上，为全校师生咏哦过五言七律，那抑扬顿挫的语调，仄仄平平的韵味，受到师生的热烈欢迎。同学们都亲切地称我为"五言七律"。

在我的影响下，许多同学也喜欢上了五言七律。喜爱吟咏五言七律，成为校园里一道独特的风景。

那一年，大学毕业后，我找工作屡屡受挫，一直找不到个稳定的工作。我感到十分失望。回到家，我牢骚满腹诉说心中的不满和苦恼。

父亲坐在沙发上看着书，听到我的牢骚，抬起眼帘，淡淡地说道，生活不是五言七律，有什么失望和牢骚的？不要抱怨生活，要从自身上找问题。

我听了一愣，心想，父亲怎么说生活不是五言七律？五言七律不是他一生的喜爱吗？无论个人遭受多么大的委屈和不公，他不是一直不忘他的五言七律？他这样说，不就是否定了他的五言七律吗？

父亲看到我疑惑的目光，语重心长地说道，生活是实实在在的事，人活在生活中，就要勇敢面对各种挑战和困难，如果一遇到困难和问题，就怨声载道，牢骚满腹，岂能走出困境？五言七律是生活的一种意境，它能给人带来精神的愉悦和享受，但绝不是什么万能钥匙。

父亲的一番话，给我带来很大震动。我想，这么多年来，原来父亲喜爱五言七律，并不是为了逃避生活，而是为了给自己带来精神的愉悦和享受，给自己增添一种信心和力量。

经过一段时间的摸爬滚打，我的广告公司开业了，我给公司取的名字就叫"五言七律"。我知道，要想把公司做大做强，必须要付出艰辛的汗水和劳动，才会使公司充满着五言七律的雅致和韵味。

生活中，我依然像父亲那样喜欢着五言七律，工作再忙，我也没忘记吟咏几句五言七律，在我的影响下，许多员工也喜欢上五言七律。我把五言七律作为企业的一种文化，赋予着更深的文化内涵和底蕴。

我深深地知道，五言七律永远只是生活的一种意境，生活中永远找不到完美的押韵、平仄、对仗。押韵、平仄、对仗，需要自己不断努力和进取，才能充满着五言七律的雅致和韵味。

◇　　江苏省无锡市 2016 年八年级中考模拟题

我想再看看您拍的视频

那年，我到贵州参加了为期三个月的志愿者活动，我在一所山村小学当了一名老师。

没来之前，就有人告诉我，那里的生活环境很艰苦，要我有个思想准备。来了之后，映入眼帘的贫困，比我当初想象的不知要贫困多少，心里变得沉甸甸的。

这所山村小学太简陋了。这是几间 20 世纪 60 年代生产大队办公用房，如今已年久失修，屋内阴暗，四处通风；桌椅坑坑洼洼，有许多桌凳缺了腿，用砖头垫着；黑板只有一小块还能写字，其余地方都裸露出黄泥巴。

看着如此简陋的校舍，我心里一阵阵发酸。

这所学校总共只有二十多个孩子。孩子们的家离学校有一二十里的山路，每天天没亮，孩子们就开始在陡峭的山路往学校赶。到了学校，身上常常是沾满了泥浆和雨水。中午，他们就在学校里吃从家里带来的简单干粮。干粮太硬了，他们就从井里提一点水泡泡。许多孩子，连一双像样的鞋也没有，一年四季，穿着凉拖鞋，有的索性打着赤脚。

孩子们看到我这个城里来的大学生给他们当老师，个个显得十分兴奋，脸上荡漾出喜悦的笑容。下课了，他们还围在我身边，不停地问这问那，很是稀奇的样子。

一天，我拿出手机，给他们拍摄了一段视频。课间休息时，我将手机视频给他们看。他们看了，一个个咧着嘴，眼睛里露出惊喜的光芒，笑得前仰后合。看着孩子十分开心笑着，我也被深深感染了，与孩子们一起开心笑着。

放学了，学生们都走光了，学校一下子变得寂静起来。我忽然发现一个叫英子的小姑娘还倚在教室门口没有走。我走了过去，问道，英子，同学们都走了，你怎么还没走？

英子低着头，嘴里咬着辫梢，话还没说，脸就红了。

我见了，忙弯下腰，问道，英子，有什么事跟老师说，看老师能不能帮助你。

英子小声地说道，我想再看看您拍的视频，今天我在同学后面没看清自己是什么样子。

哦，原来是这么回事。我忙从口袋里掏出手机，打开手机视频，递到英子的面前让她看。

英子目不转睛地盯着手机视频。英子忽然用手指着视频，兴奋地叫道，看到了，看到了，我在这！

英子看完后，抬起头来，有些羞涩地对我说道，老师！您拍得真好，我看到了我在视频里的样子了，回家后，我讲给爸爸、妈妈、爷爷、奶奶听，他们听了，一定很开心的！

英子一脸灿烂地离开了学校。看着她穿着那灰色粗布衣裳，显得更加瘦削、单薄的身影，我的心情忽然变得有些沉重。

第二天，我到班上上课，忽然看到英子穿着一件大红衣裳，在这阴暗潮湿、破旧不堪的教室里，英子穿着这身衣服，就像是一团熊熊燃烧的火焰，很是耀眼。有几个女孩子看着英子穿着这件大红衣裳，眼睛里露出羡慕的神色。

不过，我发现，这件大红衣裳穿在英子身上，显得特别肥大，一点也不合身。我心想，英子这件衣服做得怎么这么大？到她18岁时穿，恐怕才正好。

　　下课了，不经意地，我发现，平时下课喜欢和几个女同学在教室门口的土坡上跳橡皮筋的英子，没有和同学跳了。几个女孩子喊她一起来玩，英子也摇头拒绝了。她离开座位，好像也小心翼翼的样子，仿佛生怕弄脏了她身上的这身衣服。

　　下午放学了，学校一下子又变得寂静起来。我忽然发现，英子穿着她那件大红衣服站在教室门口，一直在往我这边望着。我走了过去，问道，英子，你怎么还不回家？

　　英子好像下了很大决心，对我小声地说着，老师，我想求您一件事。

　　我笑道，我是你们的老师，有事尽管说，不用说求。

　　英子听了，抬起头，勇敢地说道，我想请您用手机，再给我拍一段我在学校里学习的视频，昨天那件衣服太破旧了，我今天特意穿了一件新衣服，我想重拍一次。

　　我听了，心里顿时明白了。原来今天英子穿着这件大红衣裳，是想让我给她重拍一段视频。昨天她看到自己那段视频，虽然很高兴，但心里也有一点遗憾，那就是她看到自己穿得那件衣服太破旧了，她想把自己拍美点。爱美，是女孩子的天性。

　　我忙从口袋里掏手机，说道，英子，你这件衣服做得太大了，你能穿好多年呢。

　　英子羞涩一笑道，这件衣服不是我的，这是我妈的，是我妈和我爸结婚时穿的，昨晚我求我妈一晚上，今天早上，我妈才终于从箱子里拿出这件衣服。我妈特意交代了，如果弄脏了，下次再也不给我穿了。

　　空气中仿佛有一种令人窒息的沉闷。我听了，胸口突然感到堵得慌，眼睛突然变得一片朦胧。原来这是英子妈当年结婚时穿的新衣，在英子的眼里，这件大红衣裳，就是一件最美的衣服。她为了将自己打扮得美丽些，她特意穿上她妈妈当年的新衣，她是想看到最美丽的自己啊。

我打开手机，拍下英子在课堂里看书、学习的视频。拍完后，英子羞涩地说道，老师，我还想拍一段我像您站在讲台上讲课一样的视频，我长大了，也想当一名老师，教孩子们许多知识。

我不禁连声说道，好的，英子，你很了不起，你的理想一定会实现的！

我坐在英子的座位上，拿着手机，拍摄讲台上的英子。英子拿起一根树枝，指着黑板，脸上露出灿烂的笑容……

拍完了，英子对着手机视频看了一遍又一遍，嘴里还不停地夸赞道，老师，您拍的太好啦！

英子满脸兴奋地背起书包向我告别。看着她火红的背影，我忽然仿佛想起了什么，喊住了英子。英子回过头来，问道，老师，有事吗？

我走到英子跟前，把手机递给她，说道，英子，你把手机拿回去，给你家人看看视频上的你，明天你将手机带回来就行了。

真的吗？英子脸上露出惊讶的神情。

我笑道，老师说话当然是真的呀！

英子这才相信，我说的是真的。她激动地伸出双手，接过我手中的手机，她将手机轻轻地捧在掌心中，好像一不小心就将手机弄化了。过了一会儿，她将手机轻轻地放在那件大红衣裳的内衣口袋里，说道，老师，您放心吧，明天我一定带给您！

英子欢快地跑在山间蜿蜒的小道上，那红色的背影，像一团跳动的火焰……

第二天，英子第一个来到班上，她又穿上她那件小小的粗布衣裳。她看到我来了，赶紧从怀里掏出手机，兴奋地告诉我，昨晚我家来了许多乡邻，他们看了手机视频，说您拍得真好，还说我就像电视上那些小姑娘一样美丽，我妈还说了，等我长大了，她就将她那件红衣裳送给我穿。他们都说，您是一个好老师。

英子一口气说了这么多，我一下子感动莫名。没想到，我拍的这段手机视频，给英子家乡和乡邻们带来了这么大的快乐。

……

三个月后，我离开了这所山区小学。临走时，我将那部手机留给了孩子们。那手机里，有我拍的每一个孩子在学校里学习、生活的视频。我想让孩子们常常看到那手机里自己的样子，尽管那些背景还很贫瘠、荒凉，但在孩子们的心里，那些贫瘠、荒凉的背景，总有一天，会变得灿烂。

◇ 浙江省丽水市 2015 年八年级中考模拟题

找到"三个人"

　　小时候，母亲常常对我说，在你的朋友中，你一定要找到三个人。一个是你仰望的人；一个是你期盼的人；一个是你要追赶的人。母亲说，如果你在小学、大学、工作上，都能找到这三个人，可以让你少走许多弯路，人生的步履会走得更加稳健、顺畅。

　　当时，我很好奇，心想，我能找到这三个人吗？

　　上学了，我渐渐地认识了许多同学，许多同学成为我的好朋友，上学、放学，几个人一道去，一道回。

　　母亲看到我的身边的那些朋友，就问道，你找到了那三个人了吗？

　　我听了一愣，过了一会儿，仿佛像想起了什么，我嗫嚅道，我忘了，我只顾玩了。

　　母亲严肃地说道，如果只知道玩，你的进步是很难了，找到了那三个人，你会从他们身上学到许多东西，这对你成长是很有帮助的。

　　一年后，我对母亲说道，我找到了那三个人了。

　　母亲听了，欣喜地笑道，是哪三个人啊，说出来给我听听。

　　我说，我们班的班长是我仰望的人。他虽然跟我同岁，但他干事很踏实，很有组织能力，有时候老师不在，他也能将班上的课堂纪律管理得很好。有时我就想，如果要是换了我，我肯定不如他；我们的音乐老

第十一辑　|　脱了蟹壳才有肉　313

师是我期盼的人。每星期只有一堂音乐课，可是听她的音乐课，我感到很幸福。每堂音乐课，她不仅教我们新歌，而且每教一首新歌之前，她都要讲一个小故事。那些小故事很有趣，听了很受启发，她就是我最期盼的人；我的同座位的同学王海是我要追赶的人。他不仅学习成绩好，而且还写得一手漂亮的钢笔字，他写的字，就像他本人，干净、潇洒。我常想，我要是能像他一样就好了。

母亲听了，高兴地摸了摸我的头，说道，你选择的这三个人很有代表性，希望他们能给你带来帮助和启发。

上大学了。大二时，放暑期回家。我看到母亲望着我，好像想问我什么事，我仿佛知道母亲想问什么，就对母亲说道，我找到了那三个人了！

母亲欣喜地说道，哦，快说给我听听。

我说道，我们班的陈冬冬是我仰望的人。他虽然出生在贫困的山区，但是，他凭着刻苦和坚强的毅力，考进了我们这所名牌大学。由于家庭困难，他很懂事，勤工俭学，不仅不要家里负担一分钱，而且还经常帮助其他有困难的同学；我们的宿管阿姨是我期盼的人。每天她都要将我们宿舍管理区的卫生打扫得干干净净，她如果一天没来，我们这里的卫生就弄得乱七八糟；我们班的王艳艳是我要追赶的人。王艳艳不仅学习成绩很好，而且她的口才也很好，她在学校演讲中多次获奖。我常想，王艳艳真聪明，我从她身上学到了许多东西。

母亲听了，亲切地说道，你找到这三个人很好，都很有代表性，不过，我有个小小的建议，你们的宿管阿姨工作很辛苦，你们不能把卫生全寄托在她身上。平时，你们都要搞好环境卫生，这样对别人的劳动成果也是一种尊重，不能只期盼她。

我脸红了，说道，妈，您说得对，我这种期盼有一种依赖和懒惰思想。

工作后，我在一家公司找到了一份工作。一年后，我回家探亲。母亲见到我，为我整了整衣襟，然后说道，你走上工作岗位后，找没找到我对你说过的那三个人。

我对母亲说道，我知道母亲最担心的是这件事，我要告诉您，我找到了那三个人了。

母亲听了，搬过一张小凳子，对我说道，快坐下，说给我听听。

我说，我们公司保安王师傅是我仰望的人。王师傅年届中年的时候，因企业倒闭，他下岗了。后来，他在我们公司找到一份干保安的工作。王师傅虽然只是一名普通的保安，但是他从没有灰心丧气的表情，他在兢兢业业干好本职工作的同时，还自学了一门外语，他经常利用业余时间帮我翻译外文资料，他翻译的外文资料，准确、翔实，从没有出现过差错；给我们公司送报刊的邮递员许阿姨是我每天期盼的人。每天，许阿姨都能准确、及时地给我送来我订阅的报刊和信件，就是大雪天，我都能及时收到许阿姨送来的报刊和信件；和我一同参加工作的罗响是我要追赶的人。罗响虽然和我一同进公司，但是他的业务已十分熟悉，工作能力很强，而且为人热情、开朗、阳光，看到别人有困难，他总是热情相助。

母亲听了，亲切地说道，你找到这三个人很好，很励志，我听了也很受感动。他们虽然只是普通的劳动者，但是，他们阳光、热情、开朗，而这恰是我们人生中一种不可或缺的力量和动力。孩子，无论你今后如何发展，但是，你一定要找到人生的正能量。正能量才是人生中最宝贵的财富。

感谢母亲教会了我在人生的每个成长阶段，都找到了人生的三个人。这三个人，在我生命中，始终如影随形，给了我一种信心和力量。

浙江省丽水市 2016 年八年级中考模拟题

找到属于自己的伞

家里门口柜子里有好几把伞，每个人都有一把属于自己的伞。每当下雨家人外出时，就会找出属于自己的伞。如果谁拿错了伞，别人就会发出埋怨声："是谁又拿错了伞？"

每次拿伞时，老母亲就会叮嘱道："找到属于自己的伞，不要拿错了。"

不过，虽然有时我拿错伞，但我从来没有拿错过母亲的伞。母亲的伞很好认，这是一把街头很少有人用的油纸伞。这把油纸伞母亲用了几十年了，从记忆起，母亲一直用的是这把雨伞，几乎没有换过。

小时候，母亲撑着这把油纸伞接送过我上学、放学。记得上小学时，正值"文革"时期，当时有一篇语文课文叫《毛主席去安源》。我兴奋地指着毛主席夹着那把油纸伞的油画对同学说道："我家里也有一把这样的油纸伞，和毛主席这把一模一样。"同学们听了，都惊呼起来，眼睛里露出十分羡慕的神情。

一次下雨，母亲撑着那把油纸伞来接我，同学们一下子全围上来了，一个个伸出小手抚摸着那把油纸伞，嘴里不住地说道："是和毛主席用的那把油纸伞一样。"那一刻，同学们脸上都露出无比幸福的神情。

母亲很疑惑，问道："什么和毛主席用的伞一样？"

我笑着将我们课文上那张毛主席去安源的油画讲给母亲听了,母亲这才明白过来。母亲笑着说道:"过去人们用的都是这种油纸伞,结实、耐用,不过现在已很少有人用了。"

上大学时,母亲还撑着这把油纸伞,到大学里来看我。女同学丽丽见我母亲到现在还在用这种油纸伞,就将自己的一把小巧玲珑的杭州"天堂"伞送给母亲用。母亲连连摆手,说道:"你们这种时尚的自动伞我用不惯,我还是用我这把油纸伞,用起来顺手。"

天气好的时候,母亲还在这伞布上仔细地抹上一层桐油。抹好后,将伞放在阳光下晒干。母亲说,抹上桐油,对这伞能起到很好的保护作用。一次,这伞的一根木条支架坏了,母亲将这把油纸伞拿给修伞师傅修。修伞师傅看了好半天,不好意思地说:"这伞我不会修,我只会修一些自动的和半自动的伞,像这种油纸伞只有我师傅会修,可惜他已去世了。"

乡下侄子到城里来,母亲拿出这把油纸伞,对侄子说:"老家那个修伞师傅还在修伞吗?"侄子说:"还在。"

母亲欣喜地说道:"你把这把伞带回去,看能不能请他帮我把这把伞修一下。"

过了一段时间,侄子将修好的那把油纸伞送过来。母亲看到修好的油纸伞,欣喜不已。侄子淡淡地说道:"那个修伞师傅说了,他马上就要转行了,现在修伞的人太少了,糊个口都难了,像这种油纸伞他都已经好多年没修过了。"

母亲听了,轻轻地"哦"了一声,目光里流露出深深的失落神情。从此,母亲对这把伞更爱惜了,谁也不准乱动。

大学毕业后,我兴冲冲地对母亲说:"我要去做生意,许多人做生意都发了财了。"

母亲听了,皱了皱眉头,好像有什么话要说,脸上并没有显示出一种很兴奋的样子。

过了一段时间，我回到家，闷声闷气地对母亲说道："我要在家里开网店，我们有许多同学开网店都发了财。"

母亲听了，轻轻地叹了一口气，没有言语，转身走开了。

又过了一段时间后，我激动地对母亲说："我要去考公务员，我有许多同学考上了公务员，他们过得很潇洒。"

母亲望着我，轻轻地说了句："你要找到属于自己的伞，不是每把伞都适合你。"母亲一句话，让我一愣，心里开始一遍遍地回味着母亲说的这句话……

一年后，我兴冲冲地回到家，对母亲说道："我现在在一家民营企业里干得很好，虽然工资不太高，但心情很舒畅。"

母亲坐在灯下，正在认真地在往那把油纸伞上抹桐油，空气中，弥漫着一缕淡淡馨香。母亲脸上平和淡定，她像是对我说，又像是在自言自语："一个人活在这个世界上，只需找到属于自己的伞，不管这是一把什么样的伞，只要适合自己，就能遮风挡雨，哪怕被雨水淋湿了衣袖，也不会淋成落汤鸡。"

我轻轻地拥住母亲，对母亲说道："谢谢您！让我找到了一把属于自己的伞。"

闲看《半生素衣：陆小曼传》，看到书中有这样一句话，这句话，和母亲说的话不谋而合，我记下了这句话，要记住一辈子："不必讨好所有的人，正如不必铭记所有的'昨天'，时光如雨，我们都是雨中行走的人，找到属于自己的伞，建造小天地，朝前走，一直走到风停雨住，美好晴天。"

○　浙江省温州市 2012 年八年级中考模拟题

你只是比别人慢一点找到天使

那时，我上小学三年级。小小年纪，心理有一种深深的自卑和恐惧：我也很努力了，可学习总是在班上倒数；个子长得像个豆芽儿，看似弱不禁风；许多同学都有一技之长，我几乎什么都不会……

一天班会课，新来的音乐老师让同学每人讲个笑话。每当有同学讲完，总逗得全班同学哈哈大笑。我憋了好半天，讲了个"小猫钓鱼"。故事讲完了，全班鸦雀无声……我再也忍不住了，伏在桌子上，轻轻哭了起来。

突然，一只手轻轻地搭在了我的肩膀，耳旁响起悦耳的声音：每个人都能找到自己的天使，你只是比别人慢一点找到天使。

我抬起头，惊讶地看到，原来是老师。她长得文文静静，穿着一件连衣裙，扎着两条小辫，她的歌声很美，是我听到过最美的歌声。她用手抚摸了我一下头，我感到她的手指是那么柔软、那么温暖。

老师转身对同学们说道，同学们，刚才大家讲了许多小笑话，老师真的很欣赏你们的知识面。现在，我也给大家讲一个小故事好吗？

同学们听说老师要讲故事，一下子来了精神，高声说道"好!"。

老师抑扬顿挫讲了起来：有这么一个小姑娘，她从小就很胆小，见到一只蟑螂、小老鼠，都吓得惊叫起来；小姑娘不仅胆小，而且身体又弱，三天两头不是感冒，就是发烧，课程拉下了一大截，学习自然好不起来；都上小学三年级了，头发还是枯黄的，一点也没有光泽。小姑娘就像个丑小鸭，显得那么孤独、落没。

但是，这样一个丑小鸭，在她心里还有一个美丽的愿望，那就是希望将来能当一名音乐老师。可是，她只要一唱歌，人家就捂起耳朵，说她的歌声像乌鸦在叫，难听极啦。

小姑娘跑到屋后的果园里，哭得稀里哗啦，哭声惊动得树枝上的小鸟哗啦啦飞起来了。"小姑娘，什么事啊，哭得这么伤心？"哭声，惊动了看果园的老奶奶。老奶奶七十多岁的样子，斑驳的阳光透过果树的枝叶，照在她花白的头发上，很晃人眼。

小姑娘抽泣着，将她遇到的事对老奶奶说了。老奶奶听了，用她宽厚、柔软的手抹去小姑娘脸上的泪水，笑道，小姑娘，你能唱一首歌给奶奶听吗？

小姑娘惊讶地问，您不怕我的歌声吓倒了您吗？

老奶奶笑眯眯道，不怕，奶奶胆子大呢，这么大的果园奶奶每天待在里面，从来没有害怕过！

小姑娘听了，大声地唱了一首"小花猫，穿花衣"。

歌声刚唱完，老奶奶用力鼓起掌来，她兴奋地说，这是我听到的最美的歌声。

小姑娘激动地望着老奶奶，眼睛里噙满了泪水。

老奶奶用手摸了摸小姑娘的头，又和蔼地说道，孩子，每个人都会找到自己的天使，你只是比别人慢一点找到天使。

小姑娘记着老奶奶说的话，原来自己只是比别人慢一点找到天使啊。

从此后，小姑娘每天都到果园里来练嗓子，那歌声，在果园里回荡，每当她唱起歌，果园里的小鸟都羞涩地停止了鸣啭，它们好像也在聆听。

小姑娘一天一天长大了，她考取了师范大学音乐系。当她得知自己录取的消息，兴奋地跑到果园里，她要告诉老奶奶，她终于找到天使了。可是，老奶奶再也听不到自己的好消息了，老奶奶已去逝了……

课堂上，鸦雀无声，同学们都沉浸在故事里。老师突然问道，同学们，你们知道那个小姑娘是谁吗？同学们都摇摇头。

老师一字一句地说道，那个小姑娘就是曾经的我！

同学们全都惊讶地望着老师，大家都没想到，原来老师小时候竟是那样的……

我深深地记住了这个故事，特别是故事里那句"你只是比别人慢一点找到天使"，让我感到眼前一亮，这是我听到的最激动人心的一句话。

我变了，我不再感到自卑和恐惧。每当我受到别人嘲笑和挖苦时，那句"你只是比别人慢一点找到天使"，又在耳旁响起，我情不自禁地又挺起了腰杆……

几年后，我考取了重点中学。我在给音乐老师写的一封中写道：您说得对，"每个人都能找到自己的天使，你只是比别人慢一点找到天使。"今天，我终于看到了天使的模样。

○　浙江省温州市 2012 年八年级中考模拟题

第十二辑
腾飞的切线

在圆上任意一个地方，都有一条切线，对于我们
人来说，就好比一个圆，在这圆上任意一个地方，
也有一条切线，找到这条切线，就是腾飞的切线。
我们之所以一直在原地踏步走，就是总以为自己
很好，把精力和时间，花在了取笑别人的不足上，
其实，真正有残疾的不是别人，而是我们自己。

收起你的"剪刀手"

吃过晚饭，母亲叫我和她一道去医院看望一位病人。母亲说，那个人就是她常向我说起过的在 20 世纪 60 年代初三年自然灾害中，她曾经在我家最困难的时候，给我家送来两斤米，就是这两斤米帮助我们家渡过了最困难的时期。

母亲这一说，我立刻想了起来，这么多年来，母亲一直没有忘记那两斤米的恩情。在母亲声情并茂的叙述中，在我们儿女眼中，这两斤米，仿佛像一座金山、银山，散发出金色的光芒。

当得知这位恩人生病住院了，母亲迫不及待地拉着我要去看望。

来到病房，母亲见到这位恩人形容枯槁的躺在病床上，紧紧地握着她的手，脸上挂满了泪水。

我也走到病床前，轻轻安慰着。忽然，我想起了什么，拿出手机递给母亲，靠在病床前，对母亲说："妈，给我们拍个照。"

母亲擦去脸上的泪痕，对着我们正要拍照，忽然，母亲放下手机，对我严厉地说："收起你的'剪刀手'。"

我吃了一惊，原来，我靠在病人的床头，伸出一只手，打出了个大大的 V，母亲见了，脸色一下子拉了下来，严厉地要我收起"剪刀手"。

我尴尬地收起"剪刀手"。心想，母亲这是怎么啦？拍照时，我就喜欢伸出"剪刀手",这是一种时尚啊。

回去的时候,母亲对着闷闷不乐的我说:"拍照时,你打出'剪刀手',也要分环境、场合。刚才探望病人,在那种悲伤的气氛中,你不仅喜笑颜开,而且还打出'剪刀手',这本身就是一种不严肃、不庄重的表现,对她人的情感,是一种伤害和亵渎。"

母亲的话,说得我脸红一阵、白一阵的,心里充满了内疚和不安。记得上次,我和母亲到一座烈士陵园参观。在一座烈士雕塑前,我让母亲给我拍张照。我站在烈士雕塑前,伸出手,打出了个大大的 V。母亲放下相机,呵斥道:"收起你的'剪刀手'。"当时我心里还很不高兴呢,认为母亲太老土了,一点也不懂得时尚。

现在想想,母亲让我收起"剪刀手",其实是让我收起一种浮躁、无知的心。让心灵高高扬起,才更是一种敬畏和力量的姿态。

◯　浙江省舟山市 2016 年八年级中考模拟题

腾飞的切线

　　狗儿从小就被村里人瞧不起，狗儿天生命就不好。他有一个疯娘，疯娘整天疯疯癫癫的，看到地上有什么东西，抓起来就吃，人家骂她，她还对着人家笑嘻嘻的；狗儿的爸爸是个十分老实、木讷的一个人，一天说不了几句话。人家欺侮他，他也不吭一声，还不住地说，对不起，我错了！

　　狗儿长得瘦瘦弱弱，村里人看到狗儿的父母，一个是疯子，一个老实木讷，也都瞧不起他，小孩都敢欺负他，有时看到狗儿在前面走，后面就有小孩用小石子砸他，他吓得双手抱着头拼命躲藏，身后传来孩子们幸灾乐祸的笑声。

　　狗儿受了别人的欺负，和父母讲，母亲只知道对着他傻傻地笑，父亲不分青红皂白将他乱打一气。他流着委屈的泪水，躲在角落里轻轻抽泣。他感到自己就像一只柔弱的羔羊，是那么孱弱和无助。

　　上学了，狗儿也背起了书包。村里人指指戳戳说，他娘是疯子，他爹是木瓜脑子，他上学也是白上，肯定也是一个大笨蛋。

　　不知是不是天使的眷顾，狗儿一上学，就表现得很有学习天赋，什么东西，一学就会，这让他多了一丝自信和喜悦。但这种自信和喜悦，他只是深深地理藏在心里，他无人诉说，包括他的疯娘和他那木讷的父亲。

关于狗儿在学校学习成绩很好的事，在村子里渐渐地传开了。有人嘲笑道，就他那孬种，再好也好不到哪去，将来肯定也像他父亲一样，娶个疯媳妇。

狗儿像田埂上那些狗尾巴草一样，歪歪扭扭地一天一天地长大了。小学毕业了，狗儿考上市重点中学，他是全村第一个考上市重点中学的人，村子里的人对他的议论突然戛然而止。

有人打骂自己的孩子，说，你上学，花了我们那么多的钱，你为什么没有考上市重点中学？孩子抚着自己的脑袋，瓮声瓮气地说道，你为什么不是个疯娘，人家狗儿有个疯娘，所以才学习那么好。

听了孩子的话，母亲一下子呆住了。忽然，她一屁股坐在地上，呼天抢地哭诉起来，你这孩子，开始嫌弃娘不是个疯子，我太憋屈啦！你怎么不说你爹，他为什么不是一个木讷的人？

再有人看到狗儿娘，有人讪讪地笑道，你怎么养了这么一个聪明的娃？

狗儿娘听了，依然只是傻傻地笑着，然后蹲在地上，抓起地上一个什么东西就往嘴里塞。人家见了，重重地叹了一口气，然后转身走了。

有人看到狗儿父亲，谄笑道，你怎么养了这么一个聪明的娃？说罢，还递给狗儿的父亲一支烟。

狗儿父亲木讷讷地看着别人，眼睛里露出一丝惊恐的神色，然后低下头，喃喃地说道，对不起，我错了！

那人见了，收起那支烟，重重地叹了一口气，然后转身走了。

很快，几年过去了。又传来一个好消息：狗儿考上北京一所著名的医科大学。

狗儿娘不知道儿子有出息了。狗儿告诉疯娘，娘，我考上北京大学了，将来我要治好你的病，让您健康、快乐地生活。

疯娘听了，只是呵呵地傻笑，抓起地上一个东西就往嘴里塞。

他见了，泪水夺眶而出，他一下子抱住疯娘，深情地喊了一声：娘——

他将这一喜讯告诉他那老实、木讷的父亲。父亲蹲在墙角，吸着烟，只是轻轻地"哦"了一声。他为父亲点燃一支烟，手在颤抖，泪水在眼眶里打转。他强忍着，没让泪水流下来。

村子里的人，开始隐隐约约嫉妒起狗儿的疯娘和他那像木瓜脑袋一样的父亲。

几年后，狗儿把他的疯娘接到了北京治病。一段时间后，疯娘回来了。令村子里人惊讶的是，狗儿的疯娘再也不疯了。她穿着干净的衣服，梳洗得干干净净。只是疯娘对以前的事，再也记不起来了。她不仅把家里的事料理得井井有条，还能下地干活。父亲精神也好多了，见了村里人，和别人常常唠唠嗑、拉拉家常，在家里和妻子也说说笑话。

看到这一家的变化，村子里的人都惊讶万分，再也没有人欺负他们家人了。人们目光里，多了一份尊重和友善。

他一直很忙，这次终于抽空回了趟家。

得知狗儿回来的消息，村子里的人都纷纷赶来瞧稀奇。人们看到，狗儿几乎还是以前那个老样子，见到人，笑眯眯的。更让人惊讶万分的是，狗儿的身边还有一个美丽的女孩子，女孩子的手，一直紧紧地握着狗儿的手。

狗儿边向大家发着糖，边介绍说，这是我的新婚妻子，她现在和我在一个研究所工作。

人们脸上露出讪讪的笑容，心里面涌起五味杂陈。

儿时的那些小伙伴也来了。他们站在大门口，伸长脖子往里瞅着，可就是不敢进来。他看见了，招呼大家进来。大家这才扭扭捏捏进来了。

有小伙伴凑近他的耳边说道，你家从不被村子里的人看好，你一生下来命就不好，可为什么最后我们还是老样子，只有你家却发生了翻天覆地的变化，是什么原因啦？

小伙伴的一席话，仿佛触动了他内心的柔软。他将手搭在小伙伴的手上，说道："上学后，一次，老师在课堂上画了一个圆。老师在圆上任意点了一点，说在圆上任意一个地方，都有一条切线，对于我们人来说，就好比一个圆，在这圆上任意一个地方，也有一条切线，找到这条切线，就是腾飞的切线。老师这句话，给了我很大的启发，我似乎找到了自己那条腾飞的切线，我看到了一条洒满金色阳光的切线，从此，我在这条切线上奋力奔跑，一直跑到现在，从没停息过。"

小伙伴低下了头，喃喃地说道："我们明白了，我们之所以一直在原地踏步走，就是总以为自己很好，把精力和时间，花在了取笑别人不足上，其实，真正有残疾的不是别人，而是我们自己。"

○　黑龙江省绥化市 2016 年八年级中考模拟题

撬动你的小宇宙

侄子自幼残疾，家境贫寒，只上过两年小学就辍学了。因身体有残疾，农活也干不了，每天坐在院子里的小凳子上，两眼静静地看着一方天空，一动不动，好像一尊雕塑。

村子里的人，看到形单影只的侄子，不住地摇头、叹息，说他长大了，等他父母老了，他可怎么养活自己呀？

院子里的桃子、杏子熟了。侄子拿着把小刀，整天低着头，在桃子、杏子的核上刻着。村子里的人笑道，那娃傻了吧唧的，在那核上能刻成什么玩意儿？

核，刻得越来越多，家里的那点核已不够用了，侄子拄了个拐，艰难地一家一户打着招呼：家里吃的核别扔掉，留着给我好吗？

人家嬉笑道，要那玩意儿干吗？

侄子腼腆地说道，我没事，刻核打发时间呢！

人家听了，说道，好吧！说罢，又重重地叹了一口气，说道，这娃真可怜，只会刻核！

看到有小孩吃桃，侄子眼巴巴地盯着人家看。小孩将桃递了过来，说道，给你吃吧。

侄子说："我不吃桃，等你吃完了桃，把核给我好吗？"

小孩笑道，这么大的人了，还玩核，真好笑。

小孩将桃肉吃完了，将核递给了他。侄子不停地擦拭着那核，像擦拭个宝贝。

一年又一年，侄子身边的核，刻了一篮又一篮，刻刀，刻坏了一把又一把，村子里的人对侄子只知道刻核，还是不住地叹气、摇头。

一天，一个老人旅游经过村子，看到村子里一个小孩手里拿着核在玩，老人像发现了什么宝贝似的，将小孩手里拿着的核要了过来。

老人仔细地看着，眼睛里闪烁着惊讶的光芒。他问道，小朋友，这核是谁刻的？

小孩说道："是我们村子里一个残疾人，他家里刻了好多核，他经常将他刻好的核给我们玩，我们就给他吃后的桃核。"

老人吃惊地问道："小朋友，你带我看看这位残疾人好吗？"

小孩将老人带到侄子家门口，对老人说道，就是这家。

老人推开院门，看到一个中年人正埋头孜孜不倦地刻着手里的一个核，身旁篮子里刻满了一篮子核。老人弯腰拿起篮子里的一个核，脸上露出抑制不住的惊喜。问道，您刻核刻了多少年？

侄子淡淡地回答道，38 年。

老人一下子紧紧地握住侄子的手，他抚摩着那布满伤痕和老茧的手，激动地说道："您是我认识的真正的艺术家，请允许我向您表达最崇高的敬意，您刻的这些核我全买了，我还要聘请你为我们美术学院的客座教授！"

侄子一时弄得手足无措，慌乱地问道，请问你是？

老人这才发现自己失态，赶紧自我介绍道："我是美术学院院长，也是一名老艺术家。您刻的这些核，是我见过的最完美的艺术品。"

这时，村子里的人才知道，他给村子里小孩玩的核，是最珍贵的艺术品，他们村子里出了个真正的艺术家！

侄子刻的那些核，走进艺术馆、走进礼品店、走进大学讲堂、走出了国门……许多人将自己的孩子送过来，请侄子教他们的孩子刻核。

　　侄子在给美术学院大学生做报告时，深情地说道："没有什么杠杠，可以让我们撬动地球，但我们可以撬动自己的小宇宙。一把小小的刻刀，就是我的杠杆，我撬动着自己的小宇宙。我们每个人都有一把这样不同的刻刀，认准了一个方向，不停地刻下去，总有一天，会撬动自己的小宇宙。小宇宙动起来，也是一种最炫目的酷。"

○　黑龙江省黑河市 2016 年八年级中考模拟题

隔日的光

一场沙尘暴来临，整个天空都被笼罩在一片灰蒙蒙之中。

下课了，我走到窗前，眺望着远处，只见远处一片尘埃，什么也看不清。隐隐约约中，我看到操场上有身影在晃动，我脱口说道，那些学生不知是哪个班的？这么大的沙尘暴也不回到教室去，却还在外面晃来晃去。

旁边有学生轻轻说道，那些不是学生，是冬青树。

我听了，暗暗吃了一惊，再仔细一看，果然是冬青树，那些冬青树在灰蒙蒙的沙尘暴中轻轻晃动着，不仔细看，还真以为是有学生在那晃动。

我摸了摸那男生的头，说道："谢谢你，你让我明白了一个道理，尘埃都是隔日的光，在尘埃的遮蔽下，有时我们看到的并不是真实的。"

不想，那位学生又轻轻地说了句："有时候尘埃能看得见，有时候尘埃看不见，那看不见的尘埃，也能遮住我们的双眼。"

这位学生一席话，让我一下子愣住了，我问道，能举个具体的例子吗？

那位学生许是受到鼓励，抬起头，紧紧地盯着我的眼睛，一字一句地说道："有件事我一直想对您说，可是我又不敢。"

我惊讶地说道，你说出来，老师不怪你。

那位学生勇敢地说道，上次你批评王小平，说是他弄坏了您的备课笔记本是不对的。当时您叫王小平帮您将备课笔记本送到办公室去，后来，您发现备课笔记本被弄坏了几页，您到了班上，说他干事不长心眼，叫他做点事都做不好。其实，那天王小平给您送备课笔记本时，走到操场上，他发现有两个同学在打架，赶紧上前去拉架。在拉扯中，对方将您的备课笔记本弄坏了。为这事，王小平心里很内疚，他说没有保护好您的备课笔记本。

听了这位学生的叙说，我心里感到很惭愧，原来，我也有遮住自己的眼睛的时候，那种被看不见的尘埃遮住自己的眼睛是多么可怕啊！想到这，我一下子抓住了那位学生的手，激动地说道："谢谢你！你让我看清了眼前的世界，而要看清眼前的世界，是多么美丽的一件事。"

我给学生们布置了一道作文题，题目是：隔日的光。我在讲解写这篇作文的要求时候，将发生在自己身上的那件事对同学们说了，我对同学们说道："今天，我郑重地向王小平同学道歉，我是因为被看不见的尘埃遮住了自己的眼睛，王小平同学是一个勇敢的好学生。"

我看到，王小平脸红通通的，眼睛里闪烁着晶莹的光……

这次作文，同学们写得都很好、很生动，他们都举例说出了自己在生活中被看不见的尘埃遮住自己眼睛的事例。通过一篇作文的写作，同学们好像一下子长大了许多，他们观察事物、做事情，变得更加仔细、认真。

这次作文评语，我给每个同学都写有相同的 8 个字：细节突出，真情实感。

◇　安徽省芜湖市 2016 年八年级中考模拟题

可爱的"不听话"

　　我一直认为，五年级（2）班的黄路路是这个班最不听话的一个学生，他虽然学习很好，但就是"不听话"。比如四年级的时候，学校组织学生去参加为期三天的社会实践活动。出发之前，我在班上宣布的几条纪律：1. 要一切行动听指挥，不能擅自行动；2. 要几个同学一道，不能独自行动；3. 要统一就餐，不能独自提前就餐……

　　我刚宣布完几条纪律，黄路路就从座位上站了起来，他理直气壮地说道，李老师，我不同意您宣布的这几条纪律。

　　我一脸窘迫地望着黄路路，过了好一会儿，我努力使自己镇静下来，问道，黄路路，你说说为什么不同意我宣布的这几条纪律。

　　黄路路不卑不亢地说道："您宣布的这几条纪律太死板了，根本不利于发挥同学的主动性和创造性，比如，发生了车祸，您受伤昏迷了，在那种情况下，您发不出命令了，难道同学们等不到您的命令，就不能主动逃生、报警、互救？还有，出去必须要几个人一道，难道我向东，大家必须要向东？大家向西，我必须要向西？另外，必须要统一就餐也不好。如果我饿了，我就可以提前吃我带的面包，到就餐时间，也许我正在拍摄天空上飘来的美丽云彩，这个时候叫我去就餐，等我吃完饭，再去拍摄那美丽的云彩，也许早不见了。"

黄路路的一番话，同学们听得频频点头，有的还悄悄地向黄路路竖起了大拇指。

　　我的脸红一阵，白一阵的，我气急败坏地说了声，下课！

　　我看见，有几个男生走到黄路路的座位前，他们拍了拍黄路路的肩膀，像是安慰他。同桌的许艾，还一脸崇拜地说道："路路，你说得对，我支持你！到时你到哪，我就到哪。"

　　黄路路用手轻轻地刮了下许艾的鼻尖，笑道，你总像个小尾巴一样跟着我。

　　我对黄路路表现出不听话的一面，很是反感。我在班上多次向黄路路提出严肃的批评，叫他要做一个听话的学生，听话的学生老师才喜欢。无奈，黄路路依然我行我素，把我的话，当成了耳边风。

　　如果不是警察找到学校，我根本不知道发生的那件事。那件事，让我彻底改变了对黄路路"不听话"的看法。

　　警察介绍说，那天，天下着大雨。正在家的黄路路，听说奶奶生病了，赶紧打了一辆出租车去看奶奶。一路上，黄路路发现，雨越下越大，路上积了很深的水，水花飞溅。当出租车要经过一个桥洞时，黄路路发现，路边一个广告牌被水淹没了，那个广告牌明显高于出租车位置，如果这时出租车开过去，肯定会被水淹没。黄路路急忙叫司机停车，说这儿水太深了，很危险。可司机满不在乎地说没关系，他能冲过去。看着司机鲁莽的举动，黄路路灵机一动，说他到了，就在这儿停车。司机只好将车停下。停车后才发现，水流淌得很急，车门已很难打开了。司机不禁倒吸一口凉气，说道："幸亏你及时发现，如果再往前开一点，后果不堪设想。"

　　黄路路下车后，滂沱大雨中，发现还有车辆向这里驶来。他急中生智，连忙解下脖子上的红领巾，向开过来的车辆挥舞着。其他司机看到雨中有人挥动着一块红绸布，知道前面有情况，赶紧纷纷停下车，掉转车头，开走了。等警察赶到现场，发现站在风雨中挥舞红领巾的黄路路，全身早已湿透了……

警察说，正是黄路路的勇敢和机智，没有听从出租车司机的话，面对突发险情，做出了正确判断，并及时向其他车辆示警，避免了更大事故的发生。警察激动地说道："你教育有方，培养出了这么一个勇敢、聪明的学生，值得我们大家学习。"

我听了，感到很羞愧和尴尬。我忽然感到，黄路路的"不听话"，显得是那么可爱、可亲，我为自己有这么一个"不听话"的学生，感到无比骄傲。我想马上见到黄路路，我有好多话要对他说。

黄路路的"不听话"，是充满理性和智慧的不听话。我们的教育需要培养出听话的学生，但更需要培养出一个有理性和智慧的"不听话"的学生。

○ 江苏省南京市 2016 年八年级中考模拟题

一人一果一树高

　　一位网友将他女儿绘的画从网上发给我看。我对绘画是个外行，但是我从那画的色彩、线条、图案上来看，感觉确实很美丽，于是，忍不住夸赞一番。

　　网友说，你知道吗，如果我告诉你，这是一位才15岁的女孩，而且是一位脑瘫患者绘的画，你还相信吗？

　　我说，那我是绝对不相信的，脑瘫患者怎么会绘画呢？

　　网友用一种幽幽的语气说道，这就是他女儿画的，她是一位脑瘫患者。网友停顿了一会儿，接着说道，当得知女儿是一位脑瘫患者时，那一刻，他无法接受这个事实。但是，残酷的现实告诉他，他必须接受这个事实，他别无选择，于是擦去夺眶而出的泪水，把女儿紧紧地抱在怀里。他感受到了女儿澎湃有力地心跳，这也是一个有生命的人啊！既然有生命，那就别无两样！

　　女儿一天一天地长大了，她的言语、她的肢体、她的表情，始终是僵硬、扭曲、摇摆的。但是，作为一名父亲，他知道，她的内心世界是丰富的：像悠悠的白云、像蓝蓝的大海、像高高的雪山。从她的眼神中，他看出，她渴望美丽、渴望生活、渴望知识。他知道，她学任何东西，都要比正常人来得慢，她必须要有别人百倍、千倍、万倍的努力，才能学会别人轻松就能学会的东西。女儿很懂事，她知道她与别人不一样的地方。她学任何东西都很努力、很用功、很刻苦。这一点，让他感到一缕欣慰和甜蜜。

他发现，她对画画特别感兴趣。常常在那儿，一画就是大半天。无声无息，整个世界好像只有她一个人。他送她到美术绘画班，从女儿欣喜的表情中，他感到女儿有一种想翱翔、想展翅、想蹦跶的渴望和梦想。老师对他说，她是全班最刻苦的一个，每次都是第一个来，最后一个走，这是我从教几十年来，第一次遇见过的，让我深受感动，她将来一定会有前途的。

老师的话，给了他一种苦尽甘来的安慰和喜悦，也给了女儿一种信心和力量。从此，女儿学习更刻苦了，她的作品多次参赛并屡屡获奖。

在女儿15岁的时候，市里还专门为她举办了一次画展。画展效果很好，受到各方面的关注和好评，女儿被树立为典型，成为青少年学习的榜样。目前，女儿已被一名著名画家收为学生。老画家说，像她这么刻苦学习绘画的人，我要免费收她为学生，她想学到什么时候就学到什么时候，我的大门永远是向她敞开的。

这位网友深有感触地说到，他对女儿曾经失望、渺茫，甚至绝望过，他不知道她的未来在哪里。看着女儿蹒跚、抖动的样子，抑制不住的泪水常常悄悄地滑落。但是，现实告诉他，他女儿找到了一种立身之本，尽管她是一名脑瘫患者。他从中也感受到了一种人生快乐和幸福。

这位网友说，有一个画家曾赠给他女儿这样一幅字：一人一果一树高。这句话令人回味无穷，百感交集。我们每一个人来到这个世界上都是独一无二的，不可重复的，就像每一片树叶都是不一样的。每一个人、每一粒果、每一棵树，都有它的姿态和美丽，这才构成了我们这个大千世界，这姹紫嫣红，这芸芸众生。

网友的话，让我心中溢满了柔软，目光变得蒙眬。是啊，他女儿虽然是一位身有残疾的人，但最终并不是他的累赘，依然给他带来一种幸福和快乐。

　　我给这位网友最后打了这样一行字：作为一个生命的个体，无论美丽、丑陋、扭曲，都可以婆娑、逶迤。

　　　　　　　　　　　　　　　♡　　浙江省丽水市 2011 年八年级中考模拟题

那个长发齐腰的盛夏

盛夏，我的长发终于长成齐腰了。涵子说过，这个盛夏，是只属于我和他的。是的，我信。我和涵子双双接到高考录取通知书，我们都被南方一所重点大学录取了。

我和涵子走在学校林荫道上，这是我们即将踏上大学学府，我和涵子最后一次走进母校。林荫道，阳光透过树叶投在地上，斑斑驳驳的，不停地眨着眼睛。

熟悉这里的一切，甚至流淌的空气也是那么熟悉。涵子忽然回过头来，仔细盯着我的后背，然后真诚地说道，旻子，你的秀发真的齐腰长了，三年前，也是在这里，我对你说过，待你长发齐腰，那个盛夏一定是属于我们的。今天，我们终于等到了这一时刻。

我抬起头，大胆地注视着涵子那双深邃的眼睛，深情地说道，记得，为了三年前那个诺言，我一直保留着长发，这根根发丝，见证了我们所经历的那些难忘的岁月。其实，在我内心里有一句话，我一直想对你说，涵子，感谢你对我在学习上的帮助和鼓励，使我坚定了信心和力量，我曾经是一个很缺乏自信和勇气的人，有时感到一片茫然。你常常不经意的一句鼓励、一个指点、一份试卷，汇聚成一股巨大的力量，使我终于有了今天这份收获。

涵子嗫嚅道，其实，我应该感谢你才对，看到你长发飘逸的背影，我这心里总是流淌着一种温暖和甜蜜，我不经意地说了一句，待你长发齐腰的盛夏，我们一定载满收获的喜悦。从此，每天，看到你的长发，我就更加充满了信心和力量。

林荫道上，吹来一缕风，将我的长发吹拂起来，好像要让我飞起来。

涵子伸出一只手，说道，旻子，能让我永远看着你的长发吗？

那一刻，空气仿佛凝固了。我久久凝视着他的眼睛，从那深邃的眼睛里，我看到了自己的影子，那影子，飘忽不定。

终于，我也伸出了一只手，说道，涵子，我不知道永远有多远，如果有一天，你觉得我的长发不再是你眼前那道风景线，我会飘然而去。

涵子一字一句地说道，我会努力珍惜这道风景线的，因为这道风景线，我们有着一个属于我们的盛夏。

斑驳的树影下，阳光像跳动的火焰，就像我们跳动的心房。

迟疑、忐忑、拘谨，好像经历了山高水远，两只手终于握在了一起。

两只握在一起的手，有些青涩，还有湿润润的汗渍。

四川省内江市 2016 年八年级中考模拟题

会"爆炸"的两位数

刚接三年级（2）班时，原来的班主任指着花名册说，这个班的王小灿和王大明两位学生，每次考试都是班上最后两位，排成绩时，总是这两个人拖全班的后腿，如果没有这两个人，这个班一定排名是全年级第一。这两个人就好比是小数点后面的两位数，一点用也没有，最好将这两个人弄到其他班去，免得这两个人拖了全班的后腿。

小数点后面两位数？小数点后面两位数怎么就没用呢？我听了，感到很困惑和不解。不过，听她这么一比喻，倒让我深深地记住了王小灿和王大明这两位学生的名字。

很快，我和班上的学生就熟悉了。一次，在数学摸底考试时，王小灿和王大明的成绩果然是排在最后两位。当公布学生成绩时，我看到其他同学都兴高采烈，交头接耳，只有王小灿和王大明两人低垂着头，神情沮丧。这一幕，让我心里一阵疼痛。很显然，那排在最后两位数字的名次，一定深深地刺痛了他们的心。

下课了，许多学生围绕在我身边，叽叽喳喳，向我讨教着试卷上的问题。我下意识地向周围看了看，只见王小灿和王大明两人站在教室的角落里，一言不发。我笑着向他俩招招手，示意他俩过来。

有学生高声喊道，王小灿、王大明，李老师喊你们！

两人抬起头，扭扭捏捏地向我走来。看得出，他俩步子走得很沉重。

看到两人无精打采地走到我跟前，我伸出手，在两人头上轻轻抚摩了一下，笑着说道，我教你们这么多天了，你俩还没和老师说过话呢！

两人不好意思地摸了摸头，王小灿瓮声瓮气地说道，我俩总是小数点后面两位数，给全班拖了后腿，老师脸上无光，我们很内疚。

旁边的学生一下子哄笑起来。

王小灿像是在检讨，又像是在背书，甚至还有一点情绪在里面，我心头一颤：他们小小的年纪，就有了与他们年龄不相符的包袱和沉重，这是多么可怕的事啊，他们今后的路还很长，还有很大的可塑性，带着这么大的包袱和沉重，怎能轻松、愉快地前行？

我有些含嗔道，小数点后面两位数怎么啦？小数点后面两位数就不重要啦？圆周率 $\pi = 3.14$ 这个数字。每次计算时，都不能少了小数点后面那两个数，如果少了，计算出的结果会大不相同，你们说是不是啊。

王小灿和王大明眼睛里闪现出一丝亮光，轻轻"嗯"了一声，脸上有一种兴奋的神情。其他同学也都频频点头。

我环顾了四周的同学，说道，让我给大家说个故事吧：1986 年 1 月 28 日，美国"挑战者"号航天飞机升空 73 秒后就发生了爆炸，7 名宇航员全部丧生，这是人类航天史上的重大悲剧。后来，经过专家们检查，发现这次航天飞机爆炸的直接原因，就是科学家们在计算运行轨迹时，在一个数据上，舍弃了小数点后面两位数，造成了这起悲剧的发生。如今，在美国小学数学课本的扉页上都印有这样一句话：不要弄丢了小数点后面两位数，否则它会发生"爆炸"。可见，小数点后面两位数是多么重要。

王小灿和王大明听了，一下子睁大了眼睛。两人相互望了一下，惊叹道，小数点后面两位数真重要啊！

周围刚才那些还嘻嘻哈哈的学生听了，也都安静下来。他们轻轻说道，小数点后面两位数真重要啊！

我语重心长地说道，老师小时候，也曾经是小数点后面两位数，后来，我一天天地不断努力、不断进步，最后还考上了大学，当了你们的老师呢！

王小灿和王大明听了，都惊讶地睁大眼睛望着我，仿佛在说，老师原来也是小数点后面两位数啊！

不知不觉中，我发现王小灿和王大明变了，他们的脸上多了一种自信和力量。他俩常常拿着课本上不懂的地方问我，有时放学了，我看到他俩还在教室里做作业……看着他俩这种悄悄的变化，我的脸上露出欣慰的笑容。

期末考试时，王小灿和王大明的成绩排在 18 位和 22 位，他们的进步非常明显。

几年过去了，王小灿和王大明以优秀成绩，考取了重点中学。我情不自禁地赞赏道，多么重要的小数点后面两位数，我们曾经差点将他们遗漏了，这是多么可怕的一件事。

我在教学笔记上写道：在数字的计算中，永远不要忘记小数点后面两位数，他们永远不可省略，否则，它们就有可能发生"爆炸"。

◇ 四川省宜宾市 2016 年八年级中考模拟题

保留那层茧

18 岁那年，我进了一家机电厂当学徒。师傅是一个五十多岁的人了，平时不苟言笑，话不多，但是，对工作十分认真，兢兢业业，同事们都很敬重他。

我刚来，他教我往一块线路板上安装二极管和三极管。这种安装很简单，很快，我就熟能生巧了。渐渐地，我感到这活十分枯燥、乏味，没有什么技术性。我常常问师傅，什么时候让我学调试？学调试才是最有技术的。

对于我提出的要求，师傅总是说再等等。他说，安装二极管和三极管看起来很简单，但是，却是一项对细心与技术性要求很高的环节，稍有差错，就有可能使整个线路板出现短路，成为废品。

对师傅的话，我很不以为然，认为他这是故意卖关子，小题大做，我怎么看不出有一点技术性的东西在里面？我开始对师傅有了一丝怨言，后悔在他手下当了徒弟，一点出头的日子也没有。

一天，负责调试的师傅在调试一块线路板时，发生了线路板短路，整个线路板被烧报废了。一查，发现这块线路板的二极管和三极管是我安装的。因为我粗心大意，将二极管上的正负极给安反了，以至于出现了这起事故。

我心里顿时充满了忐忑和不安，心想，这下师傅肯定要对我大发雷霆了，甚至还要通报全厂，我转正的希望也破灭了。

没想到，师傅拿起那块报废的线路板，心情沉重地对调试师傅说，这怪我没验收仔细，以至于造成这块线路板报废，一切损失由我赔偿。说罢，师傅拿起这块报废的线路板，自言自语地说道，这是我手上留下的又一层茧啊！随后，师傅将那块线路板锁进了工具箱里。

这一幕，让我羞愧万分，没想到，师傅竟然不动声色，将责任全承担下来了，我心里不禁百感交集。从此后，我不再说安装二极管和三极管是个不需要什么技术的活，精心安装每一个正负极。

由于我仔细认真，再也没有出现过类似事故。两年后，师傅看我踏实、勤劳，肯钻研，就向厂长建议送到大学里进修两年，学成回来后，让我来接他的班。厂长同意了师傅的建议，让我到大学里进修两年。

我惊讶万分，这些年来，我跟在师傅后面，不仅学到了许多技术，也学到了许多为人处事的道理。我在成长中，有过进步和成绩，也有过失败和过错，但这一切在师傅的眼里，却觉得这是一个人成长过程中，必须要经历的一种磨炼，他用一种慈父般的关爱和呵护，让我一天天地长大。

临行时，我对师傅说，我想让他将那块报废的线路板送给我。

师傅疑惑地问道，你要那干什么？

我认真地说道，我想保留那层茧，看到它，它就像一个警钟，在时时提醒我，不论在哪儿，都不能好高骛远，必须要脚踏实地，人生的步履，才能越走越稳健、越走越亮堂。

师傅脸上露出满意的笑容。他从工具箱里拿出了那块报废的线路板，郑重地递给了我。

看着这块报废的线路板，我的脸颊不知怎的又红了。那一幕，又在我眼前浮现。

师傅重重地拍了拍我的肩膀，意味深长地说道，年轻人，人生有茧不可怕，可怕的是忘了那层茧，不停地结出新茧，那就有可能束缚了你前进的步伐。

我将那块报废的线路板，紧紧地贴在胸前，我感到了它像一团火焰在我心中熊熊燃烧……

四川省南充市 2016 年八年级中考模拟题

点赞好比春江水

"罗保华，你的那艘航空母舰手工制作，简直太棒了，我们办公室的老师，都在夸赞你呢!"被我称为罗保华的同学，惊讶地抬起头望着我，仿佛有些不相信似的。

我走到罗保华座位前，伸出手，示意他和我击下掌。罗保华慢吞吞地伸出手，好像不太情愿。我用力向他的手掌击去，发现他的手掌软绵绵的，好像没有一点力量。

我认真地说道："是真的，你的那艘航空母舰手工制作，得到了我们许多老师夸赞，我把那艘航空母舰放在了我的办公桌上，这样我每天都能欣赏到，这可是我们班上的小能人罗保华的杰作啊!"

罗保华万万没有想到，在英语课上，他偷偷地在课桌下制作的航空母舰，被英语老师发现给没收了。他本以为我到了班上，会对他一顿批评，什么"上课不认真听讲啊"、"写检查啊"、"把你家长喊来啊!"，等等，这些在他脑海里，似乎都猜到了。他万万没有想到，我对他的那艘航空母舰手工制作，会是赞不绝口，甚至还和他来个击掌相庆。我的这种"逆天"做法，让他有些受宠若惊，他的脸上写满了疑惑、惊讶和激动……

罗保华学习一直不太好，这孩子其实挺聪明，就是玩心太重，总是不把学习放在心上。他似乎听多了批评、嘲笑、挖苦，久而久之，他的脸皮变厚了，你越批评他，他越无所谓，都已经上五年级，很快就要结束小学阶段的学习了，将这样的学习底子带到中学，势必会使学习差距越拉越大，到那时，再想追赶，恐怕会力不从心了。

放学了，我在讲台上，有意地在整理着自己的教材，其实我是想单独地和罗保华聊聊，那种剧情在我心里已演练了好多遍了，就等着上场了。我看到罗保华背起书包走出教室，赶紧跟着走出教室。我紧走几步，喊道："罗保华，等等我。"

罗保华回过头，看到是我在叫他，好像有些紧张。我走到他跟前说："罗保华，帮老师拿下教材，老师到隔壁班还有点事，你先帮老师把教材送到办公室，老师过一会儿就来。"罗保华接过我手中的教材，紧紧地抱在胸前，好像一松手，那些教材就会飞了出去。看得出，罗保华有一丝激动和忐忑……

我故意绕了一个圈子，才回到办公室。刚进办公室，我就看到罗保华在我的办公桌前，拿起桌上的那艘航空母舰手工制作在仔细看着，还不时用手平整着，脸上闪现出激动的神色。他似乎终于相信，我说的是真的，那艘航空母舰手工制作确实放在我的办公桌上。

我走了过去，摸了摸他的头，含嗔道："我说的可是真的吧，它就摆在我的办公桌上，我每天都能欣赏到你的杰作！怎么啦？又发现了一些小问题？嗯，这下弄得更牢固、结实了。其实，这就像学习一样，我相信，你一定能把学习成绩弄得像这航空母舰一样棒。"

罗保华脸红了，有些腼腆地点了点头。

正说着，一些老师围了上来，她们赞赏道："这就是你们班上的罗保华啊，真了不起，这艘航空母舰做得很逼真，下次借我用下，让我们班上的学生也学着做一下，有时间，到我们班上当回小老师，给同学们讲解一下手工制作的方法。"

罗保华脸更红了，像羞涩的红月亮，他显得有些手足无措。这与过去那种玩世不恭，总是满不在乎的样子，大相径庭……

我欣喜地发现，从那以后，不知不觉，罗保华变了，他学习变得自觉了，还不懂就问，考试一次比一次有进步。我忽然发现，作为一名老师，从某种角度上讲，也是一名导演，能把剧情演活了，就是一名好老师。当初，我请几位老师配合我演了这出戏，没想到演得很成功，我为自己点了个赞。

几年后，我收到罗保华在大学里给我写的一封信，信中说，我曾经被大家公认为是"问题"学生，我听到的总是那些讽刺、挖苦的话，听多了，心也变得麻木了。李老师，您用我制作的那艘航空母舰，让我得到了一个个点赞，我得到了过去从没有过的一种鼓舞和信心。从此，我下决心改变自己，以不辜负那一个个点赞。是的，点赞好比春江水，它永远是我心中一汪最亮丽的清泉，波光粼粼……

这封信我一直收藏着，我永远记住了信中那句话，点赞好比春江水，他让我明白了许多事理，也找到了一种教育的真谛。

◯ 广东省韶关市 2016 年八年级中考模拟题